2013年第4辑（总第31辑）

刑事法判解研究

北京师范大学刑事法律科学研究院　主办

赵秉志　主编

人民法院出版社

图书在版编目(CIP)数据

刑事法判解研究.2013年.第4辑:总第31辑/赵秉志主编;北京师范大学刑事法律科学研究院主办.—北京:人民法院出版社,2014.10

ISBN 978-7-5109-1050-0

Ⅰ.①刑… Ⅱ.①赵… ②北… Ⅲ.①刑法-判例-研究-中国 Ⅳ.①D924.05

中国版本图书馆 CIP 数据核字(2014)第219045号

刑事法判解研究

2013年第4辑(总第31辑)

北京师范大学刑事法律科学研究院 主办

赵秉志 主编

责任编辑 丁丽娜

出版发行 人民法院出版社

地　　址 北京市东城区东交民巷27号 邮编 100745

电　　话 (010)67550608(责任编辑) 67550558(发行部查询)
65223677(读者服务部)

网　　址 http://www.courtbook.com.cn

E - mail courtpress@sohu.com

印　　刷 保定市中画美凯印刷有限公司

经　　销 新华书店

开　　本 787×1092毫米 1/16

字　　数 272千字

印　　张 15.75

版　　次 2014年10月第1版 2014年10月第1次印刷

书　　号 ISBN 978-7-5109-1050-0

定　　价 38.00元

《刑事法判解研究》

卷首语

本辑【名案法理研究】栏目除了继续登载赵秉志教授撰写的《薄熙来案件审判的法理问题研究》的后半部分，还刊登了石宗智撰写的深度探讨另一个社会影响广泛的著名案件——马尧海聚众淫乱案的文章，对南京某大学副教授马尧海以及其他多人的聚众淫乱行为的可罚性问题进行了较为深入全面的剖析，是一篇具有一定深度的反思性文章。

从1979年刑法颁布到现在30多年已经过去了，一些罪名的变迁让人有沧海桑田之感。曾经配置并且大量适用了死刑的流氓罪，对于如今的年轻人而言已经变得十分陌生，分解出来的几个罪名的法定刑最高也只是有期徒刑。显然，1979年刑法对这种犯罪配置了过于严苛的刑罚，其后遗症至今依然没有完全消失。本辑【热点案件透视】栏目，刊登了吴立欧、吴之欧合作撰写的案例研究文章，对因犯流氓罪被判刑的牛玉强保外就医后没有主动返回监狱从而被重新收监，需服刑到2020年的事件进行了探讨，反思了刑法规范变更导致的溯及力问题。

【疑难案件探讨】栏目刊登了八篇案例研究文章，分别探讨了以下几个方面的问题：（1）作为危害公共安全犯罪的危险驾驶罪，其发生场所即“道路”应当作何理解；（2）刑法和民法都对商业秘密作出了保护的规定，那么，商业秘密保护的民刑界限何在；（3）使用商业秘密的行为在何种情况下构成侵犯商业秘密罪；（4）作为强奸罪加重处罚情节的轮奸行为，是否可能存在一人既遂而其他人未完成的情形，对于这种情形应当如何处理；（5）我国刑法对侵犯公民个人信息犯罪的规定存在哪些不足，如何加以完善；（6）关于转化型抢劫罪的司法解释的规定应当如何理解，如何判断这类犯罪的完成形态；（7）借用手机后偷偷溜走的行为如何定性；（8）他人交通肇事后，为肇事者顶罪行为如何定性，构成伪证罪还是包庇罪。司法实务中产生的疑难问题远比任何学者的想像还要复杂离奇，我们希望来自实务部门的业务人员能够在高质量完成工作的同时，将工作成果转化为研究文章，促进司法工作质量的提升。当然，也欢迎理论研究者站在另一种角度，对司法实务中的疑难问题发表看法。

本刊2013年第1辑曾经刊登了阮方民、封利强撰写的《张辉、张高平“强奸”冤案法理研究》，从辩护人的视角反思了浙江“张氏叔侄”错案形成的原因。本辑【冤错案件剖析】栏目刊登了来自浙江省人民检察院的研究人员王菊芬、王晓霞合作撰写的《错案形成的原因及防范机制构建》，从法律监督机关的视角对浙江“张氏叔侄”强奸杀人错案的形成原因进行了深度剖析，对错案的一再发生进行了刑事司法制度层面的反思，并在此基础上就如何构建预防和纠正冤、假、错案机制提出了建议。

从精神病学角度看，穷凶极恶的杀人犯往往可能存在人格障碍甚至患有更严重的精神疾病，如何确定这类行为人的刑事责任能力，如何对这类行为人正确适用死刑，都是十分复杂而又敏感的问题。本辑【死刑个案研究】栏目刊登了赵秉志、马玺镇合写的文章，以福建省郑民生故意杀人案为例，对人格障碍、行为模式及犯罪环境与死刑适用的关系进行了探讨。

冤错案件的形成原因经常是多方面的，因而需要进行多角度反思。本辑【案例比较研究】栏目刊登了检察官胡延军、张飚撰写的《刑事冤错案件的纠正机制探究》，仍以“张氏叔侄”错案为范本，对如何完善我国的刑事冤错案纠正机制进行了探讨。

【司法解释研究】栏目刊登了三篇文章，第一篇探讨了最高人民法院、最高人民检察院、公安部2013年联合发布的《关于办理醉酒驾驶机动车刑事案件适用法律若干问题的意见》中若干可能存在不同看法的规定的含义，并就《意见》的不足之处进行了分析。第二篇结合最高人民检察院2012年10月颁布的《人民检察院刑事诉讼规则（试行）》以及同年同月发布的《关于进一步加强未成年人刑事检察工作的决定》的相关内容，探讨了我国未成年人附条件不起诉制度的完善问题。第三篇结合“两高”2013年9月出台的《关于办理利用信息网络实施诽谤等刑事案件适用法律若干问题的解释》，探讨了网络敲诈勒索、非法经营案件法律适用方面的问题。

目录

CONTENTS

薄熙来案件审判的法理问题研究（下）①

赵秉志*

三、薄熙来案件审判的实体法问题

从法律性质上分析，薄熙来案件是一起主要涉及原党和国家领导人腐败犯罪的刑事案件。归根结底，刑事追诉、审判的最终结果是要解决薄熙来的刑事责任问题，即定罪量刑问题。一段时间内，围绕薄熙来案件的定罪是否准确，量刑是否适当，薄熙来对收受财物的过程和具体细节等不知情是否影响其主观之明知，“公事公办”是否不属于为他人谋取利益，“利用职务上的便利”如何理解，“特定关系人”共同受贿如何看待，执行上级命令的职务行为可否免除刑责，拒不认罪应否严惩，贪污数额如何认定，个人社会贡献能否“将功折罪”，是否漏诉薄熙来的包庇罪等问题，在法律界、法学界乃至社会公共空间都引发了热议乃至纷争。应当说，这些问题与刑法适用紧密相关，都是实体法层面应当研究和解决的问题。鉴于此，下

* 北京师范大学刑事法律科学研究院暨法学院院长、教授、博士生导师，中国刑法学研究会会长。

① 本文原载《法学杂志》2014 年第 4 期，在本辑转载后体例稍有变更。

面试对薄熙来案件审判涉及的几个主要实体法问题作些探讨。

（一）关于“明知并认可”的问题

受贿罪是典型的权钱交易性质的腐败犯罪，是指国家工作人员利用职务上的便利，索取他人财物的，或者非法收受他人财物并为他人谋取利益的行为。构成受贿罪，主观方面要求是直接故意，即行为人明知自己利用职务上的便利，索取他人财物，或者非法收受他人财物为他人谋取利益，会损害国家工作人员职务的廉洁性，仍希望这一危害结果的发生。具体到薄熙来案件，一、二审裁判认定“被告人薄熙来身为国家工作人员，接受唐肖林、徐明请托，利用职务便利，为相关单位和个人谋取利益，直接收受唐肖林给予的财物，明知并认可其家庭成员收受徐明给予的财物，其行为已构成受贿罪。”① 由上可见，一、二审裁判认定是事实是：薄熙来除了直接收受唐肖林给予的财物（折合人民币 110.9 万余元）外，还明知并认可其家庭成员收受徐明给予的财物（折合人民币 19337930.11 元）。那么，如何看待薄熙来对其家庭成员收受徐明财物明知并认可就构成受贿罪？这里可从以下两个方面进行阐述：其一，薄熙来是否明知并认可？在一审中，尽管薄熙来及其辩护人提出了“薄熙来对别墅的运作过程、产权关系、面积、价值等全部细节均不知晓，不能认定薄熙来对薄谷开来收受徐明钱款用于购买枫丹·圣乔治别墅一事知情”“薄熙来对徐明为薄谷开来和薄瓜瓜等人支付机票、住宿、旅行费用以及购买电动平衡车，归还信用卡欠款均不知情”② 等辩护意见，而关于薄熙来是否“明知并认可”也是控辩双方争诉的焦点，但根据庭审查证属实的薄谷开来、徐明的证言以及相关书证等多种在案证据，法院是足以认定薄熙来对其家庭成员收受徐明财物明知并认可的。其二，薄熙来明知并认可其家庭成员收受徐明的财物是否符合了受贿罪的主观要件？答案无疑是肯定的。因为在国家工作人员的家庭成员收受请托人财物的场合，国家工作人员主观上是否“明知并认可”乃成为是否构成受贿罪的关键。就薄熙来案件来说，薄熙来及其家庭成员（妻、子）与徐明之间，自 1999 年至 2012 年间长达十几年的时间里，双方已形成权钱交易的概括的、长期的意思联络即故意心态，即薄熙来利用职务便利为徐明的实德公司谋取利益，

① 参见山东省济南市中级人民法〔2013〕济刑二初字第 8 号刑事判决书；山东省高级人民法院〔2013〕鲁刑二终字第 110 号刑事裁定书。

② 参见山东省济南市中级人民法〔2013〕济刑二初字第 8 号刑事判决书。

徐明给予薄熙来之妻、子和家庭以财物回报。对双方这种权钱交易的实质关系，双方均心知肚明，对此不仅有薄谷开来、徐明的证言证实，被告人薄熙来在其自书材料和亲笔供词中也有合乎情理的描述与认可。在这种权钱交易的概括故意、长期故意的心态之下，被告人薄熙来对其家庭成员收受徐明财物不知具体细节（如涉案别墅的运作过程、产权关系、面积、价值等）当然不影响其主观之明知；其对具体财物的事后知情和认可也是包含在其事前、事中的概括性权钱交易主观意图之中的，并不影响对其受贿罪主观要件的认定。[①] 也就是说，在这种概括故意心态的视界下，只要薄熙来明知其家庭成员收受的财物是徐明提供或者支付的并且认可，而不论其是否知晓其家庭成员所收受财物的过程或具体细节，也不管其是在事后知情还是事前知情或者事中知情，亦勿需考虑其是否特意为此或者在某个特定的时间段利用职务便利为徐明谋取某个具体的利益，薄熙来都符合了受贿罪主观方面的构成要件，应以受贿论处。正如中国政法大学阮齐林教授所言："薄熙来身居高位，其权势及于其管辖的省市范围，任何时候都有条件为请托人谋取利益。高官与商人权钱交易的方式也转换为特殊的'朋友'关系，高官与大款相伴形成长期稳定的互助互利关系，不一定采取请托人给予财物、受请托官员利用职务便利为其谋利这样具体一一对应形式。"[②] 应当说，阮齐林教授的这一分析是有道理的。

（二）关于"为他人谋取利益"问题

对于收受他人财物型的受贿，必须同时具备"为他人谋取利益"的要件，才构成受贿罪。正确理解和认定受贿罪构成要件中的"为他人谋取利益"要件，要注意以下两点：一是"为他人谋取利益"既包括客观上实施了为他人谋取利益的行为或者已为他人谋取到了利益的情形，也包括承诺为他人谋取利益的情形。不能将"为他人谋取利益"狭窄理解为已经为他人谋取到了利益。2003 年 11 月 13 日发布的《全国法院审理经济犯罪案件工作座谈会纪要》（法〔2003〕167 号）明确规定："为他人谋取利益包括承诺、实施和实现三个阶段的行为。只要具有其中一个阶段的行为，如国家工

---

① 参见赵秉志：《试析薄熙来案件的定罪量刑问题》，载《法制日报》2013 年 9 月 26 日。

② 参见阮齐林：《从薄熙来案件看高官贪贿案件的认定处罚》，载《人民法院报》2013 年 9 月 27 日。

作人员收受他人财物时，根据他人提出的具体请托事项，承诺为他人谋取利益的，就具备了为他人谋取利益的要件。明知他人有具体请托事项而收受其财物的，视为承诺为他人谋取利益。”如果国家工作人员非法收受他人财物，没有利用职务便利为他人谋取利益或者不能证实其意图或准备为他人谋取利益的，不应以受贿论处。二是“为他人谋取利益”中的“利益”，既包括正当利益也包括不正当利益，既包括物质性利益也包括非物质性利益，这亦是我国刑法规定、刑法理论与司法实践所明确认可的。

薄熙来案件也涉及对受贿罪构成要件中“为他人谋取利益”要件的理解和认定问题。首先，本案有经庭审查证属实的确实、充分的证据证明薄熙来利用职务便利为徐明的实德集团等谋取了利益。也就是说，薄熙来实施了利用职务便利为他人谋取利益的行为，而且也为他人谋取到了利益（如为实德集团收购大连万达、建设定点直升飞球项目、申报实德石化项目、列入成品油非国营贸易进口经营备案企业名单提供帮助等）。退一步说，即使薄熙来未来得及为徐明的实德集团谋取利益或者最终没有实施为其谋取利益的行为，仍不影响薄熙来受贿罪的成立，因为本案还有大量的证据表明薄熙来确实意图或者承诺为徐明的实德集团谋取利益。如经法院确认的徐明的证言就证明：2004 年 8 月的一天晚上，薄熙来在商务部一楼停车场和其散步时表示，薄谷开来一直说其很好，这些年对薄谷开来和薄瓜瓜在国外的帮助支持很大，这些事薄熙来他都记着。[①] 从常理不难分析出，薄熙来说的这些话显然是包含了感谢徐明为薄谷开来、薄瓜瓜等人提供帮助和承诺为其谋利的意思的。否则，薄熙来就用不着专门给徐明说“薄谷开来一直说其很好”，“这些事他都记着”之类的话。薄熙来之所以对徐明说“他都记着”，就是让徐明相信其不会白付出，将来肯定会有回报，实质上就是承诺为徐明的实德集团谋取利益，而且薄熙来当时身居高位、手握重权，在其权势范围内，随时都是有条件、有能力为徐明的实德集团谋取利益的。其次，“公事公办”并不影响“为他人谋取利益”要件的成立。在一审庭审和上诉理由中，薄熙来多次辩解其为大连国际公司、实德集团提供帮助是“正常履行职责、公事公办，不属于受贿罪中的谋利事项”[②] 等，因而对指控其犯受贿罪予以

---

① 参见《薄熙来向徐明连发 20 多问 徐明回答：没有没有没有没有》，载《都市快报》2013 年 8 月 23 日。

② 参见山东省济南市中级人民法〔2013〕济刑二初字第 8 号刑事判决书；山东省高级人民法院〔2013〕鲁刑二终字第 110 号刑事裁定书。

否认。我们认为，薄熙来提出的上述辩护意见和上诉理由都是不能成立的，前文已提到，行为人为他人谋取的“利益”既可以是正当的利益也可以是不正当的利益。因为受贿罪的本质是权钱交易，只要行为人实施了权钱交易的行为，哪怕为请托人谋取的是正当利益，也不影响其受贿罪的成立。换言之，无论行为人是“贪赃枉法”还是“贪赃不枉法”，均不影响“为他人谋取利益”行为性质的认定，尽管这两种不同的情形在受贿罪成立的基础上对危害程度是有不同影响的。所以，薄熙来以“正常履行职责、公事公办”等为理由否认其行为的受贿性质是站不住脚的。事实上，一、二审裁判也对薄熙来及其辩护人提出的这一辩护意见和上述理由予以了反驳和否定。如一审判决就指出：“只要行为人实施了权钱交易的行为，无论行为人为请托人谋取利益的手段是否合法，为请托人谋取的利益是否属于不正当利益，是为请托人个人谋取利益还是为与请托人相关的单位谋取利益，也无论在为他人谋利时是否已有收受财物的故意，均不影响受贿罪的成立。”① 再次，为他人谋取非物质利益亦不影响“为他人谋取利益”要件的成立。在一审庭审中，薄熙来与证人徐明当庭对质时，多次向徐明发问：“直升飞球、足球队赚钱了没有，大石化办成了没有?”试图以上述涉案项目并没有赚钱或者未获得实际经济利益来否认其为实德集团“谋取利益”。徐明在回答薄熙来的提问时亦表示：“没有实际经济利益，只是无形资产的提升”，“对我们的品牌价值和无形资产有提升，大石化到现在还没有批准”等。应当说，对于直升飞球、足球队这些项目，尽管实德集团并没有因薄熙来利用职务便利行为获得物质性的经济利益，但其却使徐明的实德集团获得了巨大的非物质性利益，具体表现为“品牌价值和无形资产的提升”，这也为日后实德集团的发展壮大奠定了基础。薄熙来在自书材料、亲笔供词中也曾交代和供述：“我从多方面积极支持、大力帮助实德的发展”，“仔细回想，是因为我曾经在他企业发展的关键阶段给予了巨大的支持，其中有些是超乎寻常的。”②亦即薄熙来承认其对实德集团给予了巨大支持。可以说，对实德集团近年来品牌价值和无形资产的大幅提升，薄熙来是功不可没的。总而言之，尽管在这些项目上，薄熙来利用职务便利为实德集团谋取更多的是非物质性的利益，但丝毫不影响其“为他人谋取利益”行为性质的认定，不能否认其犯受贿罪之权钱交易的本质。

---

①② 参见山东省济南市中级人民法〔2013〕济刑二初字第8号刑事判决书。

（三）关于“利用职务上的便利”问题

从我国刑法第三百八十二条、第三百八十五条关于贪污罪、受贿罪的规定看，“利用职务上的便利”均是贪污罪、受贿罪客观方面的必备构成要件。何谓“利用职务上的便利”，根据1999年8月6日最高人民检察院颁布的《关于人民检察院直接受理立案侦查案件立案标准的规定（试行）》，贪污罪中“利用职务上的便利”，是指利用职务上主管、管理、经手公共财物的权力及方便条件。受贿罪中“利用职务上的便利”，是指利用本人职务范围内的权力，即自己职务上主管、负责或者承办某项公共事务的职权及其所形成的便利条件。另根据刑法第三百八十八条关于“斡旋受贿”的规定，国家工作人员利用本人职权或者地位形成的便利条件，通过其他国家工作人员职务上的行为，为请托人谋取不正当利益，索取请托人财物或者收受请托人财物的，以受贿论处。可见，贪污罪与受贿罪中“利用职务上的便利”的含义是不同的，贪污罪中“利用职务上的便利”一般仅限于利用本人职务上主管、管理、经手公共财物的权力及方便条件；而受贿罪中的“利用职务上的便利”的范围更广，除了可以直接利用本人职务上行为为请托人谋取利益，索取或收受请托人财物外，还可以是通过其他国家工作人员的职务行为，为请托人谋取不正当利益，索取或收受请托人财物。

具体到薄熙来案件，就其“利用职务上的便利”而言，既有薄熙来直接利用本人职务行为的情形，如其亲自签批大连国际公司、徐明等提交的请示报告，从而完成相关请托事项；也有利用其他国家工作人员职务行为的情形，如薄熙来亲自出面给时任辽宁省副省长夏德仁或者相关部门“打招呼”为唐肖林及大连国际公司谋取利益等。上述这些薄熙来“利用职务上的便利”的情形相对清楚，争议不大，也比较容易认定。这里值得探讨的主要是以下两个问题：其一，薄熙来给时任深圳市人民政府市长于幼军写信请其支持“大连大厦”建设，是否属于受贿罪构成要件中的“利用职务上的便利”？对此，薄熙来的辩护人在庭审中提出：“薄熙来与时任深圳市人民政府市长的于幼军之间没有职务上的隶属、制约关系，其批请于幼军支持‘大连大厦’建设，没有利用职务上的便利。”① 令人遗憾的是，一、二审裁判均回避了这一问题。如一审判决只是指出：“经查，公诉机关未将被告人薄熙来批请于幼军支持‘大连大厦’建设的行为作为其受贿犯罪的谋利

① 参见山东省济南市中级人民法〔2013〕济刑二初字第8号刑事判决书。

事项予以指控，本院也未在受贿事实中予以认定。”① 我们认为，尽管薄熙来当时作为大连市人民政府市长与时任深圳市人民政府市长的于幼军之间，确实没有职务上的隶属、制约关系，但仍然不能否认薄熙来“利用职务上的便利”的实质。薄熙来之所以给于幼军写信请其支持“大连大厦”建设，也正是利用了其作为大连市人民政府市长这一职务或者地位上形成的便利条件。详言之，薄熙来写信时是以其大连市人民政府市长的身份，代表的是大连市人民政府，请作为时任深圳市人民政府市长的于幼军对在深圳的大连市的项目予以支持，相当于是城市与城市之间的关系，而非基于薄熙来与于幼军之间的个人感情或者私人关系。2003 年 11 月 13 日发布的《全国法院审理经济犯罪案件工作座谈会纪要》（法〔2003〕167 号）在解释刑法第三百八十八条规定的“利用本人职权或者地位形成的便利条件”时，也明确指出：“利用本人职权或者地位形成的便利条件，是指行为人与被其利用的国家工作人员之间在职务上虽然没有隶属、制约关系，但是行为人利用了本人职权或者地位产生的影响和一定的工作联系，如单位内不同部门的国家工作人员之间、上下级单位没有职务上隶属、制约关系的国家工作人员之间、有工作联系的不同单位的国家工作人员之间等。”薄熙来与于幼军的关系正是上述纪要所提到的“有工作联系的不同单位的国家工作人员之间”，因而薄熙来写信给于幼军请其支持“大连大厦”建设的行为，认定为“利用职务上的便利”是完全没有问题的。其二，在侵占大连市人民政府承担的一项上级单位涉密场改造工程的 500 万元工程款的问题上，薄熙来是否具有“利用职务上的便利”？对此，薄熙来的辩护人在一审庭审时提出：“指控的贪污事实发生时，薄熙来系担任辽宁省人民政府省长一职，不能直接决定、支配大连市的财务事务，故其不具有贪污的职务便利。”②薄熙来在其上诉理由中亦表示：“其在涉案工程款拨付时已调任辽宁省省长，不再兼任大连市的职务，且其亦非相关工程的负责人，没有贪污涉案工程款的职务便利。”③但一、二审裁判予以了驳斥，其主要理由有两点：一是薄熙来作为辽宁省人民政府省长，其职权覆盖辽宁省辖下的大连市，对大连市人民政府具有管理职权，故薄熙来具有管理、支配涉案款项的职务便利；二是薄熙来作为该涉案工程的原负责人，他当时对该工程仍负有特定的延续、管理职责，具有管

①② 参见山东省济南市中级人民法〔2013〕济刑二初字第 8 号刑事判决书。

③ 参见山东省高级人民法院〔2013〕鲁刑二终字第 110 号刑事裁定书。

理、支配涉案款项的职务便利。① 我们认为，一、二审法院的这两点理由是合乎案件事实并有充分确凿证据支持的，是合乎法理、情理的，因而其结论也是成立的。而且更为重要的还在于，薄熙来事实上也是行使了支配此笔款项的职权，利用职务便利实际支配了涉案款项。当然，薄熙来对涉案款项的贪污有其特殊性，不同于一般的利用职务上主管、管理、经手公共财物的权力及方便条件直接侵吞公共财物，而是伙同他人（王正刚）并在他人（王正刚）的帮助下，由其妻最终非法占有此笔款项。尽管贪污的过程较为复杂、行为方式相对隐蔽，但涉案款项被侵吞的犯罪行为的脉络是清晰的，贪污的性质是不容否认的。

（四）关于“特定关系人”共同受贿问题

随着近年来我国反腐败斗争的深入开展，新情况、新问题不断涌现，腐败犯罪也呈现与以往不同的特点和发展趋势。其中，腐败犯罪官员与特定关系人共同受贿已成为当前我国腐败犯罪中的一个新动向，在腐败犯罪案件中占有较大比例。所谓特定关系人，根据 2007 年 7 月 8 日最高人民法院和最高人民检察院联合发布的《关于办理受贿刑事案件适用法律若干问题的意见》②（以下简称《受贿意见》）的规定，是指与国家工作人员有近亲属、情妇（夫）以及其他共同利益关系的人。特定关系人在近年来的官员腐败犯罪中扮演了十分重要的角色，有的还是官员腐败犯罪的催化剂和加速器。由于腐败犯罪官员与特定关系人关系的紧密性、经济的关联性和活动的隐蔽性，使得对这种新型腐败犯罪的证明、发现和查处，比传统型腐败犯罪难度更大，任务更为艰巨。

在薄熙来案件中，薄谷开来、薄瓜瓜都是薄熙来的特定关系人，公诉机关所指控的薄熙来受贿的犯罪事实中，大部分也是涉及薄熙来通过其妻薄谷开来、其子薄瓜瓜收受徐明给予的财物（折合人民币 19337930.11 元）。这就涉及薄熙来的特定关系人薄谷开来、薄瓜瓜是否构成受贿罪共犯的问题。其中，以薄熙来被指控受贿最大的一笔即薄熙来通过其妻薄谷开来收受徐明出资购买的法国尼斯别墅为例，有学者认为，薄谷开来的行为性质属于

① 参见山东省济南市中级人民法〔2013〕济刑二初字第 8 号刑事判决书；山东省高级人民法院〔2013〕鲁刑二终字第 110 号刑事裁定书。

② 参见《最高人民法院、最高人民检察院关于办理受贿刑事案件适用法律若干问题的意见》（法发〔2007〕22 号，2007 年 7 月 8 日）。

《刑法修正案（七）》规定的利用影响力受贿罪，而在行为时该行为在刑法上不为罪。① 按照上述学者的观点，薄谷开来收受徐明给予的购买别墅的出资款时，当时刑法典还没有规定利用影响力受贿罪，所以按照罪刑法定原则，自然的结论就是薄谷开来收受徐明出资款的行为不构成犯罪。我们认为，这一意见是不妥的，不符合本案的实际情况。《刑法修正案（七）》所增补的我国刑法第三百八十八条之一的利用影响力受贿罪，是指国家工作人员的近亲属或者其他与该国家工作人员关系密切的人，通过该国家工作人员职务上的行为，或者利用该国家工作人员职权或者地位形成的便利条件，通过其他国家工作人员职务上的行为，为请托人谋取不正当利益，索取请托人财物或者收受请托人财物，数额较大或者有其他较重情节的行为。就薄熙来案件而言，对于薄谷开来收受的徐明给予的购买尼斯别墅的资金，如果薄熙来不知情或者不认可，那么薄谷开来的行为性质，确属于《刑法修正案（七）》增补规定的利用影响力受贿罪，按照罪刑法定原则和刑法溯及力从旧兼从轻的原则，即不应以犯罪论处；但本案一、二审法院庭审查明的事实是：薄熙来利用职务便利为实德集团谋取利益，明知并认可薄谷开来、薄瓜瓜收受徐明给予的财物折合人民币19337930.11元（其中就包括了薄谷开来收受徐明给予的购买尼斯别墅的购房款）。上述事实，有经庭审举证、质证并被法院予以确认的多种证据证实，足以认定。既然薄熙来利用职务便利为实德集团谋取利益，是明知并认可薄谷开来收受徐明所给予的财物的，那么按照相关刑法规定、司法解释和刑法理论，这种情况下薄熙来与薄谷开来应成立受贿罪的共犯，两人不仅有共同的受贿犯罪行为，而且主观上亦在收受徐明给予的购房款上达成了默契（意思联络），理应以受贿罪追究薄谷开来的刑事责任。本着法治反腐、实事求是的原则，司法机关应对上述共同犯罪问题依法审查和处理，并对薄谷开来等是否构成共同犯罪、是否追究刑事责任进行合理衡量；即使有刑事政策、办案策略、危害程度等方面的考量而不追诉，也要妥善处理，必要时应予以说明，以避免给社会造成误解。

（五）关于执行上级命令之职务行为的正当化问题

所谓职务行为，一般是指公务人员根据法律行使职权或履行职责的行为。既包括基于法律的直接规定实施的行为，也包括基于上级的职务命令实

① 参见阮齐林：《从薄熙来案件看高官贪贿案件的认定处罚》，载《人民法院报》2013年9月27日。

施的行为。[①] 职务行为属于正当行为的范畴，除此之外，还有正当防卫、紧急避险、正当业务行为、自救行为等正当行为，不过我国刑法仅规定了正当防卫和紧急避险这两种正当行为。对于其他的正当行为，我国刑法理论和司法实践中也普遍认为它们不具有刑事违法性，一般不以犯罪论处。当然，对于正当行为的外延范围以及正当化的条件等问题，除了正当防卫、紧急避险外，理论上仍然存在一定争议。如就执行上级命令的职务行为来说，对于其正当化的条件，我国刑法学界就存在“四要件说”与“五要件说”的分野。“四要件说”中有“明知命令为犯罪例外说”“明知命令违法例外说”“命令违法说”三种不同的观点，“五要件说”中也还有两种修正的观点。[②] 限于篇幅，这里不再一一评述。在充分考虑我国公务员法的有关规定以及司法实践中处理职务行为情况的基础上，我们试提出“明知命令明显违法例外说”这一主张。根据公务员法第五十四条的规定：“公务员执行公务时，认为上级的决定或者命令有错误的，可以向上级提出改正或者撤销该决定或者命令的意见；上级不改变该决定或者命令，或者要求立即执行的，公务员应当执行该决定或者命令，执行的后果由上级负责，公务员不承担责任；但是，公务员执行明显违法的决定或者命令的，应当依法承担相应的责任。”可见，公务员执行明显违法的决定或者命令的，是应当依法承担相应责任的。同理，按照“举轻以明重”的解释原则，公务员执行比“明显违法”危害程度更大的属于“犯罪”的决定或者命令的，更应依法承担相应责任。概言之，执行上级命令的职务行为之正当化，应具备以下要件：（1）命令来源特定。即发布命令的应当是具有管理、监督关系的上级机关及其相关工作人员；（2）发布命令的形式和程序合法；（3）发布的命令必须是属于上级国家机关及其相关工作人员的职权范围；（4）下级国家工作人员必须不明知命令有明显违法或者犯罪的内容。

在薄熙来案件一审庭审中，薄熙来提出“在同意出具王立军虚假诊断证明的问题上，他是基于上级的六条指示”，[③] 据此否认同意出具王立军患精神疾病的诊断证明及批准发布王立军接受“休假式治疗”的微博是滥用职权。对于薄熙来提出的这一辩护意见，公诉人当庭给予了驳斥，表示：

---

① 参见张明楷：《刑法学》，法律出版社 2007 年版，第 194 页。

② 参见高铭暄、朱本欣：《依命令之职务行为正当化研究》，载《中国刑事法杂志》2003 年第 1 期。

③ 参见《公诉人：薄熙来当庭翻供拒不认罪 必须严惩》，载人民网 2013 年 8 月 26 日。

“在案证据证实，薄熙来同意出具虚假诊断证明在前，其所说的上级六条指示在后，而且上级指示中没有出具虚假诊断证明的要求。”① 我们认为，公诉人的反驳是有理有力的，也是符合案件实际情况的。在此姑且不论薄熙来是否明知“上级六条指示”明显违法等，但在案证据证实，在薄熙来同意出具王立军患精神疾病的虚假诊断证明时，上级根本就没有作出相关指示，故薄熙来的行为不属于执行上级命令的职务行为，不能因此而免责。而且所涉及的“上级六条指示”之一，也只是提出“以健康为由，用人道主义的名义，处理王立军逃馆事件”②，这一指示相对概括、原则和中性，并不当然包括“出具虚假诊断证明和发布王立军接受‘休假式治疗’的虚假微博”等内容。所以，薄熙来以“基于上级六条指示”为由来否定其滥用职权，实属混淆事实、曲解指示精神，从而达到推卸责任的目的，根本就站不住脚。

（六）关于拒不认罪应否严惩问题

拒不认罪涉及认罪态度问题。所谓认罪态度，泛指行为人作案后对其所犯罪行的认识态度和所采取的行动。认罪态度是一种重要的罪后酌定量刑情节，在实践中对量刑有一定的影响。如公诉机关常在起诉书中对被告人的认罪态度作出评价，比如“被告人认罪态度尚好”“被告人认罪态度不好”“被告人拒不认罪”等；辩护律师也常常把被告人的认罪态度情况列入辩护内容，对能如实供述主要犯罪事实的被告人，大都会提出“认罪态度较好”或者“有悔罪表现”等，要求人民法院从轻判处；人民法院在刑事判决书之“判决理由”部分一般也会介绍被告人的认罪态度情况并将其作为量刑的依据之一，如表述为“被告人某某尚能认罪，从轻判处……”或者“被告人某某拒不认罪，应予严惩”等判语。③ 下面不妨再举一则现实案例进行说明，如西藏某地法院处理的一起共同抢劫案，范某和胡某系共同抢劫财物的同伙，被捕后因认罪态度不同受到的处罚迥异，认罪态度较好的范某被判有期徒刑三年，而态度较差的胡某被判有期徒刑五年。审理法院在对该案释

① 参见《公诉人：薄熙来当庭翻供拒不认罪 必须严惩》，载人民网 2013 年 8 月 26 日。

② 参见《给薄熙来六条“秘密指示”的上级曝光》，载 http：//news. netbirds. com/31/90285. html，访问日期：2013 年 12 月 1 日。

③ 参见彭新林：《酌定量刑情节限制死刑适用研究》，法律出版社 2011 年版，第 345 页。

疑时指出，人民法院之所以对共同犯抢劫罪的胡某、范某处以不同的刑罚，主要就是考虑到范某认罪态度好，积极退赃，反映了其人身危险性有所减弱，比较容易改造；而胡某拒不认罪、态度不好，表明其人身危害性大，比较难以改造，需要从严处罚。① 由上述案件不难看出，认罪态度好坏（包括是否拒不认罪等）在实践中对量刑的影响之重。

在薄熙来案件中，一审公诉人在发表公诉意见时也指出，“在几天的庭审中，被告人薄熙来不仅对有大量确凿证据证明的犯罪事实予以矢口否认，而且连自己庭前亲自书写的材料和亲笔供词也予以推翻；对滥用职权罪，被告人仅承认自己有错误、负有责任，但同样不承认犯罪。这足以说明其拒不认罪的态度。”“根据宽严相济的刑事政策和国家法律，被告人罪行极其严重，又拒不认罪，不具有法定从轻处罚情节，必须依法从严惩处。”② 从上可见，公诉方认为薄熙来在庭审中“翻供”“矢口否认”等行为，属于拒不认罪，即认罪态度不好，从而建议法院对其予以从严惩处。如何看待公诉方的上述公诉意见呢？拒不认罪到底应否严惩呢？笔者认为，要注意以下几点：

其一，不能把被告人行使诉讼权利的行为当作拒不认罪或者认罪态度不好。辩护权是被告人的核心诉讼权利，充分保障被告人的辩护权等诉讼权利，不仅是维护被告人的合法权益、防止冤假错案发生的必然要求，而且也是程序公正和法治文明的重要体现。被告人对自己行为的性质、涉嫌犯罪的事实等积极进行辩解，甚至当庭翻供，都是其行使辩护权等诉讼权利的体现，不应加以苛责，不能把被告人行使诉讼权利的行为当作拒不认罪。否则，就会让被告人行使辩护权等诉讼权利时顾虑重重，担心因此而被从严处罚，从而产生实质上剥夺被告人的辩护权等诉讼权利的后果。正如有学者所指出：“被告人在法庭上翻供实际上仍然是在行使辩护权利，不应再被视为‘抗拒’的表现。如果因此对其给予严厉处罚，本质上是一个人因为行使了辩护权而遭受惩罚，这显然不利于有效保障犯罪嫌疑人、被告人进行无罪辩护的权利，进而也不利于切实保障被告人与国家追诉机构进行平等、理性地抗争。”③ 其实，2004 年 3 月 26 日最高人民法院发布的《关于被告人对行

① 参见向泽：《一起抢劫 认罪态度不同判决结果迥异》，载《拉萨晚报》2009 年 10 月 23 日。

② 参见《薄熙来拒不认罪 须严惩》，载《法制晚报》2013 年 8 月 28 日。

③ 李奋飞：《“翻供”不应从严》，载《财经》2013 年 9 月 9 日。

为性质的辩解是否影响自首成立问题的批复》（法释〔2004〕2号）就规定："被告人对行为性质的辩解不影响自首的成立。"这实际上也是间接表明了"被告人对行为性质的辩解"不应影响被告人认罪态度好坏的判断。除此之外，我国政府于1998年10月5日签署的《联合国公民权利和政治权利国际公约》（以下简称《公约》）第14条第3项明确规定："在判定对他提出的任何刑事指控时，人人完全平等地有资格享受以下的最低限度的保证：……（庚）不被强迫作不利于他自己的证言或强迫承认犯罪。"《公约》的这条规定实际上是赋予了被告人不被强迫自证其罪权。尽管《公约》在我国的正式生效尚待全国人大批准，但毋庸置疑的是，该《公约》必将对我国的刑事司法产生重大影响，我国的刑事司法实践也应当与《公约》的精神尽力保持一致。"被告人在行使权利时，可以沉默，也可以进行自我辩解。不过，从实质上看，无论是沉默还是自我辩解，都是对被强迫自证其罪的否定。"①

具体到薄熙来案件，薄熙来在法庭上积极为自己辩解，甚至当庭翻供，暂且不论其辩解理由能否成立或者有无事实依据，但这显然是其行使辩护权、不被强迫自证其罪权等诉讼权利的体现，而非刑法意义上的拒不认罪或者认罪态度不好，公诉方似没有必要上纲上线，予以指责，认定其"拒不认罪"并建议法院"必须予以严惩"。诚如薄熙来自己在庭上所言："在法庭上我如实陈述自己的意见是法律赋予我的权利，我希望公诉人不要把我在法庭上讲我的意见当作是恶劣的行为。"② 事实上，法院对薄熙来的量刑并未受其翻供的影响，之所以对其所犯受贿罪判处无期徒刑，乃是根据其犯罪的事实、性质、情节和对社会的危害程度，依照刑法的有关规定进行判决的。

其二，一般的认罪态度不好，不应作为从严量刑的依据。在司法实践中，由于认罪态度好坏（包括是否属于拒不认罪）之判断尚没有统一的认定标准，在很大程度上受办案人员各自经验、习惯以及情感等因素的影响和左右，在认定上有一定的随意性和非规范性。如被告人没有主动供述犯罪事

---

① 马长生主编：《国际公约与刑法若干问题研究》，北京大学出版社2004年版，第21页。

② 参见山东省济南市中级人民法院新浪官方微博关于薄熙来案件审判的"庭审现场"播报，http://e.weibo.com/jinanzhongyuan?page=4&pre_page=2&end_id=3637261201966977。

实，甚至积极为自己行为的性质等进行辩解，一般都会被司法机关认定为拒不认罪，从而在量刑时酌情从重处罚，但其法律效果和社会效果往往并不好。而且从期待可能性理论分析，被告人犯罪后通常不会自动认罪；相反，通常会千方百计寻找无罪或罪轻的理由以及逃避刑罚惩罚，这乃是人性的弱点。如有学者指出，否认指控现象在刑事案件中相当普遍，在职务犯罪案件中，这种现象更为严重。[①] 既然很难期待被告人归案后会“主动、彻底地如实交待罪行，自愿接受刑罚惩罚”，那么考虑到人有趋利避害的人性弱点，就不应过于苛责被告人，对其一般的认罪态度不好给予从重处罚。

其三，认罪态度较好的，可作为从宽量刑的依据。司法实践中认罪态度好的情形，一般包括：犯罪人归案后如实交待自己的全部或者主要犯罪事实；[②] 交待犯罪事实主动、彻底；交待犯罪事实不编造，不隐瞒，不避重就轻，不狡辩抵赖，无翻供和串供现象；对自己的罪行追悔莫及，决心痛改前非、重新做人；积极提供违法犯罪线索等。犯罪后认罪态度好或者较好，往往反映出行为人的人身危险性程度有所降低，因而在量刑时可予以从宽处罚。这里值得一提的是，2011 年 2 月 25 日全国人大常委会通过的《刑法修正案（八）》第八条将原作为酌定从宽情节的“坦白”规定为法定从宽处罚的情节，即如实供述自己罪行的，可以从轻处罚；因其如实供述自己的罪行，避免特别严重后果发生的，可以减轻处罚。这实际上是在法律上明确认可了“认罪态度好”可以作为从宽量刑的依据。

（七）关于贪污数额的认定问题

数额作为犯罪构成的罪量要素，是犯罪定量的重要体现，对于犯罪成立和刑罚轻重都具有重要意义。贪污数额是贪污罪客观方面的重要构成要素，既是体现贪污行为社会危害性程度的重要指标，也是贪污罪司法认定中的难点问题。关于“贪污数额”究竟是指什么，如何认定“贪污数额”等，刑法没有明确规定，理论上存在较大分歧，实践中的做法也不尽一致。概括来说，刑法理论界和实务界大致有三种观点：一是“损失说”，认为贪污罪中的犯罪数额指公共财物损失数额。二是“控制说”，认为贪污罪中的犯罪数

① 参见李奋飞：《对薄熙来的“否认指控”不必过度阐释》，载《检察日报》2013 年 8 月 28 日。

② 这里的犯罪事实，既包括犯罪人自己的罪行，也包括共同犯罪中其他同案犯的主要犯罪事实。

额就是行为人通过贪污实际占有（控制）的公共财物数额。三是“实得说”，认为贪污犯罪数额就是行为人的实际得赃数额。[①] 我们基本赞同“控制说”。因为贪污罪是一种以非法占有为目的的财产性职务犯罪，与盗窃、诈骗、抢夺等侵犯财产罪一样，应当以行为人是否实际控制财物作为区分贪污罪既遂与未遂的标准。对于行为人利用职务上的便利，实施了虚假平账等贪污行为，但公共财物尚未实际转移，或者尚未被行为人控制就被查获的，应当认定为贪污未遂。行为人控制公共财物后，是否将财物据为己有，不影响贪污既遂的认定。[②]

关于贪污数额的认定，尤应注意以下几点：一是“贪污个人所得数额”与“个人贪污数额”不同。“贪污个人所得数额”是指贪污后个人分得赃款的数额，而刑法第三百八十三条关于贪污罪处罚条文中的“个人贪污数额”，则是指个人参与贪污犯罪的数额，两者是完全不同的概念。另根据2013 年 11 月 13 日《全国法院审理经济犯罪案件工作座谈会纪要》（法〔2003〕167 号）的规定，在共同贪污犯罪案件中，“个人贪污数额”应理解为个人所参与或者组织、指挥共同贪污的数额，不能只按个人实际分得的赃款数额来认定。对共同贪污犯罪中的从犯，应当按照其所参与的共同贪污的数额确定量刑幅度，并依照刑法第二十七条第二款的规定，从轻、减轻处罚或者免除处罚。二是贪污的公共财物所生利息不应计入贪污犯罪数额。关于这一点，1993 年 12 月 15 日《最高人民法院关于贪污、挪用公款所生利息应否计入贪污、挪用公款犯罪数额问题的批复》[③] 明确指出，“贪污、挪用公款（包括银行库存款）后至案发前，被贪污、挪用的公款所生利息，不应作为贪污、挪用公款的犯罪数额计算。但该利息是贪污、挪用公款行为给被害单位造成实际经济损失的一部分，应作为被告人的非法所得，连同其贪污、挪用的公款一并依法追缴。”三是实施贪污行为所支付的犯罪成本不应从贪污数额中扣除。在某些情况下，行为人实施贪污行为，非法占有公共财物，可能需要先期交付一定的财物或者扣除税费等，即预先支付或者必然要付出的犯罪成本。我们认为，在认定贪污数额时不应扣除这部分为实施贪污行为或者贪污得逞所支付的犯罪成本，而应以行为人实际控制或者占有的

① 参见徐清：《“贪污数额”认定中的若干疑难问题探究》，载《中国检察官》2012 年第 2 期。

② 参见《全国法院审理经济犯罪案件工作座谈会纪要》（法〔2003〕167 号）。

③ 该《批复》于 2013 年 1 月 14 日被法释〔2013〕2 号司法解释废止。

公共财物数额为准。

薄熙来案件也涉及贪污数额的认定问题。薄熙来的辩护人在一审庭审中提出："涉案人民币500万元（贪污）在流转过程中，有150万元被李石生挪用，并未进入赵东平账户，另有32万余元用于缴税，起诉指控赵东平收到500万元并按500万元追赃有误。"① 对此，一审判决评判认为："该150万元系按照赵东平的要求转入李石生的账户，被李石生使用不影响该笔款项由赵东平代薄谷开来保管，已被薄谷开来占有的事实的认定。至于32万余元的税款支出，属于薄谷开来、王正刚实施侵吞公款行为过程中支付的犯罪成本，不应从犯罪数额中扣除。"②我们认为，一审判决的上述认定及论证是成立的。前文已述，实施贪污行为所支付的犯罪成本不应从贪污数额中扣除。易言之，涉案的500万元工程款在转款过程中有32万余元的税款支出，这32万余元系属于薄熙来、薄谷开来、王正刚等实施贪污行为过程中所支付的犯罪成本，应计入贪污数额。此外，尽管案发前确有150万元被李石生使用，未进入赵东平的账户，但涉案的150万元是王正刚与赵东平商量后并按照按赵东平的要求，才转入李石生（赵东平的朋友）的山河世纪公司的账户，该笔款项被李石生使用确实不影响赵东平代薄谷开来保管、已被薄谷开来占有事实的认定。这主要是因为该笔款项经过王正刚等人复杂、隐秘的操作，已然脱离了财物所有人——大连市人民政府的控制，而被薄谷开来、赵东平（代薄谷开来保管）实际控制，赵东平现实地具有随时支配财物的可能性，随时可要求李石生将涉案的150万元归还，李石生只是将暂存于其公司账户的涉案款项挪用，并未否认该笔款项系赵东平所有。如果赵东平提出归还该款，李石生也是会归还的，并不会因为李石生暂时挪用该款而改变该款的所有权性质。需要注意的是，贪污罪中行为人实际控制财物的方式是多种多样的，是本人直接控制财物还是将财物置于由其委托的他人保管之下，抑或是将财物直接打入关系人账户等等，都在所不问。只要行为人已经现实地具有随时支配财物的可能性就是实际控制，就成立非法占有，这种实际控制既无时间长短的要求，也不要求行为人实际上已利用了该财物。

（八）关于徇私舞弊型滥用职权罪的认定问题

所谓滥用职权罪，是指国家机关工作人员违反法律规定的权限和程序，滥用职权或者超越职权，致使公共财产、国家和人民利益遭受重大损失的行

①② 参见山东省济南市中级人民法〔2013〕济刑二初字第8号刑事判决书。

为。根据我国刑法第三百九十七条第一款的规定，犯滥用职权罪的，处三年以下有期徒刑或者拘役；情节特别严重的，处三年以上七年以下有期徒刑。另根据该条第二款的规定，国家机关工作人员徇私舞弊，犯滥用职权罪的，处五年以下有期徒刑或者拘役；情节特别严重的，处五年以上十年以下有期徒刑。也就是说，刑法第三百九十七条规定了两种类型的滥用职权罪，第1款为普通的滥用职权罪，第二款为徇私舞弊型的滥用职权罪。上述两种类型的滥用职权罪都包括基本犯和加重犯，并分别规定了不同的法定刑，情节特别严重的滥用职权或者情节特别严重的徇私舞弊滥用职权，都属于加重实行行为，应归属于滥用职权罪的加重构成而对应于加重法定刑。

就薄熙来案件来说，公诉机关指控薄熙来所犯的罪行中也包括滥用职权罪，法院也以薄熙来犯滥用职权罪，判处其有期徒刑七年。但从一审判决的措辞和表述来看，即认定“薄熙来身为国家工作人员，滥用职权，致使国家和人民利益遭受重大损失，其行为已构成滥用职权罪，情节特别严重”①，明显是以刑法第三百九十七条第一款规定的普通滥用职权罪的加重犯对薄熙来判处相应刑罚的，未认定其属于刑法第三百九十七条第二款规定的徇私舞弊的滥用职权犯罪。我们认为，一审判决的上述认定有所不妥，薄熙来的行为构成的应是徇私舞弊型滥用职权犯罪，且属情节特别严重。

首先，薄熙来是徇私舞弊滥用职权。由于这种行为是从个人利益出发，置国家利益于不顾，所以主观恶性比滥用职权罪基本犯的主观恶性要大，因而要适用加重的法定刑。就薄熙来所实施的滥用职权行为而言，完全符合徇私舞弊型的滥用职权犯罪构成。薄熙来实施的一系列滥用职权行为，其主要目的就是徇私（为了包庇薄谷开来），表明其严禁重新调查薄谷开来涉嫌故意杀人案件（“11·15”案件）的态度。如经法庭查证属实的王立军的证言证明：“薄熙来当面辱骂其诬告陷害薄谷开来并打了其脸部一拳，还将茶杯摔在地上，说‘这就是我的态度，我让你们看看’”。②郭维国的证言也证明：“薄熙来怒斥王立军诬陷薄谷开来杀人，打了王立军一记耳光，并冲其喊道，‘郭维国，我叫你来，就是要让你看看我的态度，让吴文康来也是让他做个见证’。”③事实上，一审判决也认定了“2012年1月至2月，被告人薄熙来作为中共中央政治局委员兼中共重庆市委书记，在有关人员告知其薄谷开来涉嫌故意杀人后，以及在时任重庆市人民政府副市长王立军叛逃前后，违反规定实施了一系列滥用职权行为”等事实，并认为“被告人薄熙

①②③ 参见山东省济南市中级人民法〔2013〕济刑二初字第8号刑事判决书。

来的上述行为，是导致‘11·15’案件不能及时依法查处和王立军叛逃事件发生的重要原因”。① 以上证人证言以及一审判决认定的内容，实际上都非常清楚地表明薄熙来是徇私舞弊，为徇私情而严禁重新调查薄谷开来涉嫌故意杀人案件。包括薄熙来违规免除王立军的重庆市公安局党委书记兼局长职务、安排吴文康对王智和王鹏飞进行审查、纵容薄谷开来参与王立军逃馆事件的研究对策等诸多具体的滥用职权行为，都是在薄熙来为徇私情、私利这一总的动机和目的之下实施的。一言以蔽之，薄熙来的滥用职权是典型的徇私舞弊型滥用职权犯罪行为。

其次，薄熙来滥用职权的行为情节特别严重。尽管何谓滥用职权罪中的“情节特别严重”，刑法和司法解释都没有作出明确规定。但在司法实践中，应注意从滥用职权的具体犯罪事实、手段、主观恶性、社会危害程度等方面进行综合分析认定，一般应包括下述情形：造成多人伤亡的；直接经济损失特别巨大的；特别严重损害国家声誉或者造成极其恶劣社会影响的；犯罪手段特别狡诈的；犯罪动机和目的特别卑鄙的；犯罪时间长，作案次数多的；其他致使公共财产、国家和人民利益遭受特别重大损失的情形等。就薄熙来的滥用职权行为而言，可以说造成了极其严重的危害后果，其中就包括导致王立军叛逃事件的发生。一审判决已认定薄熙来滥用职权的行为是导致“11·15”案件不能及时依法查处和王立军叛逃事件发生的重要原因。而王立军是副省级领导干部，掌握大量国家机密，有着“打黑英雄”“全国劳动模范”等诸多耀眼的光环，其叛逃性质严重，国内外影响极其恶劣，是我国建国以来第一起省部级高官私自进入外国领事馆滞留事件。③ 对于王立军叛逃事件的发生，薄熙来负有不可推卸的重要责任。2012 年 3 月 15 日重庆市委主要领导调整时，李源潮同志代表中央所作的重要讲话中也明确指出，这次重庆市委主要领导的调整，是鉴于王立军事件造成的严重政治影响，中央从当前的形势和大局出发，经过慎重研究决定的。④ 由上不难得出，薄熙来滥用职权的行为是情节特别严重的。

最后，还值得一提的是，无论是符合基本构成的滥用职权犯罪为还是符合加重构成的滥用职权犯罪，其客观方面的一个重要构成要件要素乃是“致使公共财产、国家和人民利益遭受重大损失”。对上述构成要件要素中

① 参见山东省济南市中级人民法〔2013〕济刑二初字第 8 号刑事判决书。

③ 王立军在美国驻成都领事馆内曾请求美方提供庇护，并书写了政治避难申请等。

④ 参见张雪峰：《中央决定调整市委主要领导》，载《重庆日报》2012 年 3 月 16 日。

的“重大损失”不能作偏狭的理解，以为只能是经济损失或者人员伤亡等情况；除此之外，还包括导致国家声誉严重受损或者造成恶劣社会影响等情形。其实，2006年7月26日最高人民检察院颁布的《关于渎职侵权犯罪案件立案标准的规定》中，就将涉嫌“严重损害国家声誉，或者造成恶劣社会影响的”作为滥用职权罪案应予立案追诉的情形之一；最高人民法院、最高人民检察院2012年12月7日颁布的《关于办理渎职刑事案件适用法律若干问题的解释（一）》第一条也明确规定“造成恶劣社会影响的”情形，应认定为刑法第三百九十七条规定的“致使公共财产、国家和人民利益遭受重大损失”。薄熙来滥用职权的行为，虽然没有造成重大经济损失或者重大人员伤亡情况，但却极大地损害了党和国家的声誉、在国内外产生了特别恶劣的社会影响、给党和人民的事业造成了重大损失，完全符合“致使公共财产、国家和人民利益遭受重大损失”的要件，且属情节特别严重，理当依法判处五年以上十年以下的有期徒刑。

（九）关于受贿罪的死刑适用问题

我国刑法目前对受贿罪仍配置有死刑，对于受贿数额特别巨大且情节特别严重的犯罪分子，可依法判处死刑包括死刑立即执行。我国历来有“从严治吏”的传统，而在目前腐败现象还比较严重的情况下，基于国家基本的政治形势和刑事政策，还将在相当长的一段时间内保留受贿罪等严重腐败犯罪的死刑，司法实践中也将依法对严重腐败犯罪适用死刑。如改革开放以来因犯受贿罪被判处死刑立即执行的高官有四位，分别是江西省原副省长胡长清、全国人大常委会原副委员长成克杰、安徽省原副省长王怀忠和国家药品食品监督局原局长郑筱萸。应当说，对这些罪行极其严重的腐败分子，判处死刑不是对限制、减少死刑适用的否定，而是我国限制、减少死刑适用并逐步废止死刑进程中正常的、合法合理的步骤与现象。诚然，限制、减少死刑适用并逐步废止死刑是我国构建和谐社会对刑事法治进步的要求，也是符合国际社会理性抗制犯罪之大趋势的。但我国有关的死刑立法、司法改革措施需要逐步展开，需要结合社会的发展状况并考虑国情民意。因此，笔者主张我国现阶段应将逐步废止非暴力犯罪之死刑立法提上改革日程，同时也主张对受贿罪、贪污罪这些严重的腐败犯罪之死刑目前不宜马上废止，而是要逐步予以严格限制，待条件成熟时再予以废止。

这里需要注意的是，对受贿罪的死刑适用，并非仅仅看受贿数额的多少（尽管这是一个重要的方面），还应当通盘考虑全案的罪中、罪前、罪后各个环节的各种主客观因素综合决定的情节是否特别严重。一言以蔽之，受贿数额不是判处并执行死刑与否的唯一根据。如就安徽省原副省长王怀忠案而言，尽管其受贿数额相较于有些未被判处死刑立即执行的贪官所受贿的数额要低得多，相对而言只不过是“小巫见大巫”。但其除受贿数额特别巨大之外，还有多次索贿的法定从重处罚情节。更为恶劣的是，王怀忠为逃避法律制裁，在有关部门查处其涉嫌经济犯罪期间仍向他人索贿，且将索取的贿赂企图阻止有关部门对其犯罪问题的调查，其犯罪情节与危害后果均属特别严重，而且在确凿的证据面前，他还百般狡辩，拒不认罪，毫无悔过之心，态度极为恶劣，故法院对其判处死刑立即执行是合法合情合理的。再如，就国家食品药品监督局原局长郑筱萸案而言，虽然其坦白了部分受贿事实，且有积极退赃的表现，但综合全案看其犯罪情节与危害实在太严重了，其身居国家食品药品监督局局长这样关系国计民生的重要岗位，出于贪欲收受巨额贿赂，不仅严重侵害公务的廉洁性，而且置国家和人民的重要利益于不顾，为有关企业谋取不法利益，导致国家药品监管秩序混乱失控，严重危及广大人民群众的生命健康，严重损害了国家食品药品监督管理机关的公信力，社会影响十分恶劣，社会危害及犯罪情节均特别严重，郑筱萸犯罪后在追诉过程中的酌定从宽情节和因素从整体上仍无法降低其犯罪行为的极其严重的危害程度，故而法院判处郑筱萸死刑立即执行是罚当其罪，符合我国量刑原则和规则。

回到薄熙来案，一审判决对薄熙来所犯受贿罪判处无期徒刑，剥夺政治权利终身，并处没收个人全部财产，未适用死刑。如同薄熙来本人及其所作所为充满争议一样，一审判决对薄熙来的量刑也引发了海内外的广泛关注，有人认为判得太重了，对于薄熙来这样充满争议的政治人物，似乎十五年至二十年的有期徒刑即已足够；有人认为判得太轻了，薄熙来罪行极其严重，依法应当适用死刑，而不应“法外开恩”；还有人认为，一审判决量刑适当、无可非议。如何看待薄熙来所犯受贿罪的量刑？应当说，一审判决没有认定其所犯受贿罪为“情节特别严重”，若作此认定依法就必须判处死刑（包括死缓）。对于受贿罪的“情节特别严重”，尚未有司法解释予以明确界定，一般认为可以包括：数额特别巨大，远远超出10万元；犯罪集团的首要分子；因犯罪行为造成其他严重后果或者极其恶劣的社会影响，如因受贿为行贿人谋利益而造成国家、社会重大损失等。薄熙来受贿达2044万余元，当属数额特别巨大，由此而认定为“情节特别严重”也似无不可；但如前文所述，受贿罪的处罚规定特别强调要结合受贿数额及情节考虑，不能单纯以受贿所得数额多少决定刑罚的轻重，而本案的受贿除数额特别巨大以外其他情节尚属一般，若认定为“情节特别严重”似为过分强调了数额而未注意其他情节；更为重要的是我国近年来正进行死刑改革，尤其强调对非暴力犯罪要严格限制、努力减少死刑的适用。综合考虑上述情况，一审法院没有认定薄熙来所犯受贿罪属于“情节特别严重”，这样也就避免了适用死刑（包括死缓），这一掌握应该说是妥当的、理性的。① 而且从国家政治策略和法治发展的高度衡量，薄熙来案件毕竟有一定的特殊性，国内广泛关注，国际影响也较大，涉及面广，需要综合考虑我国的国情民意和政治现实，而对薄熙来适用死刑，既不利于彰显我国的人道主义形象，也不一定能实现判决的法律效果、社会效果和政治效果的统一。当然，若对薄熙来从轻判处有期徒刑甚或十五年以下有期徒刑也是不妥当的，这不仅不符合罪责刑相适应的要求，无法做到罚当其罪，而且也势必引发社会上“刑不上大夫”的质疑，有损适用刑法人人平等原则。因此，根据薄熙来所犯罪的事实、犯罪的性质、情节和对于社会的危害程度，判处其无期徒刑，是合乎我国法律和刑事政策的理性选择。

（十）关于个人社会贡献能否“将功折罪”问题

所谓个人社会贡献，顾名思义，就是指行为人对国家或公众所做的有益的事。伴随着薄熙来被立案查处到最终走上审判台，社会上一直有一种声音，认为薄熙来在曾经工作的大连市、辽宁省、商务部、重庆市等地政绩卓著，在有关城市的市政建设、经济发展和社会治安等方面做出了突出贡献，基层老百姓支持率高。如据有关媒体报道，针对薄熙来被解职，重庆台商表示，薄熙来的政绩的确得到不少重庆基层民众支持。② 这也从一个侧面印证薄熙来在其任上的确是做了一些事情、做了一些贡献的。据此，有人认为中央应对薄熙来“从轻发落”或者“网开一面”云云。那么，怎么看待这种观点和主张？我们认为，应从以下两个方面对其进行分析：

一方面，个人社会贡献是评价和判断行为人人身危险性大小的一个因素，在一定程度上可以反映其犯罪前的一贯表现情况，因而可以作为罪前酌

① 参见赵秉志：《试析薄熙来案件的定罪量刑问题》，载《法制日报》2013年9月26日。

② 参见《重庆台商：薄熙来去职不影响台商入渝投资》，载华夏经纬网2013年3月16日。

定量刑情节进行考量。根据行为人以前的表现以及他对社会所做的贡献，作为评价其人身危险性程度的一个因素，实行区别对待，在量刑时予以考虑，应当说是无可厚非的，而且也是贯彻刑罚个别化原则的体现，并不违反适用刑法人人平等原则。这里存在一个观念认识的问题。

另一方面，个人的社会贡献不能“将功折罪”。我国是社会主义法治国家，不论是谁，职务有多高，其功劳和贡献有多小，都不因此而享有超越法律的特权，只要触犯党纪国法，都要受到严肃追究和依法惩处。适用刑法人人平等，任何公民犯罪都应受到刑事追究。其实，这也是我党一贯的态度。早在抗日战争初期，毛主席“挥泪斩马谡”，就批准枪毙了一个功勋卓著、勇冠三军而杀人犯罪的红军将领黄克功，并未因为黄克功劳苦功高就对其“网开一面”。在薄熙来案件中，同样不能因为薄熙来曾经政绩突出或者对社会做了一些贡献，就不追究或不依法追究其违法犯罪的法律责任，而对其“从轻发落”或者“网开一面”。作为社会主义法治国家，决不能搞所谓的“将功折罪”或“功过相抵”，① 这是适用刑法人人平等原则的必然要求，也是依法治国的题中应有之义。诚如中央党校的林喆教授所言：“薄熙来案件的审理再次表明中央反腐倡廉的决心，一个人，不管过去多么辉煌，不管贡献有多大，不管你的家庭出身多么显赫，不管过去做了多么多好事，只要腐败，中央坚决让他下马。任何人想游离在宪法、法律之外，成为特殊官员是不可能的。所以，贪腐干部千万不要抱有侥幸心理，以为中央会‘网开一面’，这是不可能的。”② 总而言之，个人的社会贡献作为评价和衡量行为人人身危险性程度的一个因素，可以酌定量刑情节的形式发挥作用，在量刑时予以适当考虑并无不妥，但并不意味着就是搞所谓的“将功折罪”或者“网开一面”。

（十一）关于是否漏诉包庇罪的问题

在薄熙来案件一审阶段，有观点认为公诉机关漏诉了薄熙来也涉嫌构成

① 在我国封建社会，刑律中曾规定有“八议”制度。“八议”中有一议就是“议功”，即“对朝廷尽忠效力，建立大功勋的人”，一般应免除死罪或者减轻刑罚。对于属于“八议”之人，实封奏闻取旨，不许擅自勾决。若奉旨推问者，开具所犯及应议之状，先奏请议，议定奏闻，取自上裁。参见《大明律》，怀效锋点校，法律出版社 1999 年版，第 3～4 页。

② 林喆：《薄熙来案件开审说明没有特权可以游离法律之外》，载人民网 2013 年 8 月 22 日。

的包庇罪。如知名律师陈有西在其个人网站上发表文章指出，薄熙来干预王立军和其他警察依法办案，目的不只是滥用职权，而是明显地为了包庇谷开来故意杀人案，使她免暴露免受追究，最后逃避法律的打击，进一步保住自己。薄熙来在促成王立军叛逃问题上，构成滥用职权罪；在谷开来杀人问题上，明显性质属于包庇罪。他的起诉罪名至少是四个，应实行数罪并罚。① 该律师的上述观点，也得到了一些网友的认可和呼应。② 笔者认为，这种主张是值得商榷的，实际上是混淆了滥用职权罪与包庇罪的界限。

首先，包庇罪中的“包庇”有特定的含义，并非泛指一般意义上的庇护行为。根据我国刑法第三百一十条的规定，包庇罪是指明知是犯罪的人而作假证明以掩盖其犯罪事实的行为。诚然，薄熙来利用职权阻碍对薄谷开来涉嫌故意杀人案（“11·15”案件）的重新调查，这在行为性质上既是滥用职权的行为也是一种庇护犯罪的人的行为，但薄熙来并没有用作假证明的方式予以庇护，其行为不符合包庇罪客观方面的构成要件。

其次，包庇罪的犯罪构成要求行为人主观方面必须明知是犯罪的人而进行包庇。而从本案查实的有关证据看，尽管有关人员曾向薄熙来汇报和揭发薄谷开来涉嫌故意杀人，但薄熙来一直不相信薄谷开来会故意杀人（薄谷开来也曾向薄熙来表示其并未故意杀人），相反认为是王立军基于个人目的诬陷薄谷开来，故不能认为是薄熙来明知是犯罪的人而予以包庇，所以也不符合包庇罪主观方面的构成要件，依法不应构成包庇罪。前文已述，在有关人员向薄熙来告知薄谷开来涉嫌故意杀人以及在王立军叛逃前后，薄熙来利用职权实施的一系列行为，无论是在促成王立军叛逃上还是表明其严禁重新调查“11·15”案件的态度上，性质上都是滥用职权的行为，以滥用职权罪追究其刑事责任是合理、妥当的，因而薄熙来案件不存在漏诉包庇罪的问题。

四、余论

薄熙来案件审判涉及的法理问题众多，本文选择了与该案密切相关的主

---

① 参见陈有西：《成功的审判 遗憾的侦查》，载 http://wqcyx.zfwlxt.com/，访问日期：2013 年 10 月 28 日。

② 参见《中通社：薄熙来、王立军仍有可能涉嫌包庇罪》，载《香港商报》2013 年 8 月 13 日。

要法理问题，从刑事法治的角度进行了思考和探讨。与之相关的其他法理问题，① 我们留待以后作进一步的研究。

一年多来，几乎一直处在公众视线与舆论焦点之中的薄熙来案件，随着终审宣判而终于落下了帷幕。我们有理由相信，这场被海外称之为“世纪审判”的案件，必将载入我国法治史册，并对我国法治发展乃至政治和社会发展进程产生深远影响。抛开薄熙来案件本身的背景因素和政治敏感性不谈，我们不得不承认，情理与法律的碰撞、是非与恩怨的交织、真实与谎言的博弈、权力与民情的互动、时代与人心的纠结，在这一案件中得以鲜活展现。依托于薄熙来案件的这场法理讨论和情怀涌动，在某种意义上，就是一场有益的法治文明和法治理念的熏陶、训练与养成，让人们特别是各级官员在思考一个政治人物的罪与罚、是与非、自由与放逐的同时，更加懂得珍视人性、敬畏权力和尊重法律，常修做人之德、常想立身之本、常思贪欲之害、常怀律己之心！

从昔日踌躇满志的“政治明星”到如今晚景凄凉的阶下囚，薄熙来的命运堪比“过山车”，在短短数月内发生逆转，让人唏嘘不已。一如美国有线电视新闻网（CNN）在2013年9月22日的评论中所说：“薄熙来曾是中共一颗日渐升起的政治明星，却因一桩夹杂着谋杀、背叛和金融欺诈的丑闻跌落政坛。”“薄熙来一度高高在上的政治生涯已经结束。”② 薄熙来在一审庭审中也不无感伤地表示：“我的生命已经是个悲剧！”“我现在深陷牢狱之灾，百感交集，也只剩余生。”对于社会大众来说，关注更多的可能是薄熙来的命运，或者说是一个政治人物的命运；而对于我们的法治和法律、法学工作者来说，则更应关注的是薄熙来案件的法治意义及其对我国法治、政治乃至社会发展进程的影响，因而可以说是攸关一种制度、一条道路的命运。回顾建国以来尤其是改革开放30多年来我国法治建设的风雨历程，若以今日之薄熙来案件及其教训为镜鉴，笔者认为，在实现中华民族伟大复兴“中国梦”的新征程中，以下几个方面尤为值得强调：

一是要切实把权力关进制度的笼子里。有权力的地方必须有监督，没有监督的权力必然会导致腐败，这是权力运行中的一条基本规律。因而规范权

① 如权力运行制约与监督问题、高官腐败犯罪问题、以法治方式反腐问题等，均值得研讨。

② 参见高珮著：《外媒：薄熙来政治生涯已经结束》，载《青年参考》2013年9月25日。

力运行，加强对权力的监督制约，把权力关进制度的笼子里，具有非常重要的意义。这既是遏制腐败现象滋生蔓延的有效途径，也是社会主义法治的基本要求和社会主义国家性质的题中应有之义。薄熙来曾担任过多个地方和部门的党政主要领导职务，并且一度位居党和国家领导人行列，可谓位高权重，就是因为其权力没有得到有效的监督制约，很多时候，他凌驾于党纪国法之上，不但利用职权大肆谋取私利，而且在一些政策事项上肆意妄为、独断专行，其行为给党和国家的声誉造成了很大损害，给党和人民的事业带来了重大损失，教训是十分深刻的。这也充分说明了把权力关进制度的笼子里是多么的重要。党的十八届三中全会《决定》鲜明地指出："坚持用制度管权管事管人，让人民监督权力，让权力在阳光下运行，是把权力关进制度笼子的根本之策。"① 这为我国当前和今后一段时间内如何把权力关进制度的笼子里指明了方向，下一步就是要通过不断完善一系列法律法规和制度机制，健全权力运行制约和监督体系，着力贯彻、落实、体现上述十八届三中全会确立的原则和制度，努力将"把权力关进制度的笼子里"落到实处。

二是要持续深入开展反腐败斗争。反腐败关系人心向背以及党和国家前途命运的生死存亡。我们党和政府一贯高度重视反腐败工作，尤其是党的十八大以来，新一届中央领导集体高举反腐败大旗，更加科学有力地防治腐败，坚定不移把党风廉政建设和反腐败斗争引向深入，坚持"老虎""苍蝇"一起打，不断铲除腐败现象滋生蔓延的土壤，吹响了中国新一轮反腐败的号角，取得了有目共睹的明显成效。但转型期的中国社会，腐败现象在一些领域和部门仍然易发多发，我国反腐败工作还面临不少新情况新问题，与党和国家的要求及人民群众的期待相比仍有较大差距，需要持续深入开展反腐败斗争。这里需要注意两点：其一，必须真正做到有腐必反、有贪必肃。决不能搞"雷声大雨点小""反腐一阵风"或者"只打苍蝇不打老虎"。反腐败要拿出"刮骨疗毒、自我革命"的勇气，敢于对腐败分子尤其是这些真正的"老虎"亮剑，而不能成为口号式的宣言或者一句空话。现在我们国家反腐败的突出问题是：不是反腐败没有力度，而是反腐败不彻底，存在一定程度上的选择性反腐败，对于有些"老虎"因种种顾虑而不敢动，这已很不得人心！如果在这个问题上表现得不"旗帜鲜明"，我们党和政府就会丧失人民群众的信任和支持，改革开放和中国特色社会主义事业

① 参见《中国共产党第十八届中央委员会第三次全体会议公报》，载《人民日报》2013年11月13日。

将会面临失败的危险！想当年，建国之初，百废待兴，正当用人之际，毛主席就亲自批准枪毙了革命战争年代屡立战功的大贪污犯天津地委原书记刘青山、天津地区行署原专员张子善，是何等的气魄，影响是多么的巨大，被老百姓评价为“两个人头换来了至少20年的廉政！”① 现如今，社会上腐败风气盛行，腐败现象时有发生，有的甚至到了肆无忌惮、无法无天的地步。如前段媒体上曝光的中国人民大学原招生就业处处长蔡荣生持假护照从深圳闯关，欲赴加拿大被截获，据称其已交代招生等问题涉案金额达数亿元，② 真可谓触目惊心！对于这些人民群众包括媒体网络上曝光、揭露或检举出的腐败线索，我们的反腐败职能部门就应当紧盯不放、一查到底、决不姑息，该给什么处理就要给什么处理，罪行极其严重的要依法严惩，而不能不了了之、没有下文。只有这样，才能真正以反腐败的实际成效取信于民！其二，必须坚持以法治思维和法治方式反腐败。法治反腐是相对于人治反腐而言的，既是当今世界反腐的主流，也是我国反腐、建设廉洁政治的根本方向。人治反腐虽然也能取得一定效果，但这种反腐没有必要的严肃性、稳定性和持久性，而且存在权力滥用的可能。诚如有学者所言，人治反腐客观上给违反法纪滥用权力提供了样板，不但不可能根治腐败，还可能助长腐败的恶性发展。③ 邓小平同志也曾指出：“在整个改革开放过程中都要反对腐败。对干部和共产党员来说，廉政建设要作为大事来抓。还是要靠法制，搞法制靠得住些。”④ 因此，要使反腐败取得根本的成效，不至于“人亡政息”或者偏离初衷，就应当在法治的框架下，以法治思维和法治方式推进反腐败，使反腐败走向规范化、制度化。习近平总书记在十八届中央纪委第二次全会上深刻指出：“要善于用法治思维和法治方式反对腐败，加强反腐败国家立法，加强反腐倡廉党内法规制度建设，让法律制度刚性运行。”⑤ 这一科学论断，对于推进新形势下的反腐败工作和廉洁政治建设，具有重要指导意

① 参见《毛泽东的肃贪往事：两个人头换来至少20年的廉政》，载《中国人大》2010年第12期。

② 参见杨诗凡：《人民大学招生就业处长被调查 据称涉案数亿》，载《法制晚报》2013年11月27日。

③ 参见方工：《专家：纠正人治腐败思维 坚持法治反腐》，载《检察日报》2012年6月5日。

④ 转引自梁家：《在整个改革开放过程中都要反对腐败》，载《党建》1992年第6期。

⑤ 参见徐京跃、周英峰：《习近平：坚定不移把反腐倡廉建设引向深入》，载《检察日报》2013年1月23日。

义。这次中央对薄熙来案件的果断依法处理，就始终贯彻了法治反腐的理念，从一开始就沿着法治轨道逐步推进，将其法律问题与道德问题分开、刑事问题与非刑事问题分开，法治精神得到了充分体现，经得起法律和历史的检验，也得到了广大干部群众的拥护支持。

三是要大力推动法治中国建设。法治是政治文明发展到一定历史阶段的标志，凝结着人类智慧，为各国人民所向往和追求。建国60余年来，特别是改革开放30多年来，在建设中国特色社会主义的伟大实践中，我国的法治建设取得了巨大成就，包括确立了依法治国基本方略、中国共产党依法执政能力显著增强、以宪法为核心的中国特色社会主义法律体系基本形成、人权得到可靠的法制保障、促进经济发展与社会和谐的法治环境不断改善、依法行政和公正司法水平不断提高、对权力的制约和监督得到加强等诸多方面。[①] 2013年11月12日召开的党的十八届三中次全会通过的《中共中央关于全面深化改革若干重大问题的决定》明确提出要推进法治中国建设，指明了法治中国建设的根本方向和主要路径，即“建设法治中国，必须坚持依法治国、依法执政、依法行政共同推进，坚持法治国家、法治政府、法治社会一体建设。”[②] 薄熙来案件给我们的重要教训之一，就是要切实树立法治观念，坚决维护法律的尊严和权威，大力推动法治中国建设。曾几何时，薄熙来在其治下的重庆等地，目无国法、恣意妄为，大搞独断专行的“家长制”“一言堂”，只允许他个人的权威存在，对“不听话”的下属动辄羞辱打骂，如同封建社会主子对待家奴；他主导下的重庆“打黑除恶”风暴也是广为人们诟病，运动化和扩大化问题明显，法治尊严被肆意破坏。而中央依法对薄熙来案件进行查处，则是对依法治国精神的正确诠释，也是对全国人民期盼正义的积极回应。因此，在新世纪新阶段，我们要全面落实依法治国基本方略，加快建设法治中国，不断推进各项工作法治化，努力打造中国法治建设升级版。否则，“薄熙来事件”就还有可能重演，我们党的执政地位就可能会出现大的风险。

四是要把保障和改善民生摆在更加重要位置。习近平总书记曾强调指出，我们党领导人民全面建设小康社会、进行改革开放和社会主义现代化建

① 参见国务院新闻办公室：《中国的法治建设》（白皮书·2008年2月），载 http://www.gov.cn/zwgk/2008-02/28/content_904648.htm，访问日期：2013年11月1日。

② 《中国共产党第十八届中央委员会第三次全体会议公报》，载《人民日报》2013年11月13日。

设的根本目的，就是要通过发展社会生产力，不断提高人民物质文化生活水平，促进人的全面发展。检验我们一切工作的成效，最终都要看人民是否真正得到了实惠，人民生活是否真正得到了改善，这是坚持立党为公、执政为民的本质要求，是党和人民事业不断发展的重要保证。[①] 因此，必须始终把人民利益放在第一位，把实现好、维护好、发展好最广大人民根本利益作为一切工作的出发点和落脚点，做到权为民所用、情为民所系、利为民所谋。不可否认，近年来，我国"改善民生力度不断加大，城乡就业持续扩大，居民收入较快增长，家庭财产稳定增加，衣食住行用条件明显改善，城乡最低生活保障标准和农村扶贫标准大幅提升，企业退休人员基本养老金持续提高。"[②] 但同时又必须清醒看到，党和政府在保障与改善民生工作中还存在诸多不足，特别是涉及教育、就业、社保、医疗、住房、生态环境、食品药品安全、安全生产、社会治安、执法司法等关系群众切身利益的问题上，还有许多工作要做，前进道路上仍有不少困难和问题。就薄熙来案件而言，虽然薄熙来因严重贪腐问题而落马，受到了党纪国法的应有惩处，但不容否认的是，在一定时期内，薄熙来在国内尤其是基层老百姓中还是有一定的群众基础，薄熙来案件的查处对干部群众思想冲击巨大，[③] 也曾遭遇部分民意的反弹，这其中很大的原因固然是部分民众被薄熙来冠冕堂皇的言词以及所作所为的表象蒙蔽，不了解薄熙来严重违纪违法的真相。而了解相关真相后，很多干部群众则深感震惊。[④] 除此之外，也确实与这些年来重庆推出的一些保障和改善民生的政策举措不无关系，如建设公租房和解决进城农民工的户籍、开展"大下访"活动、农村养老保险全覆盖、交巡警平台建设等诸多惠及民生的措施，就顺乎民意，深得老百姓支持。正因为如此，中央对重庆的有关工作是肯定的，对重庆民生和社会建设的发展进步是肯定的，并要求把重庆这些年改革开放和现代化建设取得的成绩、重庆市广大干部群众为之

---

① 参见习近平：《在前进道路上多谋民生之利多解民生之忧》，载《求是》2013 年第 1 期。

② 参见胡锦涛：《坚定不移沿着中国特色社会主义道路前进为全面建成小康社会而奋斗——在中国共产党第十八次全国代表大会上的报告》，载《人民日报》2012 年 11 月 9 日。

③ 参见《薄熙来严重违纪对干部群众产生巨大冲击》，载《重庆日报》2012 年 4 月 13 日。

④ 参见王建新等：《重庆民众了解真相后深感震惊》，载《人民日报》2012 年 4 月 12 日。

做出的贡献同薄熙来、王立军等人违纪违法区分开来。[1] 这也充分说明了着力保障和改善民生的重要性。保障和改善民生不仅仅是个经济问题或者社会问题，而且是直接关系到我们党的执政基础和执政地位的巩固以及人心向背的重大政治问题，应当将其摆在更加重要的位置。

法治建设是一个渐进的过程，不可能一蹴而就。改革开放30多年来的法治发展，也不仅仅是一个简单的立法完善的过程，而且是一个不断受到司法实践推动和社会发展影响的逐步完善的过程。正是在这种司法实践中，我们的法治观念才得以不断地变革和进步，进而在更深远意义上推动我国的法治尤其是刑事法治的发展和完善。在此意义上，薄熙来案件的审判不失为是我国当代民主法治进程中一块厉行法治的试金石，其有力彰显了法治精神和法治理念，让人民群众感受到了公平正义，感受到了蓬勃生长的法治力量，也反映出我国政治文明的逐步成熟。我们完全有理由相信，中国特色社会主义法治建设道路会越走越宽广，法治中国的梦想一定能够早日实现！

① 参见《中央决定调整重庆市委主要领导》，载《重庆日报》2012年3月16日。

马尧海聚众淫乱案法理研究

石宗智*

一、选案理由

聚众淫乱罪在我国刑法典罪名体系中本是一个“休眠”性质的罪名，鲜有得到适用，但是南京副教授马尧海聚众淫乱案将这一罪名“激活”，不仅马尧海等人由于该罪名受到了刑罚处罚，这一判决所形成的判例效应还在延续，如马尧海聚众淫乱案后又有广东某17岁少女聚众淫乱被提起公诉。这些案件将“聚众淫乱罪”推向前台，使之成为公共舆论热议的焦点，支持者有之，反对者有之，持论双方相互攻击，但是均不能说服对方。

在法学界，研究者们以更为广阔和深远的视角探讨了聚众淫乱罪，如赵秉志教授认为，南京副教授聚众淫乱案反映了公共利益与个人利益之间的冲突，且刑法作为一种法律规范，其语言应当明确具体，不宜适用过于抽象、模糊的词语，这是罪刑法定的基本要求，也是保障人权的基

* 北京师范大学法学院法律硕士。

本要求。[①] 还有学者认为，"'南京换偶'案折射出了现代社会突破传统禁忌寻求性多样化的主张，道德与法律规制的抉择决定了公民自由行使的场域。把尚无触及公共与他人利益的聚众换偶行为置于道德范畴仍是当前的不二选择。"[②] 也有学者直接提出："对于侵犯习俗和风化的行为，还是留待道德机制去调整，而不宜随意动用刑法机制。"[③] "随着'权利保障论'的异军突起，聚众淫乱罪必将走向消亡。"[④] 可见，我国法学界一般并未从该案的法律逻辑层面展开探讨，而是从更为深层和广阔的法理学层面审视了聚众淫乱罪，认为聚众淫乱罪所体现的是公共利益与个人利益、秩序与自由、法律与道德之间的冲突。

但是在民间层面，基于话语体系的不同，人们更倾向于从朴素的正义观、基本的伦理法则展开考量，加之我国历史上确实存在一些伦理化的罪名如通奸罪等，导致人们普遍认为南京副教授马尧海的换偶与聚众淫乱行为构成了犯罪，理应得到刑法处罚。当然，从刑法规范层面上来看，马尧海的行为是否构成聚众淫乱罪争议不大，但是法学界与民间话语的割裂并非在规范层面的冲突，而是在应然层面的冲突，即法学界普遍认为马尧海的聚众淫乱行为应该非罪化，此类犯罪仅仅侵害了风俗习惯和道德秩序，并未侵害任何人的利益，不存在受害人，从比较法的角度来看也很少有文明开化的现代国家将聚众淫乱行为作为犯罪行为对待的。可见，法学话语与民间话语的冲突并不是在一个层面、一个平台上展开的。

本文以南京副教授马尧海聚众淫乱罪为基本分析范本，探讨马尧海案所折射出来的法律问题尤其是该案背后的法理问题，试图以中立的视角分析关于马尧海案的正反两方面的立场与观点，同时对两种观点的冲突之化解提出可行的解决办法。

二、基本案情及诉讼过程

2009 年 8 月 17 日下午，南京警方在一家连锁酒店某房间抓获了 5 名网

① 参见蒋安杰：《著名刑法学家赵秉志点评 2010 年八大刑事案件》，载《法制资讯》2011 年第 1 期。

② 陈伟：《"虚幻的道德"抑或"真实的法律"——以"南京换偶案"为视角》，载《法制与社会发展（双月刊）》2010 年第 6 期。

③ 沈海平：《聚众淫乱：罪与非罪的追问》，载《人民检察》2010 年第 13 期。

④ 姜涛：《刑法中的聚众淫乱罪该向何处去》，载《法学》2010 年第 6 期。

民。被抓当时这5名人员正在进行换妻活动，并且谓之“夫妻旅游交友”。通过对这5人的分别审讯，警方掌握了一群通过网络联系并且相互换偶的地下人群，这些成员的组织者是南京某大学副教授马尧海。随后，南京警方审讯马尧海，其交代：于2007年组建了一个QQ群，群的名字是“夫妻旅游交友”，通过该QQ群，马尧海组织了来自全国多个省区的群友相互之间进行自愿的性行为，且一般表现为“换偶”，即交换配偶发生性行为。

2010年4月7日，秦淮区检察院以聚众淫乱罪指控马尧海等22名被告人组织或者多次参加换偶行为，由于案件涉及个人隐私，因此秦淮区法院以不公开庭审方式审理了该案。

南京市秦淮区人民法院在一审判决中认为，马尧海等22被告人以网络为平台，组织或者多次参加聚众淫乱活动，其行为均已构成聚众淫乱罪，系共同犯罪。被告人马尧海的辩护人提出：被告人马尧海主观上没有扰乱社会公共秩序的故意，客观上其自愿参加并在秘密场所进行的“换偶”、性聚会，不涉及公共生活和公共秩序，不构成聚众淫乱罪。但是南京市秦淮区人民法院认为，刑法所保护的公共秩序不仅仅指公共场所秩序，公共生活也不仅仅指公共场所生活，刑法典将聚众淫乱罪归类在扰乱公共秩序罪这一大类中，说明聚众淫乱即侵害了公共秩序，此种行为的故意已经包含在行为之中；无论聚众淫乱行为发生在私密空间还是在公共场所，不影响对此类行为性质的认定，当达到刑法所规定的程度时，即构成犯罪。2010年5月20日上午，南京秦淮区法院公开宣判，马尧海获刑三年六个月，其他参与聚众淫乱行为的人员由于认罪态度较好或者情节较轻而被判处轻于马尧海的刑罚或者被免予刑事处罚。①

一审判决后，被告人马尧海对判决不服，提起上诉，理由是：（1）其行为没有侵犯公共秩序；（2）原判决认定的事实不清，证据不足，时间上与起诉书相差一年；（3）其参与的男女性交活动，虽然有多人在场，但在时间和空间上均是一对一的，没有多对一的情况，因此不构成刑法意义上的聚众淫乱罪；（4）原判决量刑过重。南京市中级人民法院认为，我国刑法典上的聚众淫乱罪并不限于多对一，被告人马尧海的行为是否侵犯公共秩序，原审人民法院对此已经作了详细的论述，法院在此不在赘述，此上诉理由及辩护意见不成立，法院不予采纳。故裁定驳回上诉，维持原判。②

① 参见南京市秦淮区人民法院〔2010〕秦刑初字第66号刑事判决书。

② 参见南京市中级人民法院〔2010〕宁刑终字第130号刑事裁定书。

三、裁判要旨

被告人以网络为平台，组织或者多次参加聚众淫乱活动，其行为均已构成聚众淫乱罪，系共同犯罪。刑法所保护的公共秩序不仅仅指公共场所秩序，公共生活也不仅仅指公共场所生活，刑法典将聚众淫乱罪归类在扰乱公共秩序罪这一大类中，说明聚众淫乱即侵害了公共秩序，此种行为的故意已经包含在行为之中；无论聚众淫乱行为发生在私密空间还是在公共场所，不影响对此类行为性质的认定，当达到刑法所规定的程度时，即构成犯罪。①

四、本案引发的理论问题

在本案中，尽管司法机关坚称马尧海的淫乱行为构成聚众淫乱罪，但是该案的争议并未随着判决的生效而终止，相反，判决结果引发了社会热议，也引起了理论界的关注。学者们关注的主要是聚众淫乱行为在立法上是否有必要犯罪化，即聚众淫乱行为是否应当被作为一种犯罪行为来对待，而不是在司法层面上，马尧海的聚众淫乱行为根据现有法律规定是否构成犯罪。尽管不少学者认为，随着社会的变迁，一些原本仅仅有伤风化的行为不宜再作为犯罪对待，但是也有一些学者认为，聚众淫乱行为应该被作为犯罪处理。如有学者从规范主义、合宪性等角度论证聚众淫乱行为应该作为犯罪行为对待："聚众淫乱严重损害我国婚姻家庭的核心功能，国家唯有通过刑罚手段对之加以制裁，方能切实履行自身的宪法义务。"② 还有学者认为："任何一种行为入罪必须满足法益侵害性、违反伦理性和惩罚必要性三个条件。聚众淫乱行为可以满足这三个条件，因此应当治罪"，"为了对聚众淫乱罪进行完善和限制，应该将聚众淫乱罪设为情节犯。"③ 这些观点表明聚众淫行为罪与非罪化的争议不仅仅发生在公共话语与法学话语之间，即使在法学界内部也存在不同的认识，进一步凸显了聚众淫乱罪存废问题的复杂性。

马尧海聚众淫乱案以及有关聚众淫乱罪的争议主要涉及如下核心问题：第一，从应然的角度来看，当前我国刑法典上聚众淫乱行为入罪的依据是否

① 参见南京市秦淮区人民法院〔2010〕秦刑初字第66号刑事判决书。

② 欧爱民：《聚众淫乱罪的合宪性分析——以制度性保障理论为视角》，载《法商研究》2011年第1期。

③ 郭浩：《聚众淫乱罪问题新探——由"马尧海换妻案"引发的思考》，载《福建师范大学学报》（哲学社会科学版）2011年第1期。

充分。如果聚众淫乱行为缺乏入罪的充分依据，则应该将聚众淫乱罪取消，使聚众淫乱行为非罪化。第二，当前理论界提出的聚众淫乱罪非罪化的理由是否充分。如果学界提出的聚众淫乱罪非罪化的理由充足，那么尽管聚众淫乱行为对于任何一个文明社会来说都是在道德上不能接受的，也应该将聚众淫乱行为非罪化，将聚众淫乱行为特别是私密场所的聚众淫乱行为视为一种私人行为，国家公权力对此类行为应当保持谦抑性，不能横加干预。第三，在聚众淫乱罪的罪名之下，公权干预与私权保障、秩序维护与自由张扬、法律规范与道德约束的关系究竟应该如何界定。这些由聚众淫乱罪案例与判决所引发的争议，正是本课题所要探讨的核心问题。

五、法理研究

从马尧海案判决来看，刑法所保护的公共秩序不仅仅指公共场所秩序，公共生活也不仅仅指公共场所生活，刑法典将聚众淫乱罪归类在扰乱公共秩序罪这一大类中，说明聚众淫乱侵害了公共秩序，此种行为的故意已经包含在行为之中；无论聚众淫乱行为发生在私密空间还是在公共场所，不影响对此类行为性质的认定，只要达到刑法所规定的程度，即构成犯罪；自愿参加不是构成该罪的否定性条件或者因素。马尧海聚众淫乱案的一审判决和二审裁定都明确宣告私密场所聚众淫乱行为的有罪化，认为聚众淫乱行为即使是在私密场所发生的，也挑战了公共秩序和社会公德，属于一种犯罪行为，理应受到刑法的惩罚。那么，聚众淫乱行为的危害性真的只能做这样的解读吗？笔者认为，这一问题值得进行更深层次的思考，至少，它涉及公权干预与私权保障、秩序维护与自由张扬之间的冲突与调整，以及法律规范与道德约束的区别等问题。

（一）公权干预与私权保障之矛盾

1. 刑罚权运行与公民私权保障

（1）刑罚权与公民私权的关系

刑罚权是国家权力的重要组成部分，它通过对犯罪人施加刑罚，从而实现国家职能。[①] 刑罚权的实施能够体现国家意志，即通过对犯罪人的惩罚体现国家对犯罪行为的否定，同时还能够起到一般预防与特殊预防的作用，维

① 本文所谓的“刑罚权”是在广义上的刑罚权，包括与刑罚设置、分配、适用、执行相关的权力总和，而不仅仅指程序意义上的求刑权。——作者注

护社会的正常肌体。刑罚权是一种公权力，“刑罚权作为公权力的最强有力表现形式，其运作的秩序感历来极强，由此彰显国家权力的正当性和权威”。① 因此，刑罚权的运作在本质上是公权力的运行，主要通过一系列的制度保障刑罚权的实现，如通过侦查、起诉、审判等阶段，使国家对犯罪人权益的剥夺趋于正当化，同时也满足了国家实现刑罚权的需要。

刑罚权与公民私权利之间呈现矛盾关系。一方面，刑罚权作为公权力，具有公权力的一般特征，公权力扩张的范围越是广泛，则私权利的范围越是趋于缩小。在人类历史上，刑罚权的滥用往往造成民怨四起，就是因为刑罚权的过度扩张对私权造成了侵害。因此，在一定的物质生活条件下，刑罚权与公民私权利之间的关系可以粗略地看作此消彼长的关系，这是完全符合公权力与私权利关系特征的。另外，刑罚权的实现在一定程度上又能够保障私权利。例如，对私权利构成严重侵害的行为，会被界定为犯罪行为，并且受到刑法的制裁，从而保护了私权利。刑罚权与公民私权利之间的这一矛盾关系决定了刑罚权发展的历史脉络，即刑罚权在历史发展中趋向于对权利的保护，且通过自身的必要抑制，避免过度地侵害私权利。一般表现为：一方面，在立法上，严格限制刑罚权，一些并不严重的失范行为不再作为犯罪行为对待，且通过“罪刑法定”“罪刑均衡”等刑法基本原则，实现刑事法治，避免罪刑擅断；另一方面，在司法程序中需要通过严格的程序来保障刑罚权的正确实现，避免刑罚权逾越法律预先设定的轨道。

现代法治社会中的刑罚权具有以下特点：第一，刑罚权被限制在必要的范围内。刑罚权仅仅针对严重的危害法益的行为才启动，对于一般性的失范行为，刑罚权不会轻易启动，这些行为将由道德规范或者由其他规范加以调整。第二，刑罚权被限制在合理的范围内。这是“罪刑均衡原则”的基本要求，即犯罪行为的严重程度与刑罚之间需要彼此适应，犯了多大的罪，就应该接受多么严重的惩罚。第三，刑罚权被限制在法律程序中。这是刑罚权实现的程序性要求，刑罚权必须通过程序实现，否则刑罚权将缺乏正当性，这也是正当程序精神的基本要求。

（2）刑罚权视野下的聚众淫乱罪

以本案为例，马尧海实施聚众淫乱行为，受到了法律的惩处。在这一案件中，国家实现了刑罚权，作为被告人的马尧海则相关权利被剥夺。但事实

① 时延安：《刑罚权运作的秩序——刑事法制中的“中央与地方”问题研究》，载《法学家》2010 年第 5 期。

上，马尧海聚众淫乱案中所体现的刑罚权与公民私权利之间的关系不仅仅表现为国家刑罚权的实现和作为被告人的马尧海被剥夺相关权利，这一案件更宣告了国家对聚众淫乱行为的禁止与反对：凡是实施聚众淫乱行为，并且符合刑法典上关于聚众淫乱罪的犯罪构成的，行为人将受到刑事制裁。

刑法典早在1997年修订之时就已经发出了这样的宣告，只不过由于现实中缺乏此类案件，或者没有被媒体报道，而导致国家对聚众淫乱行为的否定与禁绝没有受到人们足够的关注，但是马尧海聚众淫乱案“激活”了刑法典中聚众淫乱罪的适用，并且强化了国家对聚众淫乱行为否定与禁绝的态度，这也是国家在立法上与司法上对聚众淫乱行为刑罚权的实现。

但是，通过上文对刑罚权的研究，我们知道刑罚权必须被限制在法定、合理、程序的限度内，超越这一限度的刑罚权是违背刑事法治原则的。尽管从实然的角度来看，只要符合刑法典上聚众淫乱罪的犯罪构成，即构成聚众淫乱罪，这不管是支持聚众淫乱非罪化还是反对聚众淫乱非罪化的学者都不会否认的观点，且严格依照刑法典规定对实施了聚众淫乱行为的行为人定罪量刑这本身就是刑事法治的实现。但是从应然的角度来看，国家是否应该对实施了聚众淫乱行为的行为人施加刑罚，还有待进一步探讨。

聚众淫乱行为在本质上是对良好风俗的挑战与侵犯，实施聚众淫乱行为，难免有伤风化。这里所谓的风俗或者风化，主要是指人们应该检点两性关系，对家庭负责、对自身负责，不能为了过度追求性的愉悦而挑战和侵犯既有的社会秩序。诚然，聚众淫乱行为伤害了风化，但是这种行为是否严重到需要国家通过刑罚权来否认和制止，还是有待商榷的。从刑罚学视角来看，对刑罚权的发动需要理性节制，① 这主要基于以下理由：第一，通过刑罚权实现社会秩序调整的成本是非常高昂的，必须以司法资源作为成本，且以牺牲个人自由为代价。第二，刑罚权实现过程中还会产生很多负面作用，且并不必然有利于实现调整社会关系、维护社会秩序的目的，有时候甚至会产生相反的作用。正如日本学者藤木英雄所言：“刑罚就像既能治病，又能使病人丧命的药物一样。如刑罚过苛或者过于残暴，或许能够发挥一时的抑制犯罪作用，但是，这样一来，与其说国民会认为犯罪可恨，倒不如说国民会认为犯罪者成了挥舞酷刑的暴政的牺牲品。”② 德国法学家耶林也曾说：

---

① 参见潘庸鲁：《论刑罚权发动的理性节制》，载《兰州学刊》2008年第8期。

② ［日］藤木英雄：《刑法上的学派对立：旧派和新派、客观主义和主观主义》，载《法学译丛》1980年第1期。

"刑罚如两刃之剑，用之不得其当，则国家与个人两受其害"。① 第三，过度追求刑罚权必然对公民私权利构成侵犯，主要是对公民的行动自由构成了极大的限制。鉴于此，刑罚权的发动必须是理性和节制的。对于聚众淫乱行为而言，这种行为尽管侵害了善良风俗，但是如果不是警方的主动查处与追究，恐怕世人并不知晓这种行为，马尧海们也不会受到公众的关注，且聚众淫乱行为于封闭场所进行，也谈不上对社会善良风俗和社会风化造成侵害。因此，对于这种危害性并不十分严重的行为，是否真的需要国家动用刑罚权耗费巨大的司法成本以牺牲公民自由为代价来加以严厉遏制，值得反思。

2. 聚众淫乱罪的刑法谦抑性审视

（1）谦抑性是刑法的基本品格

"所谓刑法的谦抑性，是指当其他社会统治手段足以控制某一行为时，就不要制定或适用刑法。谦抑性不只在刑事立法中适用，在刑事司法中同样适用。"② 日本学者平野龙一最早提出刑法的谦抑性原则，认为刑法谦抑性原则主要包含如下三层内容："第一是刑法的补充性。即使是有关市民安全的事项，只有在其他手段如习惯的、道德的制裁即地域社会的非正式的控制或民事的规制不充分时，才能发动刑法。第二是刑法的不完整性。这是指刑法不介入公民生活的各个角落。第三是刑法的宽容性，或者可以说是自由尊重性。即使市民的安全受到侵犯，其他控制手段没有充分发挥效果，刑法也没有必要无遗漏地处罚。"③ 可见，刑法谦抑性和刑罚权的限制在本质上具有相同之处，均要求刑事法制谦抑、审慎，不能轻易动用刑法来调整社会关系。

在价值取向上，刑法的谦抑性和国家刑罚权的限制具有相同之处，即限制国家公权力，保障公民私权利。但是刑法谦抑性和国家刑罚权的限制也存在一定的区别，国家刑罚权的限制是从权力角度而言的，甚至是要求国家主动贬抑自身所享有的刑罚权，以扩展公民自由，但是刑法的谦抑性是国家刑罚权限制在刑事法律上的体现，是规范意义或者文本意义上进一步对国家刑罚权的限制，并且将国家刑罚权限制的结果法定化、文本化，其目的正是为了进一步限制国家刑罚权，扩展公民权利，防止罪刑擅断。

---

① 林山田：《刑罚学》，台湾商务印书馆 1975 年版，第 127 页。

② 张珍芳、柯刚：《刑事司法的谦抑性》，载《经济与社会发展》2009 年第 6 期。

③ 转引自张颖杰：《刑法谦抑性践行之思考》，载《海南大学学报》（人文社会科学版）2007 年第 5 期。

(2) 谦抑性视角下的聚众淫乱罪

可见，刑法谦抑性原则或精神同样是为了扩张公民权利、限制国家公权力，它通过对国家刑罚权的极大限制，实现对公民权利的保障。人们习惯于从实定法的角度来理解刑法谦抑性，认为对于犯罪行为，能不判罪的即不判罪，能轻判的即轻判，以体现刑法的恤刑与谨慎。但是事实上，刑法的谦抑性不仅仅是刑事司法过程中需要遵守的一项原则，同样也是刑事立法所需要遵守的一项原则，这样才能使刑法谦抑性超越实定法的制约，进入应然法的范畴。从应然的角度来看，刑法谦抑性不仅仅是一项原则，更是一种精神，它强烈地要求在立法上将并无实质损害的行为作出非罪化的处理。

所谓非罪化，日本学者大谷实教授给出了明确的定义："非犯罪化是指，将迄今为止作为犯罪加以处罚的行为不作为犯罪，停止对其处罚，因此，它包括变更从来都是作为犯罪科处刑罚的现状，而代之以罚款等行政措施加以处罚的情况"。[①] 对于聚众淫乱罪来说，这一罪名在我国刑法典中虽然久已存在，但是基本处于休眠状态，仅仅在法学院课堂中偶有提及，司法实践中很少有实际定罪量刑的处理。在这一背景下，聚众淫乱行为可以看作实现了"事实上的非罪化"。然而，在公民自由和公民权利观念不断强化的今天，南京副教授马尧海由于聚众淫乱而被定罪判刑，使得聚众淫乱罪"事实上非罪化"的状况被彻底终结，并且产生了一定的判例效应，在公权力与公民私权利之间造成了一定的紧张关系。在这样的司法背景下，更需要我们从刑法谦抑性角度进一步审视聚众淫乱罪。

笔者认为，非罪化是刑法谦抑性原则和精神在刑事立法过程中的必然趋势。人类历史的发展是一个从蒙昧到文明的过程，历史早期，诸多行为被视为犯罪与禁忌，人的行动自由受到约束，个人权利无法彰显。人虽然生来自由，却无时不处于这些禁忌的束缚中。刑法谦抑性精神提供了一种思想武器，人们通过非罪化的方式使大量原本属于犯罪的行为被剔除出刑法，从而使公民的自由权得到强化和扩展。最典型的例子就是通奸罪。我国古代历朝历代刑法都将通奸作为犯罪处理。《尚书》云："男女不以义交者，其刑宫"，《大清律例》以及民国刑法甚至今日我国台湾地区"刑法"中依然有

① 转引自陈兴良主编：《刑事法评论》第21卷，北京大学出版社2007年版，第54页。

关于通奸罪的规定,[①] 但是在我国大陆，通奸罪早已非罪化。通奸罪非罪化后也未见社会秩序呈现巨大混乱。尽管通奸本身仍属于不道德的行为，但是不可否认的是将其非犯罪化以后，公民权利得到扩张，人们不用担心其通奸行为会受到刑法的无端追究。聚众淫乱罪的地位与通奸罪相似，都被认为对社会秩序、伦理风俗构成了侵害，且均属于一种不符合社会主流道德观念的行为，同时又没有具体的受害人，其存废存在巨大的社会争议。既然至今在我国台湾地区仍然存在的通奸罪可以非罪化，那么今日之“聚众淫乱罪”也完全可以非罪化。对这些不道德行为的非罪化，并非在道德上对此加以认可，而只是基于刑法谦抑性精神，将其排除在刑罚的大门之外，其目的是避免公权力的过度扩张而过分侵害公民权利。

可见，某一行为究竟是否应该作为犯罪行为来对待，本质上体现的是国家刑罚权与公民权利之间的博弈。国家刑罚权的实现程度应该宽严适当，既要维护社会秩序，保障社会整体利益，同时也不能过度追求刑罚权的扩张，对公民权利造成不必要的限制与侵害。刑法谦抑性原则同样支持这一论点，要求刑法对罪名的设置必须谦抑、审慎，不必作为犯罪行为来对待的罪名可以通过非罪化的方式，不再由刑法进行制裁，刑法仅仅对严重侵害社会秩序、公共利益和个人利益的行为进行打击。聚众淫乱行为不但谈不上对社会秩序和公共利益的明显侵害，甚至缺乏具体的受害人，不会对他人的个人利益构成侵害，因此，这一行为尽管是不道德的，但是完全可以通过非罪化的方式将其剔除出罪名体系，从而实现公权力的限制与公民私权利的保护。

（二）秩序维护与自由张扬之冲突

1. 刑法实施与秩序实现

聚众淫乱罪与非罪的争论还关系到法律价值问题。所谓法律价值，“所指涉的是法律存在的伦理正当性与真正的根据，是支撑和确证法律具有一般而普遍的‘合法性’与‘合理性’的终极性原因，也是法律之有‘意义’的充分根据”。[②] 从法律价值尤其是秩序价值与自由价值的关系角度，我们

① 当前通奸罪的除罪化是台湾地区刑法改革的重要议题之一。参见黄静嘉、胡学丞：《中国刑法百年发展的回顾与反思——以台湾地区的几个刑法议题为中心》，载《华中科技大学学报》（社会科学版）2010 年第 3 期。

② 李炳烁：《法律价值体系之内的自由与和谐》，载《法制与社会发展》2006 年第 4 期。

可以更好地考察由聚众淫乱应否入罪争议所引起的法理学问题。

(1) 秩序：法律的价值追求之一

秩序，即社会秩序，是指社会以有条理、有组织的方式，实现自身的良好运转，从而使社会成员在这一稳定的秩序框架中实现自身的利益。“人类社会是以法律秩序为重要纽带而生存发展的。法律秩序是由法所确立和维护的，以一定社会主体的权利和义务为基本内容的，表现出确定性、一致性、连续性的，具有特殊强制力的一种社会状态。”① 秩序是法律所追求的价值之一，稳定的秩序能够实现社会循序渐进的发展，也能够使社会成员获得安全感。

秩序作为法律所追求的一项价值，是法律实施的基本目标，同时也是立法所追求的目标之一。立法者将某些破坏社会秩序的行为作为违法行为或者犯罪行为加以对待，通过法律责任机制使实施了违法行为或犯罪行为的主体承担法律上的不利后果。基于人的趋利避害的本能，人们将避免实施此类违法犯罪行为，从而形成了立法者所预期的社会秩序，达致立法目的。

(2) 自由：法律的最高价值追求

除了秩序之外，自由也是法律所要追求的价值目标，且在现代法治文明下，自由是法律追求的最高价值目标。在不同的历史阶段中，法律所追求的最高价值是不同的。在义务本位的法制发展阶段，秩序是最高的价值，法律的制定与实施，都是以维护秩序为最高目标的，其秩序不仅仅包括国家统治秩序，还包括伦理秩序、道德秩序等。但是在权利本位的法制发展阶段，自由是法律的最高价值，法律制定与实施，都是为了扩充人们的自由，而非限制人们的自由，人的主体地位充分得到彰显，这一变化的原因是“秩序在法律中表现为义务，自由表现为权利，权利和义务是法律关系的基本内容”。②

当然，对自由的追求并不是完全放弃对秩序的追求，而是指在法律价值的层次关系中，自由价值要优于秩序价值，在自由价值与秩序价值发生冲突时，自由价值应该优先于秩序价值得到实现，或者说，法律对秩序价值的追求，也是以实现人的自由为根本目的的，不能过于追求秩序价值而单方面、不对称地强调人们放弃自由，“在现时代，法律的价值取向是多元的，但最

---

① 周旺生：《论法律的秩序价值》，载《法学家》2003 年第 5 期。

② 罗家云：《自由还是秩序——关于法律价值的历史考察》，载《玉溪师范学院学报》2007 年第 2 期。

根本、最主要的应当是自由。自由，是法律发展到现代其所应当具有的精神内核。”①

（3）刑法中秩序与自由的冲突

刑法作为社会基本法律规范，同样体现了秩序价值与自由价值的冲突。刑法领域中的秩序价值与自由价值的冲突，需要从刑法规范的构成进行考察。刑法规范主要由罪状表述和法律责任两部分组成，其在规范性质上属于禁止性规范，即“不得从事某行为，否则需承担某责任”。刑法规范在功能上为社会主体划定了某些行为禁区，如果社会主体的行为进入了这些划定的禁区，那么社会主体需要为其行为承担刑事责任。

可见，刑法规划通过禁区的设定，引导人们的行为，使人们的行为符合立法者的意图，避免人们的行为损害社会秩序。显然，禁区的存在限定了人们的行动自由，但是禁区的存在亦从更大程度上保障了人们的行动自由——使人们免受犯罪行为的侵害。刑事立法与刑事司法则通过法律制定与法律实施，实现刑法规范既定的目标，在社会秩序与主体自由之间寻求平衡点。

当然，通过刑法制定与刑法实施，在社会秩序与主体自由之间实现有效平衡只是一种理想的状态，现实中往往由于社会秩序与主体自由之间的失衡需要对刑法规范进行修正。例如，在《刑法修正案（七）》实施之前，倒卖个人信息牟利的行为并不属于犯罪行为，行为人可以任意为之，而不必担心刑法制裁，但是在《刑法修正案（七）》实施之后，倒卖个人信息牟利的行为就成为犯罪行为，行为人需要承担刑事责任。又如，在《刑法修正案（八）》实施之前，醉酒驾驶行为并非犯罪行为，行为人醉酒驾驶只会受到行政处罚，但是《刑法修正案（八）》实施之后，醉酒驾驶行为就属于犯罪行为，行为人实施醉酒驾驶行为会构成犯罪，其行为自由受到了抑制。这些通过修正案新设的罪名表明立法者无法容忍这些行为对社会秩序的侵害，因而将这些行为纳入禁区，使主体不得再自由实施这些行为，或者即使实施了这些行为也要付出高昂的代价，从而有效地维护了秩序。

同样地，如果某一行为并未对社会秩序构成实质上的侵害，却又极大地限制了个人自由，那么这样的罪名即可以取消。一方面，取消这些罪名并不会对社会秩序产生危害；另一方面，个人的自由在相关罪名取消后可以得到

① 陈福大：《法律价值中自由与秩序的冲突》，载《甘肃行政学院学报》2004 年第 3 期。

扩展。例如，我国在刑法修正过程中曾经取消了“投机倒把罪”，这一罪名在计划经济时代能够维护当时的经济秩序，但是在市场经济背景下，投资买卖行为是公民的自由权利，继续在刑法中保留“投机倒把罪”显然已经不合时宜，因此该罪名被逐步取消，社会秩序并未因为这一罪名的取消而受到破坏，公民自由却由于这一罪名的取消而得到了极大的扩展。

可见，刑法中秩序价值与自由价值的冲突主要是通过法律修订的方式来协调的，这是因为刑事司法过程主要表现为对法律的适用，刑事立法上的调整能够顺利地解决这一问题，这也正是我国在1997年刑法典大规模修订之后，又陆续出台八个刑法修正案的原因。

2. 聚众淫乱罪争论中的秩序与自由

(1) 聚众淫乱罪与秩序幻景

保留聚众淫乱罪的支持者认为，聚众淫乱行为侵害了社会秩序，因而应该通过刑法予以严惩。如有学者认为，聚众淫乱罪侵害了婚姻家庭秩序，“我国宪法规定‘婚姻、家庭受国家保护’，根据制度性保障理论，国家负有宪法义务确保我国现行婚姻家庭制度的核心部分不受侵犯。”① 进一步延展开来，论者认为聚众淫乱活动主要有如下危害：“聚众淫乱会使婚姻家庭的约束功能荡然无存，聚众淫乱会使婚姻家庭的纽带功能断裂，聚众淫乱使婚姻家庭的情感功能名存实亡，聚众淫乱极大地弱化了婚姻家庭的经济功能。”②但是，这些观点是否成熟值得怀疑。

诚然，聚众淫乱行为可能会侵害婚姻家庭，如夫妻一方在对方不知情的情况下参与聚众淫乱，在对方获知这一情况后，可能会使聚众淫乱参与者的配偶陷入痛苦，甚至会造成夫妻之间关系破裂和家庭瓦解。从这一角度来看，聚众淫乱行为确实会对婚姻家庭秩序造成一定的侵害，且家庭作为社会的细胞，聚众淫乱行为会对社会的整体稳定与良好的秩序构成一定的损害。

但是论者忽略了一些基本的事实。如有些夫妻不但知道对方参与聚众淫乱活动，甚至双方共同参与聚众淫乱活动，如马尧海案中所谓的“夫妻旅游交友”活动就是数对夫妻之间共同实施聚众淫乱行为，其本质相当于“换妻”或者“换夫”。在这样的背景下，聚众淫乱行为并不一定会造成夫妻反目，夫妻双方甚至乐此不疲。又如，马尧海案中有些参与者还是未婚

①② 欧爱民：《聚众淫乱罪的合宪性分析——以制度性保障理论为视角》，载《法商研究》2011年第1期。

者，这些参与者的聚众淫乱行为显然不会涉及对婚姻家庭秩序的侵犯，因为行为人还没有成婚，根本不存在婚姻关系，何来侵犯婚姻家庭秩序之说？可见，认为聚众淫乱行为破坏婚姻家庭秩序的观点缺乏事实依据，不足为信，即使认为这一说法合理，那么聚众淫乱罪也仅仅对已婚者而言，不能将主体扩展至未婚者，但是显然刑法典第三百零一条所规定的主体是一般主体，而非特殊主体。

那么，聚众淫乱行为究竟侵害了什么秩序？笔者认为，聚众淫乱行为如果不是在大庭广众之下进行，就谈不上对社会秩序的侵犯；如果行为人在大庭广众之下开展淫乱活动，可以视为对社会风化秩序的侵犯。但是，现实中一般不会有人在大庭广众之下进行淫乱活动。因此，所谓聚众淫乱侵犯社会秩序、公共秩序的观点，其中所谓的秩序仅仅是一种秩序幻景：这一所谓良好的秩序，仅仅存在于公众的幻想之中，聚众淫乱行为究竟侵害了什么秩序，不但在规范上缺乏明确表述，公众也难以明确表达。

更重要的是，所谓的“聚众淫乱犯罪”，其实并不存在被害人，哪怕是抽象意义上的被害人而非实体意义上的被害人。“美国学者埃德温·舒尔首次提出了‘无被害人犯罪’的概念，他认为，‘处在犯罪边缘线’上的堕胎、同性恋及药物滥用三种社会偏差行为，由于没有直接的个人被害人，而只是对社会道德伦理造成了侵害，所以，不存在国家被害和社会被害的问题。”① 对于无被害人的犯罪而言，其本质是没有对法益造成实质性的侵害，因此在无被害人犯罪问题上，刑事立法的倾向是通过废除有关条款使之非罪化，其目的是“纠正国家在惩罚犯罪方面过度严厉的倾向”。② 聚众淫乱行为属于无被害人的犯罪，理应非罪化。

(2) 聚众淫乱与行为自由

聚众淫乱体现了参与者对性自由的追求。在传统观念上，未婚者不能与他人发生性关系，而已婚者只能与配偶发生性关系。尽管这一教条极为苛刻，但是却为主流社会和主流道德所认可。如果背离了这一教条，那么行为人的行为会受到道德谴责。即使在性观念已经较为开放的今日之中国，也是如此。

---

① 肖怡：《“轻轻重重”刑事立法政策——规制无被害人犯罪的理性选择》，载《环球法律评论》2008 年第 4 期。

② 高仕银、韩璐：《犯罪化与非犯罪化——对无被害人犯罪的思考》，载《黔南民族师范学院学报》2008 年第 1 期。

但是，并非所有的社会成员都遵从这一教条。如有人认为：“从本性上来说，人是渴求多性伴的。一夫一妻制的最大困境在于，夫妻双方的性关系未必是和谐的，这也是换偶现象出现的重要原因。”① 马尧海和其他参与者最大的困惑在于，在没有侵害他人权利的情况下，如何处置自己的身体以及追求性的愉悦，为什么也要受到国家的管制甚至是来自于刑罚权的责难？

笔者认为，从性自由的角度来看，个体如何实现性满足是个人私人领域的事项，属于个人的行为自由。对于某些人群来说，其性取向和性满足方式与常人迥异，如有些夫妻希望通过“换偶”的方式实现性满足，而这一行为是不能为常人所接受的。更有甚者需要通过其他一些为常人所不能接受的方式满足性欲，如相互之间性虐待、多人群交等等，这些行为虽然为主流道德所不齿，但是依然属于个人的行为自由范畴，只要行为人之间自愿，且不伤及其他社会主体，则国家公权力不应介入。

可见，聚众淫乱行为的罪与非罪，同样可以归纳到法律价值视野中进行考察。法律价值中的秩序价值和自由价值之间存在一定的冲突，且在法制发展的不同阶段，秩序价值和自由价值有着不同的地位，秩序价值更多地体现义务本位，而自由价值更多地体现权利本位。实际情况是，聚众淫乱行为是个体对性行为方式的自由选择，刑法不应介入。当然，这并不是说聚众淫乱或者“换妻”等行为是值得鼓励的，这些行为不能为主流道德所容纳，但是也没有必要通过刑法干预的方式制裁参与者。

（三）法律规范与道德约束之差异

1. 法律与道德的联系和区别

（1）法律与道德的联系

法律与道德均属于行为规范，且都具有一定的强制力，都能够产生某种秩序化的效果，规范一定的社会秩序，两者之间存在紧密的联系，主要体现在以下两个方面：

第一，法律与道德相互渗透。法律与道德的互相渗透表现在法律不仅要体现统治阶级的道德精神，而且往往直接赋予某种道德规范以法律效力，这是由一个国家的法律、统治阶级的利益与道德的根本一致性所决定的。法律与道德互相渗透，这是法律与道德在各自发展过程中必然出现的现象，其根

① 赵贵民、倪志远：《换偶：个人自由 OR 聚众淫乱》，载《江淮法治》2010 年第 10 期。

本原因是某些法律规范和某些道德规范在价值取向上一致，如道德要求尊老、养老，法律亦如此，因而法律中出现了赡养义务的条款，体现了道德内容与法律内容的相互渗透。

第二，法律与道德相互包含。法律与道德互相包含，但是法律不可能包含人类的全部道德，否则法律和道德的区分就没有了意义；道德也不可能包含全部法律，否则法律就不成其为法律。但是，法律包含了人类社会的基本道德，纵观古今中外的刑法规范，均有“不得杀人”的条款，而“不得杀人”同样是各文明社会的道德戒律之一。

当然，尽管法律与道德之间存在密切的联系，但是这并不意味着两者的关系是一成不变的。某些成为法律的道德内容，在新的历史条件下却可能被剔除出法律，相关不道德的行为并不会继续被作为违法犯罪行为对待。例如，从古至今，“不得淫乱”一直是各民族的一条道德律，在佛教、基督教和伊斯兰教中都能够找到“不得淫乱”的规范依据，即使没有任何宗教信仰的人，也不会认同淫乱是一种正当或者恰当的行为，因此在古代社会，不得淫乱的道德规范是会被法律吸收的，凡是从事了淫乱行为的人可能会遭受到法律的制裁。东西方各民族在历史上均存在惩治淫乱的法律条文。即使在今天，伊斯兰法依然会对通奸等淫乱行为进行惩处。但是，随着时代的发展，有关淫乱的罪名如“通奸”“乱伦”这些罪名逐渐从刑法条文中消失了。这说明立法会随着时代的变迁而作出调整，立法与道德也并不永远呈现一致性。

（2）法律与道德的区别

道德与法律也存在着诸多区别。道德与法律作为两种不同的社会控制方式，有着自身独特的个性和迥然不同的作用机理。一般来说，道德关注人的精神层面，寻求人的存在意义、生命价值、内心意志自由；而法律则关注人的行为层面，寻求人的行为自由。虽然在法律的适用中，也会考虑诸如意志、意图、欲念、认识、善意等精神因素，但法律规则本身并不对这些精神方面作出具体要求。法与道德之间的区别主要表现在：

第一，调整的对象不同。法律调整的是人的外在行为，如果人的行为触犯了法律，那么就要承担因此产生的法律后果。如我们在研究刑法理论的时候经常谈到“行为人”这一概念，在研究民法理论的时候经常谈到“民事法律行为”等。对于人的内心世界，法律一般是不予关注的，如在刑法上“思想犯不为犯罪”已经成为各国刑法的通例。但是道德却不同，道德不但关注人的外在行为，更关注人的内心世界，如道德要求人们不要撒谎，要爱他人，等等。显然，这些要求法律是不可能作出的。

第二，调整的机理不同。法律通过设定权利义务的方式来调整人们的行为，人们通过一定的法律行为，产生私法或者公法上的权利义务关系，进而调整人们的外在行为，即人们通过设定的权利义务来作为或者不作为。但是道德主要通过人们内心的羞耻感、荣誉感、恐惧感等来影响人的行为方式。同样对于偷窃行为，法律说，“偷窃是要受处罚的”，道德却说，“偷窃是可耻的”，进而以不同的方式来让人不去从事偷窃这一行为。

第三，调整的范围不同。法律调整的范围和道德调整的范围是不一致的，不能说谁的调整范围大，谁的调整范围小，只能说两者调整的领域是不同的。如，法律调整婚姻关系，但是不调整恋爱关系，道德不但调整婚姻关系、恋爱关系，甚至还调整友谊关系。在现在社会，科学技术发达，法律甚至也会涉足其间，进行一些调整，但是道德一般只介入人类生活的传统领域。

道德与法律的区别具有重要的意义，主要表现为：尽管道德与法律具有相似性，但是两者也存在诸多区别，这就要求“法律的归法律，道德的归道德”，如果原本可以利用道德来调整的行为被不适当地纳入了法律调整的范畴，则非但不能起到调整的目的，反而会破坏原有的社会关系，给社会造成伤害。据此，如果聚众淫乱行为仅仅是一种不道德的行为，而不必通过法律来调整，那么聚众淫乱行为在法律上可以非罪化，尽管其在道德上仍然存在某种罪责。

2. 聚众淫乱行为的道德考察

（1）道德的层次性与不确定性

那么，聚众淫乱行为在道德层面究竟应该如何评价呢？在解决这个问题之前，我们首先要对道德的层次性有所把握。道德是具有层次性的，某些道德规范能够为所有的社会阶层所认同，甚至能够被全世界、各民族的人所认同，如“人与人之间相互关爱”“不得撒谎”“不得杀人”等等，这些道德规范可谓人类的公共道德规范。“不得淫乱”同样是人类的公共道德规范，在“不得淫乱”的道德规范制约下，“聚众淫乱”当然也是不可取的，这种行为以“聚众”的方式放大了道德上的恶性，应该受到道德层面的批判与否定。除了这些公共道德外，还存在其他层次的道德规范。例如，在职业领域，存在专门的职业道德规范。除了层次性外，道德也具有不确定性，某些人将某种行为视为道德的，在其他主体看来却不一定是道德的。以聚众淫乱为例，从公众的角度来看，聚众淫乱行为显然是不道德的，这一行为属于淫乱行为，参与者背离了基本的道德观念，属于道德上的不洁行为，应该受到指责和批判。但是聚众淫乱行为的参与者却不一定那么看待，他们一般会认为自己参与聚众淫乱行为是道德的，这主要基于如下几个理由：第一，他们参与聚众淫乱行为是自愿的，不存在任何强迫或者威胁的成分，是基于自由意志对自身事务作出的安排；第二，他们参与聚众淫乱没有任何人从中受害，相反他们从这一行为中获得了快乐；第三，他们参与聚众淫乱行为是在封闭的场所进行的，如果不是警方的查处和媒体报道，他们的聚众淫乱行为根本不会为人所知，更谈不上对公众造成反感；第四，他们认为参与聚众淫乱行为的主体都是成年人，能够以自己的意志决定自己的行为，他们不会吸纳未成年人参与这一活动；第五，他们认为在聚众淫乱过程中没有关联性的犯罪行为发生，例如没有吸毒、卖淫等违法犯罪行为的发生。鉴于此，他们认为参与聚众淫乱的行为完全是自由意志的体现，是对自己身体和行动的支配，更重要的是没有人在聚众淫乱行为中遭受伤害或者在聚众淫乱活动中发生关联性的犯罪行为挑战社会秩序。正因为有如上理由，马尧海始终认为自己的行为是合乎道德的，反而认为警方查处他们的执法活动以及公众强迫他人认同自己的道德观念是不道德的。

马尧海组织、参与聚众淫乱案发生后，一些社会公众也对马尧海表示同情，他们认为马尧海从事聚众淫乱活动固然应该在道德上需要予以谴责，但是他们的行为本来就是隐秘的，没有造成任何伤害，如果不是媒体的持续报道，人们也根本不知道这一事件。这些观点和理念都表明，在价值观多元化的今天，除了少数的公共道德规范以外，人们对某一行为究竟是否合乎道德存在很多不同的看法，其根本原因是“不同的社会主体基于自己的成长经历、生活经验、教育背景、宗教影响等的不同，在道德的主观评判上必然呈现出差异性”。①

可见，道德的层次性和不确定性使得聚众淫乱行为究竟是否属于不道德的行为，本身即存在诸多争议，至少社会公众会对此存在不同的看法。在价值观和生活方式多元化的今天，人们对同一事件具有不同的看法正体现了道德的层次性和不确定性。

（2）聚众淫乱罪立法的道德审视

人们对聚众淫乱行为的不同看法呈现了道德的层次性和不确定性，那么是否一项行为是不道德的，就应该利用刑法规制的方式对从事该不道德行为

① 陈伟：《“虚幻的道德”抑或“真实的法律”——以“南京换偶案”为视角》，载《法制与社会发展（双月刊）》2010年第6期。

的主体予以法律制裁呢？事实上，大多数犯罪行为都是不道德的，即使在现代社会出现的某些犯罪如白领犯罪、高科技犯罪同样是不道德的，几乎没有一种犯罪是合乎道德的。但是这并不能反证不道德的行为应该被纳入刑法制裁的范畴。

在违反何种道德可以进入法律规制范围的问题上，哈特的主张是“要区分公共道德和私人道德，并认为只有那些违反公共道德的行为可以入法”。① 这一观点的意义在于，避免刑事立法以维护道德之名干预私人空间，造成刑法打击面的扩大化。按照这一理论，如果一项行为仅仅违反了私人道德，就不能被当作犯罪行为来对待。就聚众淫乱行为而言，尤其是处于封闭场所中的聚众淫乱行为而言，这一行为显然仅仅背离了私人道德，而没有对公共道德造成侵害，换言之，其损害的仅仅是参与者自己的道德，对社会的道德利益和他人的道德利益并没有构成实质的侵害。

我国刑法典第三百零一条在规范表述上较为模糊，传统上，我国学术界一般将聚众淫乱罪作出限制性的解释，避免刑罚权过度扩张。一般认为，在公众场合公开进行聚众淫乱的行为被认为是构成聚众淫乱罪的行为，理由是在公开聚众淫乱的情况下，这一行为对公共道德构成了挑战，已经超越了公众所容忍的底线，因此需要以刑法手段对此进行惩治。如有学者指出：“如果在公然场合进行聚众淫乱，无疑是对公共秩序和良好社会风尚的巨大破坏，其社会危害性当然是非常严重的。”②这一观点的意义在于利用限制性的解释明确了刑法条文的内涵，将聚众淫乱罪解释为在公共场合进行聚众淫乱，侵犯社会公德的行为，从而将某些在封闭场所进行的聚众淫乱行为排除在犯罪行为之外，避免刑法的打击面过于宽广。尽管现实中并无多少社会成员会在大庭广众之下，在公共场所实施聚众淫乱行为，毕竟这是一种在正常的、理性的人看来匪夷所思的行为，而且从既有的公开资料来看，也鲜见类似的案例。刑法只打击对社会构成严重侵害的行为，也只打击经常性出现的对社会构成侵害的行为，对于极少出现的甚至极为罕见的行为，刑法是不予关注的，这也是刑法谦抑性的基本要求之一。因此，将聚众淫乱解释为在公共场所进行的多人之间的淫乱行为，虽然能够有助于我们区分聚众淫乱行为所侵犯的道德的不同，但是在立法上和法律解释上并无实际意义，从南京副

① 转引自赵运锋、宋远升：《刑法和道德的界限考察》，载《政法学刊》2007 第 2 期。

② 彭文华：《性权利的国际保护及我国刑法立法之完善》，载《法学论坛》2002 年第 5 期。

教授马尧海案来看，法院也没有采纳这一辩护意见。

总之，并非所有的不道德行为都可以纳入刑法调整的范围。正如赵秉志教授所指出："刑法不能也不应介入公民生活的各个层面，大量的行为只需要民商法规范、行政法规范等非刑事法律规范进行调整，有些甚至只需要道德规范进行调整。刑法不能恣意地将没有必要运用刑罚予以调整的行为予以犯罪化，否则就是对公民自由权利的侵犯，就不符合刑法的人权保障机能。"① 聚众淫乱行为本是不道德行为，因而在没有对他人利益构成侵害的前提下，还是继续用道德调整为宜，否则，过度地强调用刑法打击，不但不能实现刑法调整的目的，而且会混淆刑法与道德各自的功能与领域。

（四）前瞻：社会变迁与刑法变革

1. 社会变迁对刑法改革的促进意义

聚众淫乱罪被认为对社会道德和善良风俗产生了危害，因而需要通过刑法加以打击。从罪名的流变来看，我国刑法典中的聚众淫乱罪是从 1997 年刑法典修订之前的"流氓罪"转化而来。"流氓罪"被分解后，产生了七个新的罪名，分别是强制猥亵、侮辱妇女罪、猥亵儿童罪、聚众斗殴罪、寻衅滋事罪、聚众淫乱罪、引诱未成年人聚众淫乱罪、聚众哄抢罪。这些罪名中的大部分是通过对某些猥亵、侮辱、淫乱行为的打击实现对公共秩序的维护，但是这些罪名除了"聚众淫乱罪"以外，都有着明确的被害人，如妇女、儿童、未成年人或者其他主体。

从原有的流氓罪来看，该罪名在罪状表述上更为模糊，在上世纪 80 年代的"严打"中，甚至恋爱行为及与妇女调情行为都会被当作流氓罪来对待，犯罪行为人甚至会被处以极刑。随着社会的变迁，"严打"模式得到反思，"严打"之后的宽严相济刑事政策对刑法立法产生了直接影响。② 由于流氓罪模糊的罪状表述以及过于宽大的打击面已经不能适应社会变化的需要，在 1997 年刑法典大修订中该罪名被分解。这一立法史告诉我们，在一定历史条件下被当作犯罪来对待的行为，会随着社会的变迁而成为非罪行为，尽管某些行为在严肃性、正当性方面不一定得到主流道德的认可，如在

① 赵秉志：《我国刑事立法领域的若干重大现实问题探讨》，载《求是学刊》2009 年第 2 期。

② 参见赵秉志：《论新中国刑法立法的客观影响因素》，载《南开学报》（哲学社会科学版）2010 年第 4 期。

公开场合与妇女调情的行为可能与主流道德不符，但是此类行为已经进入纯道德调整的范围，不能再被当作犯罪行为来对待。只有那些严重侵犯妇女儿童身心健康的“流氓行为”，如强制猥亵妇女儿童才会继续被当作犯罪行为来对待。聚众淫乱罪可以看作是流氓罪改革不彻底的结果，因为立法者将这一并无受害人，亦没有实质性地侵害社会公共利益和社会秩序，纯属私人道德调整范畴的行为也当作犯罪行为来对待，不适当地扩大了刑法的打击面，且在刑法实施中会遭遇诸多难题。例如，对于隐秘性的、在封闭场所和私人领域进行的聚众淫乱行为，公权力机关根本不可能有所掌握，公权力机关难以耗费大量的人力物力专门追查这一并无实质危害性的“犯罪”，将这类行为犯罪化的结果是人为地制造出大量的犯罪黑数，对于刑法典的权威也会造成一定的负面影响。

鉴于此，笔者认为，刑法典第三百零一条所规定的聚众淫乱罪表明立法者没有认识到聚众淫乱行为尤其是在隐秘场所进行的聚众淫乱行为与强制猥亵、侮辱妇女罪、猥亵儿童罪等行为在本质上的区别，忽视了隐秘条件下的聚众淫乱行为无被害人、无实质法益侵害性这一属性。在当今社会价值多元化的背景下，无论是从刑罚权的法治化还是刑法的谦抑性角度观察，还是从聚众淫乱行为本身的侵害性以及道德上的可谴责性角度考察，都能够得出应当改革聚众淫乱罪的结论。

2. 当前社会条件下聚众淫乱罪的变革路径

（1）学术界对聚众淫乱罪的改革建议

学术界认为，对聚众淫乱罪在司法层面的改革，应当以对刑法有关规定进行限制解释为突破口。多数学者认为，尽管我国当前刑法典没有明确聚众淫乱罪是否需要以公然性为构成要件，但是从刑法规范目的解释的角度来看，聚众淫乱罪应当以公然性为构成要件之一。如果站在立法与司法的不同立场，关于改革聚众淫乱罪的改革思路则更多样一些，目前主要有三种思路：

第一种思路是明确在公共场所聚众淫乱的才构成犯罪。这种观点认为，应当改变当前刑法典第一百零三条在表达上模糊不清的现状，明确何为聚众、何为淫乱以及在什么情况下聚众淫乱应该作为犯罪行为对待。一般认为，在公共场合聚众淫乱应该作为犯罪行为对待，从而缩小聚众淫乱罪的打击面，且有利于刑法实施。这一思路对改革当前聚众淫乱罪具有一定的积极意义，但它将某些极为罕见的行为作为刑法打击的“假想敌”，浪费了立法资源，并不利于刑法实施。更严重的问题是，这样的立法必然会使聚众淫乱罪的立法成为一个休眠法条，形同虚设。现实中存在男女两人在某些公共场所发生性行为的现象，但是聚众在公共场所发生性行为纯属罕见。刑事立法不应关注此类极为罕见的行为，理由是既然这种行为是极其罕见的，那么必然不会对社会构成普遍性的伤害，也就无需动用刑法来震慑和规制。

第二种思路是取消聚众淫乱罪。著名社会学家李银河积极支持取消聚众淫乱罪，她认为，聚众淫乱罪是一个过时的中世纪性质的法律，“对于一个有大量普通公民不时参与违背其规定的活动和行为的法律，对于一个在实践中实际上已经不再实行的法律，应当及时予以取消，以维护法律的权威性和严谨性。”① 取消聚众淫乱罪的做法可谓一劳永逸，能够在根本上解决聚众淫乱的理论与司法争议，且有效地解决刑罚权扩张与公民私权利受到不合理限制的矛盾。当然，取消聚众淫乱罪也会导致人们在认识上出现某种误区，认为国家取消聚众淫乱罪是在鼓励人们从事聚众淫乱行为或者取消聚众淫乱罪后会造成大量的聚众淫乱行为。在此需要澄清一个事实，即取消聚众淫乱罪并不是说国家支持或者鼓励聚众淫乱行为，而是这种行为不再由刑法来评价，这种行为将进入道德评价的领域。这一做法能够在根本上解决聚众淫乱的立法与司法难题，使人们认识到聚众淫乱行为不再作为犯罪行为处理，而是由道德规范来调整，国家对于此种行为不作置评。

第三种思路是取消聚众淫乱罪，增设公然猥亵罪。这一方法具有折中性，其目的是为了避免取消聚众淫乱罪后带来法律空缺，避免某些行为游离于法律之外。如有学者提出：“未来在立法时只要规定公然猥亵罪，并将聚众淫乱罪和引诱未成年人聚众淫乱罪删去，这一缺陷便迎刃而解，这样既可以弥补刑法规定的猥亵犯罪的不足，又可以完善刑法规定的聚众淫乱犯罪的缺陷，既简洁了刑法又节省了司法成本。”② 所谓公然猥亵罪，是指两人及两人以上在公共场合实施淫乱行为，如男女在公园中发生性行为，造成公众尴尬，侵害公共道德和公共秩序的行为。可见，取消聚众淫乱罪，增设公然猥亵罪的观点与第一种观点将聚众淫乱罪规定为多人在公共场合发生淫乱行为的观点存在相似之处，两者都强调淫乱行为必须在公共场合发生，才能构成犯罪，如果在私密场所发生，则不以犯罪论处。这一做法能够强调行为人在公共场所内发生淫乱行为对公共道德和公共秩序的侵害，且需要对这一行

① 李银河：《关于取消聚众淫乱罪的提案》，载《法制资讯》2010 年第 4 期。

② 彭文华：《性权利的国际保护及我国刑法立法之完善》，载《法学论坛》2002 年第 5 期。

为予以刑事制裁。两者的不同点在于，第一种观点仍然强调实施淫乱行为的主体必须是三人及以上，而公然猥亵罪的实施主体不限于三人以上，两人以上在公共场合实施淫乱活动即以公然猥亵罪论。

（2）本文的观点

完全取消聚众淫乱的观点虽然能够彻底解决聚众淫乱罪中国家权力过于膨胀以至于侵害公民个人行为自由的弊端，但是聚众淫乱罪之取消也要考虑到一国的具体国情。在我国，尽管改革开放后人们的性观念有了很大的转变，一些在传统上不能为人所接受的性行为方式不再是一种禁忌，但是这并非意味着性在我国呈现出完全开放的状态。因此，笔者认为，第三种观点较为可取，归纳起来就是：在当前社会条件下，还不宜完全废除聚众淫乱罪，但是可以将这个罪名改变为“公然猥亵罪”，对私有场所发生的聚众淫乱行为由道德去追究，对公共场所发生的公然性交或者聚众性交的行为，才进行定罪处罚。在现实中，两人在公共场所发生淫乱行为的现象较三人及三人以上在公共场所发生淫乱行为的要多见，这一行为挑战了公众的道德容忍底限，应该被作为犯罪行为来对待。在比较法层面，日本、台湾等国家和地区也均存在类似的罪名设置，能够为我国聚众淫乱罪的罪名改造提供一定的依据。在罪状表述上，公然猥亵罪是指公然实施猥亵行为的犯罪；在法定刑设置上，应该将公然猥亵罪设置为三年以上十年以下有期徒刑；在刑罚裁量上，如果行为人自愿在公共场所发生猥亵行为，可以在法定刑幅度内按照较低幅度量刑，如果行为人在公开场合强制猥亵妇女儿童的，应该在法定刑幅度内按照较高幅度量刑，以体现罪刑均衡的要求。

六、结语

关于马尧海聚众淫乱案的争议已经超越了刑法规范层面，扩展到诸如国家刑罚权的合理设置、刑事立法的谦抑性、公民行为自由权利的保障、法律与道德的约束范围等更广泛的领域。这一案件在近年来发生的刑事热点案例中具有特殊性，主要体现在这一案件中的争议不再局限于现行刑法的具体规定的适用，人们直接在刑事立法层面就某一行为的罪与非罪展开了激烈的辩论，这是较为罕见的。

在此背景下，本文以聚众淫乱罪的相关法律问题为研究对象，结合南京某大学副教授马尧海聚众淫乱案展开论述，在研究过程中并未对马尧海及其他参与聚众淫乱的行为人是否构成犯罪展开研究，而是从应然层面探讨了聚众淫乱尤其是在封闭的私人场所内自愿进行聚众淫乱的行为是否构成犯罪展开了深入的分析。笔者认为，无论是从理论刑法学的角度看，还是从法理学、法社会学的角度看，马尧海的涉案行为都没有予以刑罚制裁的必要。对聚众淫乱行为罪与非罪的冲突，体现了国家公权力与公民私权利之间的矛盾。从限制刑罚权的过度扩张，尽可能保障公民私权利，以及刑法谦抑性的要求出发，聚众淫乱行为应该进行非罪化处理。聚众淫乱罪虽立足于对公共利益和公共秩序的维护，但是马尧海案中的行为人在私密场所进行聚众淫乱，并未侵害公共秩序，其聚众淫乱的行为属于他们性自由权的表达，国家公权力特别是刑法不应对此进行干预。聚众淫乱行为应该归于道德约束范畴，因为这一行为并未对公共道德产生无法容忍的挑战，与其动用刑法对这一行为进行制裁，不如通过道德由人们实现自我约束。

刑法规范变更导致的溯及力问题探讨

——牛玉强保外就医不归案

吴立欧[*]　吴之欧[**]

[基本案情及裁判结果]

牛玉强，男，1965年出生于北京。1983年，18岁的牛玉强因为和朋友抢了一顶帽子并打了一架，被法院以流氓罪判处了死缓。1984年底，牛玉强被押送到新疆石河子监狱服刑。由于改造态度良好，牛玉强获得两次减刑，由死缓改为有期徒刑，服刑期至2008年2月13日止。后因患上“空洞型肺结核”，1990年，牛玉强申请保外就医，回京医治。在保外就医期间，新疆监狱曾派人到北京考察情况，并根据牛玉强病情，续保一年。此后，监狱方面再未派人来京了解，而牛玉强本人则每月都会向当地派出所汇报自己的思想和活动。2004年某日，新疆监狱以牛玉强保外就医未归，将其以“逃犯”身份抓回监狱服刑，并将刑期顺延至2020年4月28日。①

* 温州大学城市学院继续教育分院教师。

** 温州大学法政学院副教授。

① 辰光：《牛玉强——最后一个流氓》，载《法制晚报》2010年12月1日。

[热点所在]

“牛玉强案”发生于2004年，当时引发了社会上的广泛讨论。在我国当前法律体系之下，依据《中华人民共和国刑法》(以下简称1997年刑法)第十二条第二款的规定，对牛玉强继续羁押服刑具备充分的法律依据，体现了刑罚执行机关对法律权威和历史的尊重。但是，从牛玉强被判刑至今30年间，是中国社会发展的30年，这种剧变不仅反映在经济领域，在法律领域更是如此。“牛玉强案”中这种对法律权威和历史的尊重在社会与法律变迁的“双重互动”之下渐渐走向了反面：我们承认对牛玉强顺延执行的合法性，但这个结果却又让公众难以接受。自1979年第一部刑法典出台，30年间，刑法规范频繁的修改、补充，在规范层面上表现为旧罪名的分解、取消以及新罪名的增加，但法律文本上的这种频繁变动，也为司法提出了许多新的难题和新的要求。

1979年7月1日，我国颁布了第一部《中华人民共和国刑法》(以下简称1979年刑法)，之后的17年间共颁布24个单行刑法作为修改和补充，从1997年刑法第一次全面修订至今共出台了8个刑法修正案。法律文本的更新与交替，直接对司法适用产生了影响，对于那些涉及溯及力原则的案件，不仅要考虑到法律的规定，还要根据社会发展的情况，在刑事政策的指导下仔细甄别、衡量。其中，2004年，曾因流氓罪而被保外就医的北京人牛玉强因“保外就医未归”被新疆监狱抓回监狱服刑的案例就具有典型意义。通过对该案的分析，有助于我们深化对刑法第十二条溯及力和罪刑法定原则的认识。

不少人认为，在1997年刑法修订后，流氓罪已被取消，我国刑法不再对所谓“流氓行为”进行处罚，因此，对牛玉强的刑罚执行应当终止。[①] 笔者认为，这种观点过于简单。事实上，牛玉强案之所以引起广泛关注，很重要的一个原因在于新疆监狱方面存在延宕执行、疏于职守的明显过错。但如果从刑法规范本身展开思考，则发现牛玉强案的焦点问题还在于以下两方面：一是对于一个已经在刑法中消失的罪名是否依旧有继续执行的必要？二是在当前社会结构剧烈变革的背景下，法律又该如何跟进？笔者认为，要解答这些问题，有必要回归法律文本，从源头上寻找答案。下面，笔者将从新旧刑法典对“流氓行为”的处理规定以及法律规范的效力角度出发，试图

---

① 李云虹：《流氓罪的前世今生》，载《法律与生活》2011年第3期。

为类似法律变更导致的“历史问题”提供解决方案。

［热点分析］

一、新旧刑法对“流氓行为”的处理

1979年刑法第一百六十条规定“聚众斗殴，寻衅滋事，侮辱妇女或者进行其他流氓活动，破坏公共秩序，情节恶劣的，处七年以下有期徒刑、拘役或者管制。流氓集团的首要分子，处七年以上有期徒刑。”这个罪名的产生有其深刻的时代背景：上世纪七八十年代，社会上流氓案件恶性膨胀，在北京、上海等地相继出现大规模、大范围的流氓斗殴事件，造成了恶性影响。[①] 出于稳定社会秩序的需要，中央提出政法机关必须在党的领导下，依靠广大人民群众，采取各种有效措施，同流氓犯罪作斗争，[②] 这项政策的提出是基于广大人民维护社会秩序的愿望和要求。但是由于“流氓”一词作为社会道德用语，缺乏法律用语的规范性和明确性，导致司法实践中对“流氓行为”的界定过于笼统、模糊，再加上上世纪八九十年代适逢“严打”政策需要，这类定义含糊，内容宽泛的“口袋罪”被过度适用，许多人因此被判处刑罚甚至被处以极刑。及至上世纪九十年代，随着国内外学术交流的加强以及本土刑法理论的发展，对当时刑法理论体系的反思和批判直接促成了1997年刑法的制定，其中最为突出的表现就是在总则部分确立了罪刑法定原则，取消了原先的类推制度；同时还将分则中的流氓罪、投机倒把罪和玩忽职守罪等立法笼统、内容宽泛的“口袋罪”依据具体行为进行分解，同时取消了这三个罪名。因此，就法律文本而言，“流氓罪”确实已经在形式上实现了非罪化。然而，行为的非罪化其实包含事实的非罪化（刑法对该行为不再进行任何的处罚，例如国外对同性恋行为的处理）和形式的非罪化（法律文本中已不存在该罪名，但事实上法律对于此类行为进行了细化，使之成为多个单独罪名）。1997年刑法对于流氓罪、投机倒把罪和玩忽职守罪等三个“口袋罪”都采取后一种做法。1979年刑法中的“流氓行为”，在1997年刑法中细化分解为强制猥亵侮辱妇女罪、猥亵儿童罪、聚众淫乱罪、聚众斗殴罪、寻衅滋事罪等罪名，避免因过度依赖主观判断造

① 中国人民大学法律系刑法教研室编著：《刑法各论》，中国人民大学出版社1982年版，第196~197页。

② 何鹏：《刑法概论》，吉林人民出版社1981年版，第264页。

成的刑罚的滥用，使司法机关能够准确对犯罪行为定性。

通过仔细分析牛玉强案可以看出，牛玉强拦截路人抢夺蒙古刀、军帽、砸玻璃和打架的行为依旧属于1997年刑法的处罚对象，符合寻衅滋事罪的客观方面构成要件，刑法对“流氓罪”只是进行了形式上的非罪化，并未从事实上取消对“流氓行为”的处罚。那么问题出在哪里，舆论为什么会对牛玉强案反应如此强烈？仔细考察舆论焦点就会发现，本案的问题主要在量刑以及量刑所适用的法律依据。

1979年刑法规定流氓罪的法定刑是“情节恶劣的，处七年以下有期徒刑、拘役或者管制。流氓集团的首要分子，处七年以上有期徒刑。”但本案对牛玉强的量刑适用了1983年《全国人民代表大会常务委员会关于严惩严重危害社会治安的犯罪分子的决定》（以下简称《决定》）：“对下列严重危害社会治安的犯罪分子，可以在刑法规定的最高刑以上处刑，直至判处死刑：1. 流氓犯罪集团的首要分子或者携带凶器进行流氓犯罪活动，情节严重的，或者进行流氓犯罪活动危害特别严重的；……”《决定》将流氓罪的法定最高刑由七年以上有期徒刑上升到死刑，法定刑罚幅度涵盖管制至死刑五种主刑，跨度非常大。更为严重的是，在1983年“严打”政策的影响下，《决定》甚至取代了《刑法》定罪量刑的功能，法院在审判案件过程中直接依据《决定》对犯罪行为人从严从重治罪。

1997年刑法第四百五十二条第二款规定：“列于本法附件一的全国人民代表大会常务委员会制定的条例、补充规定和决定，已纳入本法或者已不适用，自本法施行之日起，予以废止。”因此《决定》在新刑法颁布后失效，那么依据失效的《决定》作出的生效判决又该如何处理，效力如何？这就涉及我国刑法关于溯及力的规定。

二、失效法律规范的溯及力问题

1997年刑法第十二条是对溯及力的规定：“中华人民共和国成立以后本法施行以前的行为，如果当时的法律不认为是犯罪的，适用当时的法律；如果当时的法律认为是犯罪的，依照本法总则第四章第八节的规定应当追诉的，按照当时的法律追究刑事责任，但是如果本法不认为是犯罪或者处刑较轻的，适用本法。本法施行以前，依照当时的法律已经作出的生效判决，继续有效。”刑法溯及力，是指刑法生效后，对于其生效以前未经审判或判决尚未确定的行为是否适用的问题。[①]

1997 年刑法采取从旧兼从轻的溯及力原则，针对的是未经审判或者判决未确定的行为，不涉及已经生效的判决，对于已经生效的判决则需要维护它的既判力效力，这种溯及力与既判力互不相关，刑事既判力在时间上的确定力不发生变更或消灭的关系，国际上称之为溯及力的分离主义；与之相对的是溯及力的相关主义，其指新刑法的溯及力优先于既判力，新刑法对其实施前已作出生效判决的行为具有溯及力，使得刑事既判力在时间上的确定力会发生变更或消灭。[②] 相关主义又分为绝对溯及（溯及力的适用对象不但包括发生在新刑法生效前但在新刑法生效后尚未处理或者正在处理的案件，还应包括所有已经处理终结的案件）[③] 与部分溯及（溯及力的适用对象不限于发生在新刑法生效前但在新刑法生效后尚未处理或者正在处理的案件，还应包括部分已经处理终结的案件，但不能及于全部已经处理终结的案件）[④]。可见溯及力与既判力是密切相关的两个概念，但两者在价值取向上存在着一定的侧重点，不溯及既往作为罪刑法定最基本的内涵和要求，是为了禁止事后法对行为人进行处罚从而保障其合法权益，更加侧重对行为人权益的保护；既判力更加侧重对司法部门审判权威的维护，对判决的严肃性和稳定性的维护。

不少外国和国际刑事立法明文规定：在新法变更之后，原判刑罚可免予执行。例如，《公民权利和政治权利国际公约》（以下简称《公约》）第 15 条第 1 款："如果在犯罪之后依法规定了较轻的刑罚，犯罪者应当减刑。其含义就是有利于犯罪人的事后法，可以适用于判决已经确定的案件。"[⑤] 该条文意在从有利于犯罪人的角度出发对判决已经确定的案件适用事后法，是非犯罪化、弱化惩罚和有利于行为人的法律，其效力不仅及于新法颁布前未经审判或判决尚未确定的行为，而且在一定条件下还适用于判决已经确定但刑罚尚未执行完毕的行为。目前，国际上许多国家都采纳的是相关主义，以实现对犯罪人人权的保护。例如，《俄罗斯联邦刑法典》第 10 条规定："规

---

① 高铭暄、马克昌主编：《刑法学》，北京大学出版社 2007 年版，第 42 页。

② 王耀忠：《刑事既判力在我国刑法中的重构》，载《法律科学》2002 年第 6 期。

③ 刘仁文：《关于刑法溯及力的两个问题》，载《现代法学》2007 年第 4 期。

④ 例如，有的国家规定新刑法的溯及力仅仅适用于新刑法不再认为是犯罪的已决案件，对于依据新刑法"从罪重变为罪轻"的已决案件则不能适用。

⑤ 卢建平：《国际人权公约与中国刑事法律的完善》，中国人民公安大学出版社 2010 年版，第 620 页。

定行为不构成犯罪、减轻刑罚或以其他方式改善犯罪人状况的刑事法律，有溯及既往的效力，其适用于在该法律生效之前实施相关行为的人，其中包括正在服刑或已经服刑完毕但有前科的人……如果犯罪人因犯罪行为正在服刑，而新的刑事法律对该行为规定了较轻的刑罚，则应在新刑事法律规定的限度内减轻刑罚。”①《意大利刑法》第2条第2款规定：“任何人不得因行为后的法律规定不为犯罪的行为而受处罚；已被判刑的，停止执行并消除有关后果。”②《法国刑法典》第112－4条规定：“新法的即行适用对依据旧法完成之法律行为的有效性不产生影响。但是，已受刑罚宣判的行为，依据判决作出之后的法律不再具有刑事犯罪性质时，刑罚停止执行。”③ 我国《澳门刑法典》第2条第2款规定：“如按作出事实当时所生效之法律，该事实为可处罚者，而新法律将之自列举之违法行为中剔除，则该事实不予处罚；属此情况且已判刑者，即使判决已确定，判决之执行及其形式效果亦须终止。”④

我国采取的溯及力分离主义立场反映了立法者的社会本位的价值取向，更加偏重对法院判决稳定性的维护。应当看到，对未审案件的溯及既往本身就是对罪刑法定原则的必然延伸，因为罪刑法定原则的核心就在于对行为人的保护，禁止对不利于行为人的溯及既往，所以溯及力和既判力都符合罪刑法定原则的基本内涵和要求。同样，不溯及既往是为了禁止对行为人进行事后法处罚从而保障行为人的合法权益，但是从有利于行为人的角度出发，1997年刑法的溯及既往也是罪刑法定原则精神的必然引申——罪刑法定原则的不溯及既往只是禁止不利于行为人的溯及既往，如果对1997年刑法不认为是犯罪或处刑较轻的行为溯及既往，这种对溯及力内涵的理解与罪刑法定原则的基本精神是并行不悖的。

此外，我国已经签署了《公民权利和政治权利国际公约》，在溯及力原则上侧重对行为人的权利保护本身是就对公约主旨和罪刑法定原则精神的内在契合。虽然从法律的公信力和树立法律权威的层面上考虑，刑事判决的有效性必须以作出该判决的刑事法律规范的有效性为前提，如果这个规范被变

---

① 黄道秀：《俄罗斯联邦刑法典》，北京大学出版社2008年版，第4页。

② ［意］杜里奥·帕多瓦尼：《意大利刑法学》，陈忠林译，法律出版社1998年版，第36～37页。

③ 罗结珍译：《法国新刑法典》，中国法制出版社2003年版，第5页。

④ 赵国强：《澳门刑法》，中国民主法制出版社2009年版，第10页。

更或者废止，从有利于犯罪人的角度出发，之前作出的判决也应当作出改变，在一定条件下终止刑罚执行或者进行减刑。而祛除“类推适用”和“严打”等政策影响的迷思，回归罪刑法定原则，采取溯及力相关主义，将溯及力衍射到已生效判决上，不仅有利于解决类似疑难案件，还是刑法人道主义和人权保障的题中之义。

［结论性思考］

基于目的与政策的思考，法律溯及既往的裁量过程本质上是新旧公共利益的衡量过程。① 因此，对于刑法已经不认为是犯罪的行为进行溯及既往，这与罪刑法定的精神并不矛盾。尤其是在社会剧变的当代社会，法律修改频仍，有必要改变固守法律既判力的僵化认识，尤其是不能只考虑行为人行为时的社会危害性，只注意到判决效力的连续性和神圣权威性。因此，对法律既判力的维护应当以作为判决依据的刑事法规的有效性为前提，一旦这些法律规范被废止或是变更，就意味着此类案件已经失去了继续执行的合理性和必要性，从有利于犯罪人的角度出发，就应当作出适当的变动或更改，如终止刑罚执行或者减刑。

因此，有必要对刑法第十二条第二款进行修改，将其修改为：“本法施行以前，依照当时的法律已经作出的尚在执行的生效判决，变更后的法律对该行为不再处罚的，应当立即终止刑罚的执行和效力；变更后的法律对于同一行为处刑减轻的，应当减刑。”

笔者认为，法律的溯及力问题是琐碎而且有时间限制的，正是通过法律的制定或修改才体现新法与旧法的博弈与制衡，但从总体而言溯及力的实质却是日趋分散、衰弱的。随着时间的推移和新旧法律的交替，新法对其生效之前发生的案件和行为是否有溯及力的问题，会逐渐减少乃至消失。② 我们现在之所以还在讨论牛玉强案，是因为现在解决这个案件，能够及时释放牛玉强使其免受刑罚之苦，否则再过若干年，类似案件基本上也已经执行完毕，没有再度讨论的必要了。

概而言之，对牛玉强继续收监执行已经没有必要。首先，从法理上讲，

---

① 胡建淼、杨登峰：《有利法律溯及原则及其适用中的若干问题》，载《北京大学学报》（哲学社会科学版）2006 年第 6 期。

② 朱力学：《关于法的溯及力问题和法律不溯及既往原则的若干新思考》，载《法治研究》2010 年第 5 期。

刑罚的目的除了对行为人进行惩罚，还包含有对行为人的教育改造，使他不再犯罪、消除社会危险性，重新回归社会。本案中，结合牛玉强在服刑期间和保外就医过程中的表现，刑罚的效果已经达到，改造成效显著，没有再继续执行刑罚的必要。从情理出发，牛玉强“长期保外就医未归”，正是新疆监狱延宕执行，疏于职守造成的，而监狱单方面将所有责任后果由牛玉强本人承担，不仅是不合理的，也侵害了牛玉强的个人权利。其次，从法律与政策的冲突角度来看，牛玉强案发生在社会飞速发展而法律法规难以及时跟进的社会背景之下，要想妥善地解决这个问题不仅需要制度层面上的完善，思想转变也至关重要。近年来，政府一直致力于构建和谐社会、在全社会实现公平正义，让全体人民生活得更加幸福、更有尊严和更加自由。这一理念体现在法律领域，就是要将和谐提升到法律价值体系的元价值的高度上，提升到法的精神之元素（核心要素）层面上，[①] 这就要求我们要用和谐的精神去反思、批判现行法的价值和作为其价值载体的法律规范，从而推动法律制度的变革和创新，实现法律变革和法治转型，实现良法善治，做到法律与政策的良性互动，真正将法治的成功落实到每一个人身上。考虑到以上几个方面的要求，笔者相信司法当局不难在罪刑法定原则的前提之下，通过对刑法溯及力规定的进一步理解和认识，寻找到让牛玉强免除余刑的理由。

① 张文显：《和谐精神的导入与中国法治的转型——从以法而治到良法善治》，载《吉林大学社会科学学报》2010 年第 3 期。

危险驾驶罪中“道路”之认定

——谢忠德危险驾驶案

商浩文*

[基本案情及裁判结果]

被告人谢忠德，因涉嫌犯危险驾驶罪于2011年7月11日被刑事拘留。

北京市顺义区人民检察院以被告人谢忠德犯危险驾驶罪，向北京市顺义区人民法院提起公诉。

被告人谢忠德对指控其犯危险驾驶罪的事实没有异议。

北京市顺义区人民法院经审理查明：被告人谢忠德于2011年7月11日零时许，在北京市顺义区仁和镇河南村西口处，醉酒驾驶一辆红色金陵无牌照摩托车，后被查获。经法医鉴定，谢忠德血液检材中的酒精含量为144.7毫克/100毫升。

北京市顺义区人民法院认为，被告人谢忠德在道路上无证醉酒驾驶机动车，其行为侵犯了公共交通安全，构成危险驾驶罪。谢忠德案发后明知他人报警而在现场等候，

* 北京师范大学刑事法律科学研究院学术秘书，博士研究生。

到案后能如实供述犯罪事实，系自首，且当庭认罪、悔罪，依法可对其从轻处罚。依照刑法第一百三十三条之一、第六十七条第一款、第五十二条、第五十三条之规定，判决如下：被告人谢忠德犯危险驾驶罪，判处拘役二个月，并处罚金人民币1000元。

一审宣判后，谢忠德未上诉，检察院未抗诉，判决已生效。

[裁判要旨]

在本案的审理过程中，存在两种意见。一种意见认为，按照2011年道路交通安全法的规定，案发地属于公众通行的场所，应视为道路，被告人的行为构成危险驾驶罪；另一种意见则认为，案发地是乡村道路，不属于相关法律规定的道路范畴，不能以危险驾驶罪对被告人定罪处罚。一审法院认定，根据《刑法修正案（八）》的规定，在道路上驾驶机动车追逐竞驶，情节恶劣的，或者在道路上醉酒驾驶机动车的，处拘役，并处罚金。本罪的主体是自然人，主观方面为故意，客观方面表现为在道路上驾驶机动车追逐竞驶，情节恶劣，或者在道路上醉酒驾驶机动车的行为。本罪为危险犯，只要行为人在道路上驾驶机动车追逐竞驶，或者在道路上醉酒驾驶机动车，即构成本罪。本案中的行为人醉酒在道路上驾驶无牌照摩托车，构成危险驾驶罪。

[法理问题]

本案中涉及一个关键问题，即乡村道路是否属于道路交通安全法规定的“道路”，被告人的行为是否构成危险驾驶罪。被告人谢忠德的血液检材的酒精含量144毫克/毫升，达到了醉酒的标准，谢忠德的行为构成醉酒驾驶没有问题。关键问题在于，谢忠德的醉驾行为发生在农村的乡间小道（北京市顺义区仁和镇河南村西口处）上。“乡间小道”能否被认定为危险驾驶罪状中的“道路”？这需要我们结合危险驾驶罪的基本特征进行正确认定。

一、危险驾驶罪中“道路”之认定

《刑法修正案（八）》第二十二条规定：“在刑法第一百三十三条后增加一条，作为第一百三十三条之一：‘在道路上驾驶机动车追逐竞驶，情节恶劣的，或者在道路上醉酒驾驶机动车的，处拘役，并处罚金。有前款行为，同时构成其他犯罪的，依照处罚较重的规定定罪处罚。’”此后，最高人民法院、最高人民检察院联合发布的《关于执行〈中华人民共和国刑法〉确定罪名的补充规定（五）》将《刑法修正案（八）》第二十二条的规定确定为危险驾驶罪。在危险驾驶案件的司法实践中，“道路”的认定成为一个关键的客观要素，对其认定关系到是否成立危险驾驶罪。由于相关司法解释中并未具体明确“道路”范围，在危险驾驶案件审理过程中，往往容易引发对“道路”如何理解和认识的争议。

（一）危险驾驶罪的犯罪客体是道路交通安全

“道路”之正确认定涉及对危险驾驶罪犯罪客体的理解，因而首先我们需明确危险驾驶罪的犯罪客体。犯罪客体是我国刑法所保护的、为犯罪行为所侵害的社会关系。社会关系涉及生活方方面面，受我国刑法保护的社会关系仅仅是其中最重要的一部分，包括国家安全、公共安全、人身权利等等。① 明确某种犯罪的客体，有助于揭示犯罪本质、正确认识危害行为的性质，从而正确地定罪量刑。关于危险驾驶罪的客体，学者之间存在一些争议，主要的观点有以下几种：

一是“公共安全说”。有论者认为，危险驾驶罪作为第一百三十三条之一归入第二章危害公共安全罪，其所侵犯的客体即公共安全。它是以公众的生命、健康或者财产的侵害或者危险为内容的犯罪。对于危险驾驶罪而言，只有在道路上驾驶机动车追逐竞驶和醉酒驾驶机动车的行为对不特定或者多数人的生命、健康或者财产造成危险时，方可以对其以危险驾驶罪进行定罪处罚，行为具有公共危险时才可能危害公共安全。②

二是“道路交通安全说”。该论者认为，危险驾驶罪侵害的法益为道路交通安全，涵盖了道路上和周边的他人生命健康及财产安全之法益。道路交通安全是本罪之客体和法益之所在，根本不侵害、不危及道路交通安全的行为则不构成本罪。③

三是“道路交通公共安全说”。该论者认为，危险驾驶犯罪是我国刑法分则中第二章危害公共安全的犯罪，而根据《刑法修正案（八）》第二十二条的规定，危险驾驶罪必须是在道路上驾驶机动车辆，因而结合本罪的具体

---

① 参见高铭暄、马克昌主编：《刑法学》，北京大学出版社、高等教育出版社 2009 年版，第 59 页。

② 参见舒洪水：《“醉驾型”危险驾驶罪的理论与实务》，载《刑法论丛》2013 年第 3 卷。

③ 参见赵秉志、赵远：《危险驾驶罪研析与思考》，载《政治与法律》2011 年第 8 期。

内容，认定其犯罪客体为道路交通公共安全。①

我国刑法理论上将犯罪客体划分为一般客体、同类客体、直接客体三大类。这三者之间是一般与特殊、共性与个性、抽象与具体、整体与部分的关系。一般客体是所有犯罪侵犯的社会关系，同一客体是某一类犯罪行为所侵害的社会关系，直接客体则是某一具体犯罪行为所侵害的社会关系。② 在笔者看来，立法者将危险驾驶犯罪规定在分则第二章危害公共安全中，那么其同类客体无疑就是公共安全。但是为了将危险驾驶罪与其他危害公共安全的犯罪相区别，我们有必要明确危险驾驶罪的直接客体。上述“公共安全说”仅仅揭示了危险驾驶罪的同类客体，无法将其与其他类型的危害公共安全的犯罪区别开来，存在客体的范围过大的问题。而“道路交通公共安全说”则存在语义重复，因为道路交通安全属于社会公共安全的一种，“道路交通安全”的表述就已经包含了公共安全。因而危险驾驶行为侵犯的同类客体是公共安全，直接侵犯的法益是道路交通安全。根据《刑法修正案（八）》对罪状的明确规定，危险驾驶罪只能发生在道路上，所以危险驾驶罪主要针对的客体应当是道路交通安全。道路交通安全不仅指道路上的安全，也包括周边地区的不特定多数人的生命健康以及公私财产安全。危险驾驶的行为人是在不具备安全驾驶条件下驾车，难以正常控制车辆，对可能发生的危害结果也是无法预料的，因而这种造成损害的危险性是针对不特定多数人的。同时，处于危险驾驶状态时，机动车可能撞向道路上及周边的任何物体，这无疑会给道路及周边的公私财产构成威胁。由于危险驾驶罪针对的对象是不确定的多数人，因而必须要明确其公共性，故笔者认为，确立危险驾驶罪侵犯的客体为道路交通安全较为妥当。

（二）“道路”之具体认定

危险驾驶罪到底是行为犯还是危险犯，理论界曾有一定的争议。但是随着对危险驾驶罪的进一步研究，学者一般认为危险驾驶罪是危险犯。危险犯，是指行为人出于故意或者过失而实施的危害行为造成的法定危险状态作为构成要件的要素犯罪。对危险状态的判断，应以科学法则为基准；在判断

① 参见张龙：《危险驾驶罪的犯罪构成和界限》，载《学术探讨》2010 年第 6 期。

② 参见高铭暄、马克昌主编：《刑法学》，北京大学出版社、高等教育出版社 2009 年版，第 62 ~ 63 页。

危险状态时，没有必要把作为判断资料的客观事实进行一定的抽象化。[①] 对于危险驾驶罪而言，显然并非仅有醉驾行为即可认定为犯罪，还要求酒驾行为必须达到危害公共安全的危险状态才可以认定其为犯罪。在大陆刑法理论中，危险犯分为具体危险犯和抽象危险犯两类。具体危险犯是指已经导致了该当法益侵害的可能具体地达到了现实化程度的行为；抽象危险犯则是指由于其本身所包含的对该当法益的严重侵害可能性而被具体构成要件禁止的行为。在具体危险犯中，“危险”必须是现实存在且即将发生的真正危险；在抽象危险犯的场合，“危险”在司法上是以一般的社会生活经验为根据，认定行为具有发生侵害结果的危险，抽象危险犯更多的是一种类型性的危险。[②] 由于危险驾驶罪侵犯的客体是“道路交通安全”，因而构成危险驾驶罪必须是客观上对道路交通安全造成威胁，没有威胁刑法所保护的法益不能认定为犯罪。但是抽象危险犯中类型化的危险和实际产生的抽象危险状态即对法益的威胁是两个不同的范畴，前者是应然判断，后者是需要结合有关因素进行具体分析的实然认定。虽然危险犯中危险的判断是一个争议较大的问题，但是危险状态的认定需要从一般人的立场结合特定的时间、空间因素来判断，把不存在危险状态的危险驾驶行为排除在法益侵害的犯罪圈之外。[③]

在明确危险驾驶罪侵犯的客体是道路交通安全以及危险驾驶罪是抽象危险犯的基础上，对危险驾驶罪中“道路”的理解应重点把握道路上发生的危险驾驶行为是否对交通安全造成一定的危险状态。最高人民法院、最高人民检察院、公安部于2013年12月18日联合颁布的《关于办理醉酒驾驶机动车刑事案件适用法律若干问题的意见》第一条规定：“在道路上驾驶机动车，血液酒精含量达到80毫克/100毫升以上的，属于醉酒驾驶机动车，依照刑法第一百三十三条之一第一款的规定，以危险驾驶罪定罪处罚。前款规定的“道路”“机动车”，适用道路交通安全法的有关规定。”2011年5月1日起施行的道路交通安全法第一百一十九条规定，“道路”，是指公路、城市道路和虽在单位管辖范围但允许社会机动车通行的地方，包括广场、公共停车场等用于公众通行的场所。道路包括四种：（1）公路：是指连接城市之间、城乡之间，乡村与乡村之间的按照国家标准修建的，由公路主管部门

① 参见王志祥：《危险犯概念比较研究》，载《法学家》2002年第5期。

② 参见张明楷：《危险驾驶罪的基本问题——与冯军教授商榷》，载《政法论坛》2012年6期。

③ 参见赵秉志主编：《醉驾入刑专家谈》，法律出版社2011年版，第22页。

验收认可的道路。根据公路法第六条的规定，公路按照其在公路网中的地位，分为国道、省道、县道和乡道。包括陆面道路和公路桥梁、公路隧道和公路渡口。（2）城市道路：根据《城市道路管理条例》的规定，城市道路是指城市供车辆、行人通行，具备一定技术条件的道路、桥梁及其附属设施。属于单位管辖范围但允许社会机动车通行的道路，如厂矿道路、机场道路、港区道路等，凡是社会机动车可以自由通行的，均按照道路进行管理。（3）广场：指城市规划在道路用地范围内，专供公众集会、游嬉、步行和交通集散的场地。（4）公共停车场：是指专门划设的供车辆停放的车辆集散场所。

那么农村道路是否属于道路交通安全法中所规定的道路呢？我国自2003年开展大规模农村公路建设以来，截至2013年解决了1000个乡（镇）、14万个建制村不通公路的难题，并让1万个乡（镇）、27万个建制村通了沥青（水泥）路。10年来，全国共新改建农村公路292万公里，新增农村公路通车里程234万公里，全国农村公路通车总里程达到367.8万公里，乡镇通公路率和通沥青（水泥）路率分别达到99.97%和97.43%；建制村通公路率和通沥青（水泥）路率分别达到99.55%和86.46%。[①] 依照《国务院办公厅关于印发农村公路管理养护体制改革方案的通知》，“农村公路（包括县道、乡道和村道，下同）是全国公路网的有机组成部分”。该方案明确“县级人民政府是本地区农村公路管理养护的责任主体，其交通主管部门具体负责管理养护工作。”并对县级人民政府及其交通主管部门所属的公路管理机构的职责作了详细规定。交通部《农村公路建设管理办法》第二条第二款也规定，“本办法所称农村公路，包括县道、乡道和村道。”村道纳入了交通部门的建设管理。村道不仅允许本村村民通行，也允许社会机动车通行，是用于公众通行的场所。可见，从规范意义上而言，农村道路实际上已经包含在了“道路”的范畴之内。近年来，随着经济的发展以及国家对农村道路的重视，农村道路行驶的机动车数量大量增多，机动车在农村道路上发生的交通事故也大幅增加，农村的一些道路出现了明显的公路化演变。因此，将农村中具有一定规模和较强公共性的农村道路纳入“道路”范畴不仅符合立法的价值取向，而且也顺应了司法实践发展的需要。在本案中，法院也认定允许社会机动车通行的“乡间小道”为危险驾驶罪中的

① 参见《九亿农民摆脱行路难——我国农村公路建设10年成就斐然》，载《农民日报》2013年5月29日。

"道路"。

二、危险驾驶罪发生的空间范围不同于交通肇事罪

最高人民法院于2000年11月15日发布的《关于审理交通肇事刑事案件具体应用法律若干问题的解释》第八条规定，在实行公共交通管理的范围内发生重大交通事故的，依照交通肇事罪的有关规定办理。在公共交通管理的范围外，驾驶机动车辆或者使用其他交通工具致人伤亡或者致使公共财产或者他人财产遭受重大损失，构成犯罪的，分别依照重大责任事故罪、过失致人重伤罪、过失致人死亡罪等规定定罪处罚。按照此规定，交通肇事罪发生的空间范围只能是在"公共交通管理的范围内"。对此，有观点认为，由于危险驾驶罪与交通肇事罪都属于危害公共安全的犯罪，对危险驾驶罪中的"道路"的认定应当参照交通肇事罪司法解释中所确定的"公共交通"。① 也有观点认为，从语义上理解，道路不仅包括公共交通道路，也包括非公共交通道路，刑法并未规定道路的具体范围。危险驾驶罪作为一种危险犯，其规制的是对交通安全造成危险但未发生重大交通事故的行为。如果危险驾驶罪中的道路的界定需参考交通肇事罪的相关规定，那么在非公共交通领域的危险驾驶行为将得不到规制。②

在笔者看来，危险驾驶罪中的"道路"和交通肇事罪中的"道路"有一定的区别。交通肇事罪要有违反交通运输管理法规、发生在交通运输过程等条件的限制，国家制定道路交通管理法规主要是规范人员、车辆来往较多的"公共道路"上的交通运输活动。交通肇事罪一般只能发生在"公共交通"的范围内，发生在其他的领域的犯罪将直接转化为其他领域的安全责任事故而并非交通事故。因此，在厂矿、停车场、建筑工地等场所所发生的伤亡事故，一般不按交通肇事罪定罪处罚。可见构成交通肇事罪需要行为发生在公共交通管理范围内，发生在公共交通管理范围之外的行为不构成交通肇事罪。行为人在公共交通管理范围内实施危险驾驶的行为构成危险驾驶罪毫无疑问，关键是如果行为人在相对封闭的社区内的道路、校园道路、工厂道路、乡间道路实施危险驾驶的行为，是否构成危险驾驶罪呢？在笔者看来，正如上所分析，危险驾驶罪是抽象危险犯，危险

① 参见李军、孔文思：《危险驾驶罪述要》，载朱孝清等主编：《社会管理创新与刑法变革》，中国人民公安大学出版社2011年版，第936页。

② 参见李胜恩：《危险驾驶罪认定标准研究》，载《辽宁警专学报》2011年第9期。

状态的认定需要从一般人的立场结合特定的时间、空间因素来判断。危险驾驶罪侵犯的是道路交通安全，行为是否具备公共危险性决定了其是否构成本罪。至于相对封闭的社区内的道路、校园道路、工厂道路、乡间道路不能一概而论，如果上述空间具有一定的行人并且允许社会车辆通行，那么也属于“道路”的范围，在此范围之内实施危险驾驶的行为也构成危险驾驶罪。另外，交通肇事罪既包括公路上的交通运输，也包括水路上的船舶交通运输。然而，依据刑法和相关的司法解释的规定，危险驾驶罪却只能发生在陆地，不包括水路。

三、延伸性思考：危险驾驶罪的发生空间应否包括铁路、航空路线和水路

我国刑法对危险驾驶罪时空领域的规定与其他国家的规定不一样：我国规定的范围比较小，明确规定危险驾驶行为只能发生在道路上；但是其他国家对相关的危险驾驶行为空间的立法不仅包括道路，还包括铁路、水路和航空领域。如《德国刑法典》第 135 条所规定的铁路、船舶和空中交通罪中就有其相关的内容。即因下列行为对他人生命、身体健康或其他重大公私财产安全构成危及时，处五年以下的自由刑或者金钱：第一，如果行为人在饮用酒精饮料或者其他醉人的药物或者具有精神的或者身体的缺陷的情况下，驾驶铁路或者悬空的交通工具、船舶或者空中交通工具。第二，触犯第一款第一项之罪未遂的，也应给予处罚。第三，触犯第一款并有下列之一的，处 2 年以下自由刑或罚金刑：过失造成危险的，或过失为上述行为且过失造成危险的。[①] 我国澳门地区的刑法典对有关的危险驾驶行为的规定也涉及铁路、水路和航空领域。《澳门刑法典》第 277 条对危险驾驶交通工具罪规定如下：“一、在不具备安全驾驶之条件，或明显违反驾驶规则下，驾驶供空中、水路或铁路运输用之交通工具，因而对他人生命造成危险、对他人身体完整性造成严重危险，或对属巨额之他人财产造成危险者，处一年至八年徒刑。二、如因过失而造成上款所指之危险，行为人处最高五年徒刑。三、如因过失而作出第一款所指之行为，行为人处最高三年徒刑或科罚金。”

但是，依据我国刑法关于危险驾驶罪的规定，“在道路上驾驶机动车追逐竞驶，情节恶劣的，或者在道路上醉酒驾驶机动车的，处拘役，并处罚

---

① 参见徐久生、庄敏华译：《德国刑法典》，方正出版社 2004 年版，第 154 页。

金。有前款行为，同时构成其他犯罪的，依照处罚较重的规定定罪处罚。”可见，危险驾驶罪发生的空间只能是机动车行使的道路，而不能是铁路、航空路线和水路。依据立法初衷，考虑到醉酒驾驶船舶、航空器或者驾驶船舶、航空器追逐竞驶的情况在现实生活中十分少见，因而立法仅仅将危险驾驶罪的对象限定为机动车。

在笔者看来，刑事立法不能因为此种案件发生较少，就不加以规定。刑事立法不能仅仅依据当时特定的社会环境进行“应付性”立法，立法应当具有一定的前瞻性。既然在一个罪名中可以将以后可能出现的犯罪行为进行规制就应当加以规制，而不是等到此种行为泛滥之时再加以规制，这是严密法网的需要，也是节约立法资源的客观要求。虽然在我国针对船舶、航空器和火车的危险驾驶的情形相对较少，但是这并不意味着此种情形下的危险驾驶的行为不可能出现。我国也曾出现过醉酒驾驶船舶肇事的案件。① 并且船舶、航空器和火车的危险驾驶行为的社会危害性并不比危险驾驶机动车在道路行使的社会危害性小。船舶、航空器和火车所运载的人员、物资通常比较多，此类危险驾驶行为一旦发生，造成的危害并不小。如果我国刑事立法中并未规定此种危险驾驶的行为，其一旦发生，依据我国现行的罪名体系将无法对其进行制裁。按照我国刑法的规定，一般认为，交通肇事罪既包括公路上的交通运输，也包括水路上的船舶交通运输。我国目前对驾驶机动车、船舶、航空器、火车等肇事的行为，分别设有交通肇事罪、重大飞行事故罪、铁路运营安全事故罪，等等，几乎涵盖了所有的交通工具。这些肇事类犯罪都是过失犯罪。而一般认为危险驾驶罪是故意犯罪。② 但是《刑法修正案

① 被告人曾某，现年64岁，系湖南麻阳锦江河兰里段满朝荐书院码头至对岸和平溪码头渡船驾驶员。2010年4月2日10时，曾某在家吃早饭时饮了几杯白酒，擅自驾驶一艘已被该县海事处封存的报废木制机帆船，在锦江河兰里段载客运营。12时许，曾某在满朝荐书院码头上驾船搭乘27人及一辆男式摩托车驶往对岸和平溪码头。由于曾某系酒后驾驶报废船只，并超载行驶，当船只行驶至河道三分之二处时，船头进水后沉没，当场致两名乘客溺水身亡，另一名乘客落水后被救起但在送往医院途中死亡。案发后，曾某与三死者家属均达成赔偿协议，得到了被害人亲属的谅解，曾某被湖南省麻阳苗族自治县检察院以交通肇事罪提起公诉后被该县人民法院一审判处有期3年，缓刑4年。参见“湖南六旬男子醉酒驾船致3人死亡被判缓刑”，载正义网，http://news.jcrb.com/jxsw/201009/t20100919_446914.html，2014年2月28日访问。

② 参见赵秉志、赵远：《危险驾驶罪研析与思考》，载《政治与法律》2011年第8期。

(八)》却仅仅规定了危险驾驶机动车的犯罪，并未将危险驾驶船舶、火车、航空器等行为纳入该罪名之中。从严密刑事法网和节约立法资源的角度，我们应当考虑将危险驾驶的空间范围扩展至铁路、航空路线和水路，以应对此类社会危害行为。

［**结论性观点**］

危险驾驶罪侵犯的客体是道路交通安全，因而判定“道路”的一个重要标准就是是否具有一定的公共性，即是否允许社会车辆通行、是否对交通安全造成危险。危险驾驶罪是抽象危险犯，故而对于危险的判断需要以一般人的立场结合特定的时间、空间因素来判断。危险驾驶罪和交通肇事罪发生的空间范围有一定的区别。从严密刑事法网和节约立法资源的角度，应当将“道路”扩展至铁路、航空路线和海（水）路，以应对可能出现的此类社会危害行为。

商业秘密保护的民刑界限①

——邬某侵犯商业秘密案

杨兴培*　朱可人**

[基本案情]

某研究院设备所长期从事船坞、起重机械等设备的研究设计工作。该院专门对其设计图纸制定了保密规定，并对电脑机箱采取了上锁措施。2007 年春节前后，邬某、盛某在担任该设备所所长、副所长期间，因不满上级工作安排，与设计室主任徐某、技术骨干何某、潘某等人约定辞职后利用该院设备所设计的图纸及客户管道，另起炉灶，从事相同业务。徐某、何某、潘某在邬某、盛某默许下，违反该院规定，利用工作便利，拷贝了自己及其他设计人员的设计图纸。

2007 年 3 月起，上述被告人先后辞职，合伙成立东金公司。由邬某担任董事长及法定代表人；盛某任总经理；徐某、何某、潘某为副总经理并分别负责下水和坞门

*　华东政法大学教授，博士生导师。
**　华东政法大学刑法学研究生。
① 本文属于“高水平特色法学学科建设与人才培养工程（085 工程）的阶段性成果”并受上海市重点学科建设项目——刑法学（S30901）资助。

方面的工程、起重设备工程方面的设计。2007 年 3 月至 10 月间，东金公司主要与原设备所客户开展业务，先后与十二家单位签订了设计委托合同，对原设备所设计图纸简单修改后交付客户使用，为八家单位完成设计委托合同，共获取人民币 428.6 万元。经评估，造成某研究院直接经济损失 282.19 万元。本案被告人邬某等人不服一审判决，提出上诉。二审法院维持了原判决，判决：东金公司犯侵犯商业秘密罪，判处罚金人民币 80 万元；邬某犯侵犯商业秘密罪，判处有期徒刑二年，缓刑二年，并处罚金人民币 2 万元（对其他人的判决省略）。

［**疑难之处**］

一、本案中的设计图纸是否属于商业秘密

刑法意义上的侵犯商业秘密罪中的行为对象商业秘密，一般是指不为公众所知悉，能为权利人带来经济利益，具有实用性并经权利人采取保密措施的技术信息和经营信息。商业秘密具有以下几个特点：（1）商业秘密是一种技术信息和经营信息；（2）商业秘密是不为公众所知悉、仅限于一定范围内的人知悉的事项；（3）商业秘密能为权利人带来经济利益；（4）商业秘密具有实用性，即具有直接的、现实的实用价值，权利人能够将商业秘密直接运用于生产经营活动；（5）商业秘密经权利人采取保密了措施。在本案中，对于本案涉及的设计图纸是否能够成为纳入刑法评价的商业秘密，司法实务部门众说纷纭，莫衷一是。司法部门在对该设计图纸是否能够成为刑法范畴内的“商业秘密”进行认定时，存在着两种截然相反的意见，他们对于该设计图纸具有刑法中的商业秘密的其他特点基本上并没有太大的分歧，争论的焦点主要集中在该设计图纸是否属于不为公众所知悉、仅限于一定范围内的人所知悉技术信息。一种意见认为因为涉案的设计图纸所使用的技术资讯多为公知的公开的资讯，不符合商业秘密中不为公众所知悉的要求，不能被认定为商业秘密。另一种意见则认为，尽管涉案的设计图纸所使用的技术资讯多为公知的公开的资讯，但公知的技术资讯的完整组合具有新颖性、秘密性，可以成为非公知技术资讯，本案中涉及的设计图纸应当被认定为商业秘密。

二、如何认定本案中的损失数额

对于侵犯商业秘密犯罪中损失数额的认定，一直是令司法部门相当困扰

的问题。我国刑法从未对本罪中“重大损失”的含义作出清晰的界定和说明。2001年最高人民检察院、公安部发布的《关于经济犯罪案件追诉标准的规定》第六十五条就“重大损失”作了规定，即侵犯商业秘密，涉嫌下列情形之一的，应予追诉：（1）给商业秘密权利人造成直接经济损失数额在50万元以上的；（2）致使权利人破产或造成其他严重后果的。尽管对于“重大损失”的数额给出了一个明确的标准，但是对损失数额的认定，依然没有一个清晰的界定。

司法部门在对本案的损失数额进行认定时，存在着不小的分歧。一种意见认为，应当以商业秘密权利人直接收入的减少额作为认定的依据，即侵犯商业秘密行为人的侵权行为直接导致权利人的营业收入受损，可依据营业额下降及利润下降等重大经济损失，认定侵犯商业秘密罪成立，以某研究院设备所的利润损失额来认定本案的损失数额。另一种意见认为，应当以侵权行为人因侵权行为所获得的利益和收入来认定本罪的损失数额，这种模式也是司法实践中认定“重大损失”运用比较多的一种模式。在这种模式下，本案中损失数额应当是以东金公司因该商业秘密所获收入来计算认定。还有一种模式，那就是以商业秘密本身的价值来界定。以商业秘密的价值来认定权利人重大损失的方式在被告人尚未生产出侵权产品或已生产出侵权产品但未实现销售的情况下应用得较为普遍。① 就本案而言，以这种方式计算损失数额并不妥当，也不是一种最佳之选。

［法理评析］

自从1997年我国刑法将侵犯商业秘密的行为入罪以来，较发达国家而言，我国对于商业秘密的法律保护相对比较激进；而在司法实践中，由于立法者对于“侵犯商业秘密罪”本身的概念认识不深，导致在立法过程中对于“侵犯商业秘密罪”的罪状描述过于简单，与反不正当竞争法中关于“侵犯商业秘密的行为”的描述并无二致，只是模糊地在其后增加了“给商业秘密的权利人造成重大损失”这种在我国立法过程中已然“习以为常”的过于抽象和笼统的规范描述，导致确定侵犯商业秘密行为的入罪界限，成为司法认定中一个困扰已久的问题。而中国警察权日渐扩张，公安机关在“商业秘密刑事保护优先论”理念影响下，或者出于地方保护主义的需要，

① 吴允峰、刘水灵：《侵犯商业秘密罪“重大损失”的认定研究》，载《法学杂志》2010年第9期。

自觉不自觉地插手到当事人的民事、经济纠纷之中，动辄以他人构成侵犯商业秘密罪为由，横加干预，有意无意地充当了一方当事人的代理人或保护神，这直接导致了商业秘密司法实践中侵权与犯罪几乎如影随形，损害了其他当事人的合法权益以及社会的公共利益。① 笔者以为，市场经济日益繁荣的今天，许多诸如关于侵犯商业秘密罪罪与非罪的讨论，都无法回避一个问题——市场经济环境下的民刑冲突的解决。

民刑冲突是法律冲突的常见表现形式之一，其主要困惑在于法律适用上的难以选择。纵观我国民刑冲突的现象，一般表现为两种形式：一种是介于合法与犯罪之间的截然对立民刑冲突现象，譬如保险法第三十二条和刑法第一百九十八条②的规范内容，将分别导致具天壤之别的合法与犯罪的法律后果；另一种则是与本文讨论的案情相类似的，即涉嫌违法或犯罪的民刑交叉案件。在不同的法律中法条规范近乎相同，需要实务部门在现实操作中去把握和衡量。民刑冲突的产生及其适用上的困惑渊源于法律适用者内在理念上的冲突，在司法实践中到底适用哪一部法律取决于司法人员理念的导向。③ 因此，对于这种类型的案件，首先应当尊重民法中契约精神和意思自治的原则，其次也需要通过对刑法谦抑性和刑法在法律体系中保障法地位的认识加以把握。

一、本案处理体现的法律原则

（一）尊重契约精神

契约精神古已有之，也是近代私法的三大原则之一，是私法自治的核心内容。德国学者海因·科茨等所指出：“私法最重要的特点莫过于个人自治

---

① 高晓莹：《论商业秘密保护中的刑民分野与协调》，载《北京交通大学学报：社会科学版》2010 年第 4 期。

② 这两款规定都是关于保险欺诈行为的，保险法第三十二条第一款规定：“投保人申报的被保险人年龄不真实，并且其真实年龄不符合合同约定的年龄限制的，保险人可以解除合同，并按照合同约定退还保险单的现金价值。保险人行使合同解除权，适用本法第十六条第三款、第六款的规定。”刑法第一百九十八条对于保险诈骗罪的描述则是：投保人、被保险人或者受益人，以非法占有为目的，违反保险法律、法规，采取虚构事实、隐瞒真相的方法骗取数额较大的保险金的行为构成保险诈骗罪。

③ 参见李兰英：《契约精神与民刑冲突的法律适用》，载《政法论坛》2006 年第 6 期。

或其自我发展的权利。契约自由为一般行为自由的组成部分……是一种灵活的工具，它不断进行自我调节，以适应新的目标。它也是自由经济不可或缺的一个特征。它使私人企业成为可能，并鼓励人们负责任地建立经济关系。因此，契约自由在整个私法领域具有重要的核心作用。"① 依照意思自治的理论，人的意志可以依其自身的法则去创设自己的权利义务，当事人的意志不仅是权利义务的渊源，而且是其发生的根据。②

在当前市场经济环境下亦是如此，契约精神实质内容渗入了市场经济生活的方方面面，调整着市场经营者和参与者的行为。随着市场经济生活的进一步发展和深入，新的经济行为、经济模式层出不穷。对于市场经济秩序的维护和被害人利益的保护，我们不仅仅只有刑罚一种手段可以运用，我们应当对当事人在自身权利范围之内平等自愿订立的合同和契约给予充分的尊重，国家公权力部门不能打着"保护公民合法权利"的幌子肆无忌惮地践踏市场经济环境下好不容易建立起来的契约精神。当市场经济生活中发生民刑冲突时，国家公权力应当谨小慎微地收缩自己肆意扩张的权力臂膀，遵循市场经济生活中"民法优于刑法"的理念，这样无论对于保护行为人，还是维护市场经济中契约自由的精神，都不无裨益。

（二）刑法的谦抑性原则

刑法谦抑性是刑事政策的基础，同时伴随着"刑法的刑事政策化"，刑法谦抑性日益成为刑法的基本原则之一。刑法的谦抑性又称刑法的补充性、经济性，是指刑法应依据一定的规则控制处罚范围与处罚程度，即凡是使用其他法律足以抑制某种违法行为、足以保护合法权益时，就不要将其规定为犯罪；凡是使用较轻的制裁方法足以抑制某种犯罪行为、足以保护合法权益时，就不要规定较重的制裁方法。③ 也有其他学者认为，刑法的谦抑性是指立法者应当力求以最小的支出——少用甚至不用刑罚（而用其他刑罚替代措施），获取最大的社会效益——有效地预防和控制犯罪。④ 尽管我国学者对于刑法谦抑性的内涵有不同表述，但是他们都认为利用刑法处罚的行为应

① ［德］罗伯特·霍恩、海因·科茨、汉斯·G·莱塞：《德国民商法导论》，楚建译，中国大百科全书出版社 1996 年版，第 90 页。

② 尹田编著：《法国现代合同法》，法律出版社 1995 年版，第 13 页。

③ 张明楷：《论刑法的谦抑性》，载《法商研究》1995 年第 4 期。

④ 陈兴良：《刑法的价值构造》，中国人民大学出版社 1998 年版。

当控制在一定的范围之内，对于刑罚的应用，应当控制在适当的限度之内，应当保持在一个适当的维度之内，而不是肆无忌惮地去扩张自己规制的范围。

刑法的谦抑性在法律体系之内表现为刑法与其他法律的界限问题，涉及刑法与侵权法、行政法等其他法律的关系。法律是调整人们行为的工具之一，但是我们不仅仅只有刑法一种。从犯罪预防的角度出发，犯罪预防不能仅仅依靠刑罚来制裁，还需要通过其他的方式来规制，刑罚只是调整行为最后的手段，也是最为严厉的手段。除刑罚手段之外，我们还可以通过行政制裁、民事处罚的方式来规制一般的违法行为，刑法相致其他法律而言，不一定就是最有效解决社会矛盾的手段。在某种情况下，侵权责任法与行政法就成为刑法的替代，在更大程度与范围内，替代刑法发挥其特有的抗制犯罪的功能。刑法由此成为抗制犯罪的最后手段，只有在侵权责任法与行政法不足以抗制犯罪的情况下，才会动用刑法。①

我国目前经济转型的市场经济环境中，社会矛盾突出，我们的司法工作者更应当注意在具体的司法实践中把握运用刑罚的尺度和界限，努力为社会主义市场经济保驾护航，而不是去激化社会矛盾。在知识产权领域亦是如此，只有在民事法律和行政法律不足以规制时，才能动用刑罚手段。具体到侵犯商业秘密罪的情况，我们应当努力去界定商业秘密的范围、侵犯商业秘密罪的数额问题以及努力尊重侵犯商业秘密行为中的平等合同行为，只有当这些刑法以外的手段无法规制的时候，才能去用刑法制裁。事实上，这些部门法规在充分设置了主体及其权利的同时，也必然为之规定了相应的义务，而刑法以外的其他规范保障不了知识产权秩序的合理存在时，作为最后手段的刑法便得以合理发动，这是谦抑性原则对刑法介入知识产权领域的时间和逻辑条件的要求。②

（三）二次违法理论及刑法在法律体系中的保障法本质

现代刑法被视为社会公平正义的最后一道防线，作为法益保护的最后手

① 刘科、高雪梅：《刑法谦抑视野下的侵犯知识产权犯罪》，载《法学杂志》2011年第1期。

② 高艳东：《论TRIPs视野下的刑法对知识产权保护的必要性与限度性》，载《甘肃政法学院学报》2003年第5期。

段的刑法规范因此具有了第二次规范的特征。① 在现代法治社会中，存在着多方面、多层次的法律规范，它们有机地组成了一个完整的法律体系。这个完整的法律体系存在着一种严格的阶梯关系。在这个阶梯关系中，刑法是保证各种法律规范得以贯彻执行的最后一道屏障，它始终处于保障法的地位。现代社会制定刑法设立罪名时，应当遵循“出于他法而入于刑法”的立法基本原则，在司法实践中，一种行为构成犯罪，实际上就是这种行为已经超越了他法而进入到刑法之中，进而触犯了刑法的规定，因此任何犯罪行为都具有两次性违法的特征。②

在司法层面上，对于二次违法理论的运用就显得尤为重要。司法行为直接影响公民人权与其他权益的保护，对二次违法理论运用稍有不慎，就会对公民权益产生不可估量的影响。在目前我国社会转型加剧、市场经济蓬勃发展的形势下，在前置法规定模糊或无前置法可依的情况下，司法工作人员运用自己对经济行为片面的理解去适用法律，导致在适用法律时，民刑界限模糊不清，以至于在重刑主义的主导下，首先主张用刑罚来解决一切问题，用刑罚去替代其他法律手段。目前，我国刑事司法与刑事立法未能形成良性互动的现状，即刑事司法人员遇到前置法障碍时（前置法不存在或者只有原则性规定），不是坚持罪刑法定的原则，也不是提出完善前置法的立法建议，而是千方百计地利用各类非规范性法律文件通过扩张甚至类推解释的方式予以弥补。在这一司法背景下，否定适用犯罪的二次性违法理论的必要性，无异于充当罪刑法定原则的掘墓人。③

二、对本案的事实分析

（一）本案涉及的设计图纸应当是法律意义上“商业秘密”

从本案的事实实证角度以及法律逻辑分析角度看，本案中设计图纸应当可以成为通常情况下的商业秘密。根据上文对于商业秘密的概念所述，根据我国反不正当竞争法的规定，商业秘密应当是不为公众所知悉，能为权利人

---

① 蔡道通：《刑事法治：理论诠释与实践求证》，法律出版社 2004 年版，第 142 页。

② 杨兴培：《犯罪的二次性违法理论探究》，载《社会转型时期的刑事法理论》，法律出版社 2004 年版，第 415 页。

③ 马朗：《犯罪的二次违法性属性理论与实践研究》，华东政法大学 2010 年硕士学位论文，第 39 页。

带来经济利益，具有实用性并经权利人采取保密措施的技术信息和经营信息。通说认为，商业秘密应当包含三个基本特征：秘密性、财产性和专有性。秘密性指商业秘密不为公众所知悉，即该商业秘密知晓的范围限定为一定范围的人员，如果公众皆知，则无秘密性可言；另一方面指商业秘密是经权利人采取了一定保密措施进行保护的，从而使一般人不易通过正当途径和方法获知或者探明。财产性是指该商业秘密能为权利人带来经济利益地，能够直接地、现实地实现其实用价值，权利人能够将商业秘密直接运用于生产经营活动获取利益。而专有性则是指权利人在事实上对该商业秘密独占性。虽然这种独占性不能对抗第三者对独自研究出来的相同商业秘密的持有和使用，但除此之外的其他人未经许可不得使用。商业秘密的专有权是原始取得的，这一点不同于专利权和商标权的注册取得。因此，商业秘密的专有权的保护期限也就没有法律规定，而是保密措施能够维系多久，权利人的权利相应地也有多久。①

就本案而言，设计图纸的财产性和专有性毋庸置疑。该设计图纸尽管为邬某、盛某等人所设计，但是他们的设计图纸是利用某研究院设备所提供的条件完成的，根据著作权法第十六条的规定，主要是利用法人或者其他组织的物质技术条件创作，并由法人或者其他组织承担责任的工程设计图、产品设计图、地图、计算机软件等职务作品，作者享有署名权，著作权的其他权利由法人或者其他组织享有，法人或者其他组织可以给予作者奖励。根据该条的规定，对于这些设计图纸邬某等人只享有署名权，并无著作权。而就该设计图纸的财产性而言，该技术信息给权利人某研究院设备所带来了可观的经济收益，在邬某等人自立门户以后，造成了该研究院设备所不小的经济损失。

在认定本案技术信息是否符合商业秘密的特征时，最大的争议焦点在于该技术信息是否具有秘密性。笔者以为，手段只能成为实现目的的途径，而非决定目的的本身，正如手段的合法并不代表目的就一定合法一样，手段的公开与否也不意味着目的就一定公开。本案中，一种意见以为，涉案的设计图纸所使用的技术资讯多为公知的公开的资讯，不符合商业秘密中不为公众所知悉的要求，不能被认定为商业秘密。笔者以为，这种说法是经不起推敲的。正如笔者所言，尽管图纸所使用的技术资讯大多为公开的资讯，但这并不意味着作为最终目的的图纸就一定是公开的。图纸设计的背后蕴含着设计

① 王玉杰：《论商业秘密的刑法保护》，载《法学评论》1996年第4期。

者的精巧构思以及其他心血，无论是经过简单的排列组合还是经过精心构思，复杂设计，最终的结果也并非材料本身，设计图纸是独立于设计其所使用的技术资讯的独立所在。只要公开的资讯的完整组合具有新颖性、秘密性的特征，依然可以以其独立存在成为非公知技术资讯。因此，本案中涉及的设计图纸应当被认定为商业秘密。

（二）对于侵犯商业秘密罪的数额认定

对于侵犯商业秘密罪中损失数额的认定，笔者认为在司法实践中，应当遵循受害者的实际损失数额——侵权人的实际获利数额这一基本顺序进行认定，且原则上应当将受害人的间接损失计算在内，同时在受害者的实际损失数额无法评估认定的情况下使用侵权人实际获利数额时，应当考虑实际侵权人对于实际侵权秘密点所占比重计算损失数额，在对犯罪予以严厉打击的同时，注重对于有利于犯罪人事实的认定。

笔者以为，在确定像侵犯商业秘密罪这样的纯正数额犯的数额时，认定的第一步应当以权利受害人的实际损失数额为准。要正确认定损失额，有学者以为，首先要依据民法原理确定损失的范围，其次要采取正确的计算方法。根据民法原理，受害人遭受的损失，是指实际损失，而实际损失既包括直接损失也包括间接损失，因为间接损失也是受害人必然会失去的现实利益。① 此外，该学者指出："在确定犯罪行为给权利人造成的损失时，必须根据商业秘密的特点，充分考虑以下因素：（1）取得商业秘密的成本；（2）使用或保持商业秘密所产生的现实的经济利益或竞争优势；（3）将侵权人使用商业秘密之前的获利状况与使用之后的获利状况加以比较，可以从一方面反映出权利人损失的大小；（4）合理预期的将来利益。"② 笔者也赞同该学者认定损失的方法。合理预期的将来收益应当作为损失的数额加以认定，但是在认定合理预期的将来收益时，不能是无限期的，而应参考发明专利和其他专利的保护期限来确定，这样既有效地保护了权利人的利益，也能够把预期利益限定在一个合理的范围之内。

认定的第二步才应当是依据侵权人的实际获利数额，在权利人受害的实际损失还未发生或者损失非常难认定的情况下，以侵权人的实际获利数额作为侵犯商业秘密罪的损失数额加以认定。在司法实践中，以这种方式确定损失数额一般有以下几种方法：（1）以被告人因犯罪所获得的利润来认定

①② 李文玉：《侵犯商业秘密罪探析》，载《政法学刊》2002 年第 4 期。

“重大损失”；(2) 以被告人的销售收入减去权利人的成本来认定“重大损失”；(3) 以第三人的销售收入乘以同行业的平均利润率来认定“重大损失”；(4) 以被告人侵权产品的销售量乘以权利人被侵权前的平均销售利润来认定“重大损失”；(5) 将被告人获得的研发费用视作其侵权期间所获得的利润来认定“重大损失”。①

笔者以为，就本案而言，首先应当就某设备研究所的损失数额加以认定。主要是对研究院设备所因原有客户的流失造成的损失进行计算。主要针对2007年3月至10月间，东金公司主要与原设备所客户开展业务，先后与十二家单位签订了设计委托合同这一事实所产生的损失进行认定，计算因此而造成权利人现有利益的损失。在第一步计算完毕之后，还应当对损失之外侵权人的其他实际获利数额进行计算，这也是原设备所潜在利益的损失，就是对原设备所设计图纸简单修改后交付客户使用，为八家单位完成设计委托合同，获利数额进行计算。因为对图纸的简单修改并不影响原图纸的根本性质，那么该图纸的著作权属于设备所本身，对于简单修改原图纸后使用所获得的利益，应当作为因侵权行为所产生的利益加以认定。

[结论性思考]

尽管上文就本案的争议焦点——设计图纸是否属于商业秘密和侵权行为产生的损失数额认定方法进行了详细的阐述和说明，但是就本案认定而言，除了司法部门认定的争议焦点之外，笔者认为就刑事立法的完善角度而言本案不应当成为侵犯商业秘密罪所规制的行为，这有违契约自由精神和刑法谦抑思想，是对刑法二次违法性属性的又一次挑战，在立法之初，就不应当将该行为纳入侵犯商业秘密罪的规制范围。

在对本案是否构成侵犯商业秘密罪的讨论中，司法部门包括笔者自然而然地将本案归入侵犯商业秘密行为中的第三种类型：违反约定或者违反权利人有关保守商业秘密的要求，披露、使用或者允许他人使用其所掌握的商业秘密。然后就去寻找案件的争议焦点，即是否是刑法意义上的商业秘密和另一个构罪的要件——是否达到了刑法规定的数额。但是，我们从来没有认真思考过，刑法规定的第三种类型的行为是否真的足以达到需要刑法来规制的地步，在司法实践中，通过其他法律手段进行制裁是否真的已经成了强弩之

① 参见刘蔚文：《侵犯商业秘密罪中“重大损失”司法认定的实证研究》，载《法商研究》2009年第1期。

末？其实未必。

刑法规定的侵犯商业秘密行为之第（三）项，即违反约定或者违反权利人有关保守商业秘密的要求，披露、使用或者允许他人使用其所掌握的商业秘密的行为，在性质上属于违约行为，从世界各国保护商业秘密的刑法规定来看，一般对于违约行为都不以犯罪论处。[①] 侵犯商业秘密罪作为犯罪归类中的法定犯，在立法之初必须坚持刑法谦抑原则，应该充分论证各种类型的侵犯商业秘密行为的社会危害性和法律规制手段运用的合理性及充分性；在司法过程中也应当考虑刑法的二次违法性属性，强调刑法作为保障法的违法二次判断，给予契约自由精神以充分的尊重，盲目地将某些民事行为予以犯罪化，就中国目前的司法状况而言，并不能锦上添花，也不会雪中送炭，只能是画蛇添足。立法者在现代刑法中规定法定犯的初衷，不能像某些行政者一样拍脑袋而作出的决定，而要根据社会形势发展状况加以调整。设立侵犯商业秘密罪名的本身是为了促进现有市场经济秩序下的市场经济的发展，而非去打破现有的合理经济秩序，去盲目地重建另一种平衡，这样的行为无异于画地为牢，并不能促进市场经济的流转速度，只能成为经济发展的绊脚石，阻碍经济的发展。市场经济环境下不仅要求国家运用行政权确保市场运行的正常有序，更重要的是确保市场主体经济活动的自由，营造一种宽松自由的社会环境以利于自由竞争和鼓励个体大胆创造。因为“法律的最终目的始终是确保每一个人最大限度地自由发展而不是束缚人们的想像力和创造性”![②] 事实上，在商业秘密的刑事保护上，许多技术先进的国家也采取了较为保守的态度。如日本直到 1993 年才在修订的《不正当竞争防止法》中增设侵犯商业秘密的刑事责任条款。[③] 我国对于侵犯商业秘密罪的立法本身就是借鉴了西方发达国家的立法经验，在西方发达国家都没有将违约行为纳入侵犯商业秘密罪的规制范围内的情况下，我国也没有任何理由、没有任何必要将此类行为犯罪化，这不仅与契约自由精神不符，也不符合刑法谦抑性原则。

在立法上，我们应当大胆地取消违约行为构成侵犯商业秘密罪的规定。在市场经济交易自由的前提下，我们应当给予双方当事人充分的自由去订立

① 高晓莹：《论商业秘密保护中的刑民分野与协调》，载《北京交通大学学报》（社会科学版）2010 年第 4 期。

② 冯亚东：《刑法的哲学和伦理学》，天地出版社 1996 年版，第 42 页。

③ 戴永盛：《商业秘密法比较研究》，华东师范大学出版社 2005 年版，第 14 页。

合同、履行合同，在违约的情况下可以要求违约方承担合同责任。因工作关系、劳务关系、许可关系而知悉商业秘密，并且与商业秘密权利人订有保密约定的掌握、使用商业秘密的人负有合同上的保密义务，那么我们应当尊重他们订立合同的效力和地位，而不是肆无忌惮地以保护公共利益为名，动辄以刑事手段解决侵犯商业秘密纠纷。这样对于我国目前社会中刚刚建立起来的诚信经营的环境和初步形成的契约意识将是毁灭性的打击。将这种纯粹的违约行为给予刑罚的处罚，违背了现代刑法的辅助性和补充性准则，处罚了不当罚的行为。① 我们应当尊重当事人订立的不违背诚实信用、公序良俗的合同，去鼓励他们用合同解决问题，而不是动辄用“刑权力”去保护。建立市民社会的本身，首当其冲的应当是限制国家权力的运用，将国家权力这个猛兽关进一个硕大的“牢笼”之内，只有这样，法律才能够真正成为保护自己的武器，普通民众才有安全感和幸福感可言，而这，也是刑法谦抑性在立法及刑法二次违法属性在司法上的本质体现。

本案是一个非常典型的契约行为。某研究院设备所长期从事船坞、起重机械等设备的研究设计工作。该院专门对其设计图纸制定了保密规定，并对电脑机箱采取了上锁规定。该保密规定和邬某等与设备所签订的保密协议构成了契约的本身，在契约规定的范围内，司法部门应当完全尊重当事人之间订立的不违反任何强制性规定的契约，可以按照合同规定的方式进行制裁和违约赔偿，在民事制裁足以解决纠纷的时候，国家没有必要肆意发动刑权力。尊重契约自由，这也是市场经济之所以繁荣的本质所在，我们应该一改过去计划经济时代所倡导的控制一切的陈旧经济运行模式，在空喊经济体制改革口号的多年以后，我们想，也该是有所作为的时候了吧。

当然，这一纯法理层面的理论探讨，并不影响司法实践中对类似案件通过现有的法律规范进行规范评价，但刑法本身也有一个与时俱进需要进行必要的废、立、改的动态完善要求。因此通过本案依照现有刑法进行规范评价的同时，我们更应当将思维的触角延伸到法律自身的完善上，只有这样才能真正为市场经济的有序有效发展起到保驾护航的应有作用。

---

① 唐谡尧：《罪刑法定视野下的侵犯商业秘密罪》，载《四川师范大学学报》2003年第3期。

使用商业秘密行为如何定性

——杨某龙侵犯商业秘密案

董 莹* 张繁荣**

[基本案情及裁判结论]

犯罪嫌疑人杨某龙，男，48 岁，汉族，群众，大学文化程度，因涉嫌侵犯商业秘密罪，于 2006 年 7 月 5 日被检察机关批准逮捕。犯罪嫌疑人大学毕业后在某区中学任教，后经营某化工企业。

犯罪嫌疑人杨某龙与 A 化工厂经理刘某（本案被害人）曾于 2001 年 11 月开始合作出资生产 901、902 型丙烯酸树脂。李某经杨某龙介绍到该厂上班。2003 年，王某蓝参股成立 B 公司，厂址迁至燕山 C 公司院内，继续生产该产品。2004 年初，B 公司迁至某经济开发区，刘某与王某蓝等人开始研制新产品。2004 年 7 月，B 公司原产品停产，刘某与杨某龙口头约定，杨某龙退股。2004 年年底，YS905 型固体丙烯酸树脂研制成功并投入生产。李某继续在 B 公司上班，并于 2005 年 1 月 1 日与 B 公司签订了劳动合同和保密协议。李某在该公司学习并负责生

* 北京市房山区人民检察院燕山检察处公诉科科长，检察员。

** 北京市房山人人民检察院法律政策研究室主任助理，助理检察员。

产 YS905 新型丙烯酸树脂。杨某龙得知刘某继续进行丙烯酸树脂的生产后，便于 2005 年 7 月购买了生产树脂的设备并租厂房进行调试生产。2005 年 7 月 20 日，李某擅自离开原公司，来到杨某龙所开的公司生产 BS001 型丙烯酸树脂。经评估鉴定，YS905 型与 BS001 型树脂产品具有同一性，YS905 丙烯酸树脂生产工艺属于商业秘密，李某、杨某龙的行为给 B 公司造成经济损失 78 万余元。

犯罪嫌疑人杨某龙涉嫌侵犯商业秘密一案，由王某蓝报案后，公安机关于 2006 年 4 月 13 日立案侦查。同年 7 月 5 日该区检察院经审查后认为：李某与刘某的公司签订了劳动合同及附属的保密协议，杨某龙通过非法手段将掌握 YS905 生产技术的李某挖走，而使用 YS905 的生产技术，其行为属于刑法第二百一十九条第二款规定的明知侵害人违反权利人有关保守商业秘密的要求，而使用侵害人掌握的商业秘密的情形，因此，杨某龙的行为已经构成侵犯商业秘密罪，决定批准逮捕。

该案移送审查起诉后，于 2006 年 11 月 19 日、2007 年 1 月 5 日被退回公安机关补充侦查两次。公安机关于 2007 年 2 月 5 日补充侦查完毕，重新移送审查起诉。公诉部门经审查认为，杨某龙在与刘某合作期间就负责树脂的生产，YS905 是 901、902 等的系列产品，在其合作期间 YS905 固体丙烯酸树脂就已经生产并销售，二人自始至终未对技术的归属有约定，根据法律规定，不论杨某龙是否实际参与 YS905 的研发，YS905 是二人合作期间的技术收益，杨某龙有权使用该项技术。因此，虽然 YS905 固体丙烯酸树脂配方及制作工艺被确认为商业秘密，但杨某龙使用该配方及工艺的行为并不构成侵犯商业秘密罪。故杨某龙涉嫌犯罪的事实不清，证据不足，不符合起诉条件，依据刑事诉讼法第一百四十条第四款的规定，决定对其不起诉。

[疑难之处]

本案定性的关键是杨某龙对 YS905 丙烯酸树脂生产技术是否具有使用权，如果杨某龙有 YS905 丙烯酸树脂生产技术的使用权，那么杨某龙的行为则不构成侵犯商业秘密罪，否则即构成侵犯商业秘密罪。

[法理分析]

一、商业秘密的界定

（一）商业秘密的内涵

商业秘密这一术语早已在国际上得到广泛承认，随着国际贸易的发展，对商业秘密的法律保护已成为整个国际社会日益关注和重视的问题。正确界定商业秘密的基本内涵是对商业秘密进行法律保护的起点和重要内容。目前，对商业秘密的内涵和外延并未取得统一的认识。WTO 之 TRIPS 协议第三十九条称之为“未披露信息”，并提出其必须符合三个条件：一是具有秘密性，及受保护的信息作为整体或作为其中内容的确切组合，不是该信息领域人员能普遍了解或容易获得的；二是具有价值型，即因构成商业秘密而具有商业价值；三是具有保密性，即享有商业秘密的权利人对其享有的商业秘密应当采取适当的保密措施。我国反不正当竞争法对商业秘密定义为：商业秘密是指不为公众所知悉，能为权利人带来经济利益、具有实用性并经权利人采取保密措施的技术信息和经营信息。我国刑法第二百一十九条继续沿用了该定义。[①] 国家工商行政管理局在 1995 年 11 月 23 日发布的《关于禁止侵犯商业秘密行为的若干规定》第二条规定：本规定所称技术信息和经营信息，包括设计、程序、产品配方、制作工艺、制作方法、管理诀窍、客户名单、货源情报、产销策略、招投标中的标底及标书内容等信息。

（二）商业秘密的特征

从上述定义我们可以看出，商业秘密就是一种信息，包括技术信息和经营信息，但并非所有技术信息和经营信息都是商业秘密。依照我国法律规定，商业秘密必须具备以下特征：

1. 不为公众所知悉，即秘密性、新颖性。这是商业秘密的本质特征，是商业秘密维系其经济价值和法律保护的前提条件，也是商业秘密权区别于专利权及其他知识产权的显著标志。其是指该项商业秘密不曾被任何人向社会公开，不为公众知悉。“公众”不包括：商业秘密权利人及合法被许可使

① 参见刘远山：《论我国侵犯商业秘密犯罪的认定和处罚及刑法完善》，载《河北法学》2006 年第 2 期。

用的权利人；过去或现在的因劳动关系或雇佣关系在其职权范围内知悉该商业秘密的人；因业务往来如原料供应、加工承揽、设备维修、产品销售等而知悉商业秘密的人；由于合作研究、共同开发、使用许可而知悉该商业秘密的人；由于财会、成果鉴定、行政审查、司法审判而知悉该商业秘密的人。

2. 能为权利人带来经济利益，即价值性。其是指该项商业秘密在使用过程中能实现一定的商业价值，能给权利人带来实际或潜在的经济利益或者竞争优势，而且这种价值非常明显，一经获得该项商业秘密即可获得利益。没有价值的信息不能为权利人带来利益，自然不具有保护价值。由于属于商业秘密的信息技术在其领域中具有技术的突破性、新颖性，能以其技术领先优势而取得、占有或维持市场优势、竞争优势，所以必然具有一定的价值。通常，受到侵犯的经营信息和技术信息都有其经济价值，侵权人也正因为该项信息具有一定经济价值才采用不正当手段进行获取、披露、使用，而权利人也正因为该项信息具有经济价值才不给予公开并采取保密措施。

3. 能够实际投入生产或经营，即实用性。它要求该信息是能够实际操作的信息，并能够用于解决生产、经营中的现实问题，为权利人创造经济价值。主要体现为具体性和确定性，也就是说商业秘密必须是工作中的具体方案，不能是单纯的构想、大概的原理和抽象的理念。权利人能够界定其信息的具体内容并划清其界限。

4. 权利人对商业秘密采取了保密措施，即保密性。商业秘密的保密性是认定商业秘密是否受法律保护的重要因素，而商业秘密是否具有保密性，关键在于权利人是否采取保密措施。如果权利人仅有主观上的保密意识还不行，还必须有客观上的保密行为，即要求权利人对非公众知悉的技术信息和经营信息采取相应的适当的保密措施，从而使他人无法通过正当途径和方式获得该项商业秘密。就目前立法和司法实践而言，商业秘密权利人一般可通过以下几种途径保护商业秘密：一是签订保密协议，即在确立劳动关系时与雇员签订保密协议；二是制定保密制度；三是对涉及商业秘密的领域采取合理适当的管理；四是其他为防止泄密而采取的具有针对性及合理性的保密措施。①

二、使用商业秘密行为定性

商业秘密作为知识产权的一个重要组成部分，在各国的经济发展中都发

① 参见李晓明、辛军：《对侵犯商业秘密罪的再研究》，载《法学》2002 年第 6 期。

挥着越来越重要的作用。侵犯商业秘密的行为，不仅会给商业秘密的权利人的利益造成损害，而且会造成不正当竞争，严重扰乱市场经济秩序，这就需要为商业秘密提供全面的法律保障。商业秘密保护在我国法律中经历了一个从无到有、保护范围从窄到宽、保护力度从弱到强的过程。随着我国市场经济的逐步确立，国家立法机关也加强了保护商业秘密的立法工作。由于我国采用以反不正当竞争法为主体的立法模式，对商业秘密的保护主要体现在一些单行法律、法规中，如合同法、劳动法、刑法等，从而形成了民事、行政、刑事相结合的商业秘密法律保护体系。

根据是否会涉嫌侵犯商业秘密，使用商业秘密的行为主要分为两种：一是合法的使用商业秘密的行为，包括权利人使用商业秘密行为，或者是虽然不是商业秘密的所有人，但根据相关法律规定对商业秘密具有使用权的，使用商业秘密行为也是合法的，如权利人许可使用或者因共同研发而享有使用权等等；二是违法的使用商业秘密行为，即涉嫌侵犯商业秘密罪的行为，主要就是指不具有商业秘密使用权的行为人使用商业秘密的行为。如侵犯商业秘密罪就是其中一种。

根据刑法第二百一十九条的规定，侵犯商业秘密罪是指违反国家商业秘密保护法律法规，采取不正当手段，获取、披露、使用或允许他人使用权利人的商业秘密，给商业秘密的权利人造成重大损失的行为。虽然刑法对侵犯商业秘密罪的犯罪对象及客观行为作出了具体规定，但在司法实践对具体案件的认定还可能出现争议，正如本案所涉及的问题。因此，准确认定使用商业秘密的行为并正确适用刑法，才能确保当事人的合法利益不受侵害。

三、关于本案定性的分析

本案中，双方对 YS905 丙烯酸树脂配方及制作工艺被确认为商业秘密没有异议，但对杨某龙对该配方及制作工艺的使用行为是否构成侵犯商业秘密罪，则有不同的意见。一种意见认为，杨某龙通过非法手段将掌握 YS905 生产技术的李某挖走，而使用 YS905 的生产技术，其行为属于刑法第二百一十九条第二款规定的明知侵害人违反权利人有关保守商业秘密的要求，而使用侵害人掌握的商业秘密的情形，因此，杨某龙的行为已经构成侵犯商业秘密罪。第二种意见认为，杨某龙在与刘某合作期间就负责树脂的生产，在其合作期间 YS905 固体丙烯酸树脂就已经生产并销售，二人自始至终未对技术的归属有约定，根据法律规定，不论杨某龙是否实际参与 YS905 的研发，YS905 是二人合作期间的技术收益，杨某龙有权使用该项技术，其行为不构成侵犯商业秘密罪。

本案之所以会出现捕后又存疑不诉的情况，主要是因为前后两阶段证据情况发生了变化。在审查逮捕阶段，李某供述自己将在刘某公司学习到的YS905丙烯酸树脂生产技术应用到杨某龙的厂里，杨某龙并不懂该项技术。杨某龙的行为依据刑法第二百一十九条第二款的规定涉嫌侵犯商业秘密罪。而在审查起诉阶段，李某又改变供述并称其所掌握的YS905丙烯酸树脂技术是杨某龙所教，刘某公司早在2004年10月就已经生产销售过YS905丙烯酸树脂，刘某没有提出杨某龙在合作期间不知道YS905丙烯酸树脂生产技术的证据，因此，公诉部门以杨某龙涉嫌侵犯商业秘密罪，事实不清，证据不足，决定不起诉。

综合本案证据情况来看，李某的供述不稳定，其证据的证明力不强，杨某龙供述中一直认为自己在与刘某合作期间就负责树脂的生产，自己本身就熟悉YS905丙烯酸树脂的配方，而不是通过李某才得知配方进行生产。刘某证言也证实杨某龙在合作期间负责生产，从其他证据中可以证实YS905丙烯酸树脂是在二人合作期间研发的，并已生产销售。要确定杨某龙使用YS905丙烯酸树脂配方的行为是否涉嫌侵犯商业秘密罪，首先就必须确定YS905丙烯酸树脂配方的权利归属，即该商业秘密的权利人。

YS905丙烯酸树脂是从2004年开始研发的，从公司的销售记录可以看出2004年10月YS905丙烯酸树脂就已经成功生产并销售，刘某与杨某龙合作是在2004年12月终止的，且杨某龙在合作期间一直负责产品生产，由此可以推断出，不论杨某龙是否知晓或参与YS905丙烯酸树脂的研发，该产品是由杨某龙负责生产的，因此杨某龙本身应该是知道YS905丙烯酸树脂的生产工艺的。

在刘某与杨某龙终止合作时，二人并没有就YS905丙烯酸树脂的技术归属作出明确约定，根据合同法第三百四十一条规定：委托开发或者合作开发完成的技术秘密成果的使用权、转让权以及利益的分配方法，由当事人约定。没有约定或者约定不明确，依照本法第六十一条的规定仍不能确定的，当事人均有使用和转让的权利。从本案证据来看，刘某并不能提出其与杨某龙之间就YS905丙烯酸树脂生产技术的归属约定的有力证据，可以视为刘某、杨某龙二人在签订合作协议时及在协议生效后都未对YS905丙烯酸树脂的技术归属进行约定，那么二人对于该项技术同时享有使用权和转让权，都是该商业秘密的权利人。因此，杨某龙使用YS905丙烯酸树脂配方进行生产的行为是正当的，也就不涉及侵犯刘某的商业秘密的问题。

［结论性意见］

民事纠纷与刑事犯罪之间有时界限并不是特别清晰，因此，检察机关在审查办理案件时，应该深入思考行为发生的背景，分析涉案行为是否构成犯罪。特别是类似知识产权案件，由于使用他人的知识产权也分为合理使用与违法使用，合理使用是不会构成侵权的。因此，在审查案件时，办案人员就应该将民事纠纷从刑事犯罪案件中剔除，防止公权力对私权自由造成侵犯。本案中，从当事人双方签订的协议来看，不能认定杨某龙无权使用 YS905 丙烯酸树脂配方进行生产，因而不足以认定其行为符合侵犯商业秘密罪的构成要件，也就不宜动用刑法手段来处理双方的纠纷。

轮奸可以表现为一人既遂而其他人未完成

——王某军、郭某杰、郭某磊强奸案

张红星[*] 刘 菲[**]

[基本案情]

被告人王某军，男，35岁，初中文化，农民，因涉嫌犯强奸罪，于2008年11月25日被逮捕。被告人郭某杰，男，17岁，初中文化，农民，因涉嫌犯强奸罪，于2008年11月25日被逮捕。被告人郭某磊，男，16岁，初中文化，农民，因涉嫌犯强奸罪，于2008年11月25日被逮捕。

被告人王某军、郭某杰、郭某磊均系外来务工人员，在京期间共同暂住在北京市房山区长阳镇张家场村。2008年10月22日13时许，郭某杰、郭某磊在其出租房内对刚结识的被害人王某（女，16岁，轻度精神发育迟滞，被实施违法行为时受疾病影响，无性自我防卫能力）有摸乳房、亲嘴等不正当行为。当日17时许，被告人王某

* 北京市房山区人民检察院公诉二处干警，助理检察员。
** 北京市人民检察院公诉二处干警。

军回到租住处，发现被害人王某，遂与郭某杰合谋与王某发生性关系。三被告人邀请王某在屋内一起吃饭，并让王某喝了几口白酒。饭后，待王某上厕所时，三被告人再次商定与王某发生性关系事宜。王某进屋后，郭某磊插门，郭某杰关灯，王某军将王某抱到床上，三被告人对被害人王某实施摸、亲等行为，期间，王某有反抗行为。王某军第一个与被害人发生了性关系，郭某杰因自身原因而未得逞，尔后被告人王某军再次与被害人发生性关系，郭某磊亦因自身原因而未能得逞。其后，三被告人又对被害人实施了亲、摸、添等行为。次日 5 时许，被害人王某离开。17 时许，被告人王某军、郭某杰、郭某磊在其暂住处被抓获。

北京市房山区人民检察院审查认为：被告人王某军、郭某杰、郭某磊违背妇女意志，强行与无性自我防卫能力的被害人发生性关系。其行为均触犯了刑法第二百三十六条第三款第（四）项，犯罪事实清楚，证据确实充分，应当以强奸罪追究其刑事责任，并且属于二人以上轮奸。被告人郭某杰、郭某磊因意志以外原因未能得逞，该二人系犯罪未遂，但三被告人仍构成轮奸犯罪，应当处以十年以上有期徒刑。鉴于被告人郭某杰、郭某磊实施的犯罪系未遂，应当从轻或减轻处罚。2009 年 2 月 24 日检察院以京房检刑诉〔2009〕第 0088 号起诉书向北京市房山区人民法院提起公诉。

被告人郭某杰的辩护人对指控郭某杰犯强奸罪没有异议，其辩护人提出：郭某杰在实施犯罪过程中主动放弃了犯罪，应该认定为犯罪的中止，并且在共同犯罪中只起到帮助的作用，建议从轻或者减轻处罚。被告人郭某磊的辩护人对指控被告人郭某磊犯有强奸罪也没有异议，其辩护人提出：被告人郭某磊的行为不构成强奸罪中的轮奸情节，只有造成轮奸的事实才构成轮奸，被告人郭某磊的强奸行为未达到既遂状态，所以郭某磊的行为不构成本案强奸罪中的轮奸情节。并且被告人郭某磊在共同犯罪中是从犯，建议对被告人郭某磊从轻处罚。

北京市房山区人民法院审理后认为：被告人王某军、郭某杰、郭某磊采取暴力、威胁手段违背妇女意志轮奸无性自我防卫能力的少女，其行为均已构成强奸罪。北京市房山区人民检察院指控被告人王某军、郭某杰、郭某磊犯有强奸罪罪名成立。被告人郭某杰的辩解及其辩护人关于“郭某杰主动放弃犯罪是犯罪中止，起帮助作用”的辩护意见无事实依据，不能成立。轮奸是指两个以上的男子基于同一故意，在一段时间内对同一妇女强行奸淫的行为。我国刑法及相关司法解释均未规定认定轮奸以存在数人强奸既遂为条件，故郭某磊辩护人关于“郭某磊的行为不构成轮奸”的辩护意见不能成立，不予采纳。被告人郭某杰、郭某磊由于意志以外的原因而强奸未逞，是犯罪未遂，依法减轻处罚。被告人郭某磊犯罪时未满18周岁，依法从轻处罚。鉴于被告人郭某杰、郭某磊的家属对被害人进行了经济补偿，酌予从轻处罚。对于郭某杰、郭某磊辩护人其余辩护意见的合理部分法院予以采纳。北京市房山区人民法院以〔2009〕房刑初字第168号判决书判处被告人王某军有期徒刑十一年，剥夺政治权利二年。判处被告人郭某杰有期徒刑六年。判处被告人郭某磊有期徒刑四年。

[裁判要旨]

强奸犯罪中轮奸加重情节的认定，不要求以行为人均达到强奸既遂为标准，只要行为人基于共同的强奸故意，实施了二人以上轮奸的行为，即构成轮奸。对于轮奸行为中存在的未遂等法定情节，要在量刑过程中给予适当评价。

[疑难之处]

强奸犯罪目前仍属于较为高发常见的犯罪类型，其中共同强奸案又占有不小的比例。本案的三名被告人构成强奸罪，对此没有不同看法，疑难之处在于，他们的行为是否属于刑法第二百三十六条第三款第（四）项规定的轮奸。在我国司法实践中，强奸共同犯罪案件中部分共犯实施奸淫而部分共犯未奸淫得逞或者自动放弃奸淫行为的，对于未实施奸淫的共犯，或者认定为强奸既遂，或者认定为强奸未遂或者中止，判罚不一；在是否成立轮奸问题上，分歧也很大。有的认为，在两人犯罪的场合，无论是奸淫得逞的共犯，还是未奸淫得逞或者放弃奸淫行为的共犯，都不成立轮奸，而只能在三年以上十年有期徒刑以下量刑；有的则主张“部分实行全部责任”也适用于轮奸，只要各共犯人以轮奸的故意实施奸淫，即使只有部分共犯奸淫得逞，也应成立轮奸，在十年有期徒刑以上量刑。而对于未奸淫得逞或者放弃奸淫的行为人，是否应当作为量刑情节予以考虑，也存在争议。就本案而言，具体有以下三种意见：

第一种意见认为，本案系共同犯罪，根据“部分行为整体责任，一人既遂全部既遂”的共犯理论，在其中一个被告人强奸既遂的情况下，应当将三被告人的行为都认定为犯罪既遂，且构成轮奸犯罪，都应承担轮奸既遂的刑事责任。

第二种意见认为，本案不构成轮奸犯罪，轮奸作为一种情节加重罪状是在基本罪状基础之上设计的，即应当要求基本犯罪行为已经既遂。而本案中只有一人强奸既遂，其余二人均为强奸未遂，故不构成轮奸，应当按各自的犯罪行为，以强奸罪的基本犯的规定定罪处罚。

第三种意见认为，三被告人的行为构成轮奸犯罪，部分被告人强奸未遂的情节，应作为量刑情节予以评价。

［法理探讨］

一、对“二人以上轮奸”的理解

刑法条文表述“二人以上轮奸的”属于强奸罪的轮奸情节。从语义解释出发，轮奸为二人以上（包括二人）在一段时间轮流强行与同一妇女发生性行为的行为。从条文表述来看，轮奸的主体是“二人以上”，客观行为包括“轮”与“奸”两部分。

（一）轮奸的主体必须是二人以上

但此二人不必是全部都达到刑事责任年龄的男性。只要其中一人达到14周岁即可。因为从条文来看，轮奸仅仅是强奸罪的情节，只强调了其行为的共同性，只要具有共同的事实行为，即构成轮奸。立法规定了轮奸这一量刑情节，表明立法者认为轮奸比单独实施的强奸犯罪更为严重，对被害人的危害更大。若坚持“轮奸”的行为人必须构成强奸共同犯罪，参与轮奸的人都必须具备犯罪主体的一般要件，否则就不认定为轮奸，显然既不利于惩治犯罪，也不能有力地保护女性的合法权益，有违立法本意。

（二）轮奸的客观行为主要特征为“轮”“奸”

这里的“轮”，即轮流，具体表现为二人以上在一段时间内，先后连续、轮番地实施某一行为。这里的“奸”，是指强奸行为。“轮奸”即二人以上在一段时间内，先后连续、轮番地对同一妇女（包括幼女）实施强奸行为。各行为人与被害人发生性关系，均违背被害人意愿。关于强奸行为着手的认定，一般以行为人开始实施暴力、胁迫或其他手段为起点，而不以奸淫行为开始为着手的起点。

基于对轮奸主体和客观行为的上述分析，可以得出以下结论：

第一，轮奸的各行为人具有共同强奸的意思联络，主观方面应当有共同强奸的故意。即行为人主观上应当认识到不是自己一人在实施奸淫行为，而是多人在轮流、连续实施奸淫行为。没有共同强奸的故意，在一段时间内先后对同一女性的强奸行为不能构成轮奸。

第二，轮奸的各行为人属于共同实行犯，轮奸行为是基于共同奸淫认识上的共同实行行为。也就是说，轮奸的各行为人主观上均有自己要实施强奸行为的故意。一人实施暴力行为以帮助他人完成强奸行为的不属于轮奸。根据刑法关于二人以上构成轮奸的规定，行为人中至少有二人必须着手实行了强奸行为，否则不成立轮奸。如仅有轮奸故意而未实施强奸行为，或者一人已着手，一人尚未着手的情况下，均不构成轮奸。

二、轮奸并非一定是强奸的共同犯罪

司法实践中，对于轮奸的认定不同程度地存在着认识误区。例如，许多人都认为，轮奸属于共同犯罪的一种形式，如果不构成共同犯罪就不构成轮奸。这种认识是值得商榷的。笔者认为，轮奸是强奸的一种特殊形式，是刑法规定的一种关于强奸罪的法定量刑情节，既不是一种独立的犯罪类型，也不是按是否属于共同犯罪而作出的分类。通常情况下，轮奸属于共同犯罪，但并不以成立共同犯罪为前提。具体而言，只要两名以上的男子，出于共同强奸的故意，在同一段时间内，对同一妇女或幼女连续地轮流实施了强奸或奸淫的行为，就构成轮奸。当其中一名男子不满 14 周岁或者无刑事责任能力时，该轮奸行为就不成立共同犯罪，但仍然属于轮奸。

三、关于本案被告人的行为属于轮奸的分析

我们同意前述第三种意见，即三被告人的行为构成轮奸犯罪，部分被告人强奸未遂的情节，应作为量刑情节予以评价。具体理由如下：

第一，轮奸情节的认定以符合强奸罪的基本构成而不是以强奸既遂为前提。如前所述，我国刑法中规定的轮奸不是一个独立的罪名，它是作为强奸罪的法定刑升格的事由（加重处罚情节）予以规定的。情节加重犯的认定，应以行为人的犯罪行为符合基本犯的犯罪构成为前提。因此，对于轮奸犯罪情节的认定，应当以行为人的犯罪行为是否符合强奸罪的基本构成为前提，而不是全部实行共犯均达既遂为前提。本案中，多人共同实施强奸且只有一人得逞的情况，显然符合强奸罪的基本构成。

第二，“二人以上”“轮流”是判断轮奸情节的客观标准。轮奸的认定应坚持主客观相一致的基本原则：主观方面行为人要有共同强奸被害人的犯罪故意，客观上行为人实施了轮流奸淫的犯罪行为。在客观方面的判断中，

我们应当明确：对于作为客观事实情节的轮奸的认定，并不要求所有实行犯均达既遂，它强调的是行为事实的客观存在，而非行为的既遂或未遂。这也被司法实务所认可，如北京市高级法院再审的蒋峰、“东北”强奸案。在一人强奸既遂，另一人强奸未遂的情况下，认定系采用胁迫手段轮流与同一妇女发生性关系，符合法律规定的“二人以上轮奸的”情形。① 此外，唐胜海、杨勇强奸案②、姜涛强奸案③等也对类似情况都作出了构成轮奸的司法认定，并作为指导性案例予以刊载。这种认定理念也可与司法实务对绑架罪中“杀害被绑架人的”的认定相比较。作为绑架罪的加重处罚情节，“杀害被绑架人的”判定，是否要求以杀害被绑架人既遂为必需？在王建平绑架案④中，对王建平绑架中杀害未遂的行为，河北省邢台市中级人民法院和河北省高级人民法院均认为杀人未遂不影响对该行为构成绑架罪中“杀害被绑架人的”加重处罚情节的认定。

第三，轮奸犯罪也有既遂与未遂之分。我国刑法分则采取“既遂模式论”，只规定了犯罪既遂的构成要件和构成既遂的法定刑，而在总则规定了犯罪的未完成形态与相应的处刑原则。概言之，对包括情节加重犯在内的所有犯罪行为的认定，既要遵守分则的具体规定，也要坚持总则的一般原则。轮奸犯罪中一人因自身意志以外的原因没有完成的，因为实行人（正犯）本身无法亲手实施强奸行为，应以轮奸未遂处理，司法实务上的具体案例已如上述，此外，最高人民法院在《关于审理抢劫、抢夺刑事案件适用法律若干问题的意见》中，对抢劫罪的加重处罚情节的既遂、未遂问题作出了类似规定：“刑法第二百六十三条规定的八种处罚情节中除‘抢劫致人重伤、死亡的’这一结果加重情节外，其余七种处罚情节同样存在既遂、未遂问题，其中属抢劫未遂的，应当根据刑法关于加重情节的法定刑规定，结合未遂犯的处理原则量刑。”所以，情节加重犯因其基本犯的实施情况也会存在既未遂之分，并不是说情节加重犯因其加重情节就变成为了危险犯，可

---

① 参见：《共同强奸犯罪中轮奸情节的认定》，载北京市高级人民法院编：《审判前沿：新类刑案件审判实务》（总第28集），法律出版社2010年版，第134～136页。

② 参见最高人民法院刑事审判第一庭、第二庭编：《刑事审判参考》2004年第1集（总第36集），法律出版社2004年版，第32～36页。

③ 参见：《人民法院案例选（1992－1999年合订本）》（刑事卷上），中国法制出版社2000年版，第511～514页。

④ 参王志祥：《杀害被绑架人未遂的处理——王建平绑架案》，载赵秉志主编：《中国刑法典型案例研究》（第四卷），北京大学出版社2008年版，第139～145页。

以脱离基本犯而单独认定。

第四，强奸未遂应作为重要的量刑情节予以评价。对共同犯罪的处理，虽然实行“部分实行、全部责任”的原则，但是，在量刑的定量分析时，还是要结合每个犯罪人的具体情况予以区别对待。因为即便是共同犯罪，同样存在主与从、实行与帮助、既遂与未遂等不同，如果在量刑上不加区分，显然既不科学也不合乎常理。上引司法解释指出：“……其中属抢劫未遂的，应当根据刑法关于加重情节的法定刑规定，结合未遂犯的处理原则量刑。”我们认为，相比既遂犯、主犯而言，对于未遂（未完成）者、从犯、帮助犯等，法律要在刑罚裁量中给予一定的宽厚待遇。

本案中三被告人在共同奸淫的犯罪故意的支配下，分别实施了轮流奸淫同一妇女的行为，符合轮奸情节的认定标准，对三被告人应当按照刑法分则关于轮奸的规定予以处罚。同时，也应看到三被告人在轮奸犯罪中存在的差别，根据刑法总则关于未遂犯的处理原则，对未遂犯郭某杰、郭某磊的量刑，比照强奸既遂的被告人王某军从轻或减轻处罚。

［结论性观点］

综上，作为强奸罪的加重处罚情节，轮奸的存在与否是一个事实问题，判定的核心是“二人以上轮流奸淫行为”的客观存在，而非“轮流奸淫行为的程度”。因此，只要行为人基于强奸的共同犯罪故意，实施了轮流奸淫同一妇女的行为，就构成轮奸。至于共同犯罪人强奸既遂与否的问题，不影响该加重情节的定性分析，只是在具体的刑罚裁量中，应作为重要的量刑情节予以考虑。

侵犯公民个人信息犯罪的立法缺陷与完善

——陈某某、侯某某非法获取公民个人信息案

隗立娜[*] 孙玲玉[**]

[基本案情]

2009年3月起，被告人陈某某（女）以营利为目的，以从互联网上下载和利用网络传输工具从他人处购买等方式，获取公民个人信息，包括公民的姓名、电话、住址等。而后将收集的公民信息卖给包括被告人侯某某在内的多人。2009年3月份至2009年12月28日案发，陈某某网上交易共计80余次，以下载或者购买（购买信息的价格是每条0.01元至0.02元不等）等手段获取公民信息40余万条并出售，获利4万余元。其中，陈某某卖给侯某某个人信息数十万条。经北京市公安局刑侦总队刑事科学技术研究所检验，在扣押自陈某某家中的笔记本电脑上检出涉案文件869个，共计182MB。

2008年6月份至2009年12月28日案发，侯某某先

* 北京市房山区人民检察院公诉二处干警，助理检察员。

** 北京市房山区人民检察院未成年人案件检察处干警，助理检察员。

后在北京市海淀区和房山区的出租房内，通过互联网QQ群、论坛等渠道从他人处（包括陈某某）多次购买公民个人信息，卖家通过网络将公民信息传输给侯某某，侯某某通过银行转账、汇款等方式将钱款送达卖家。其购买的公民个人信息每条0.01元至0.02元不等，有成单和进线两种（成单包括个人姓名、电话、地址和更新时间，进线包括手机号码和更新时间）。侯某某先后雇佣付某（女）、刘某（女）、王某某（女）为其在网站论坛、QQ群里联系买家，以每条0.04元至0.2元的价钱推销、出售个人信息并在侯某某收到钱款后通过网络将个人信息发送给买主。经北京市公安局刑侦总队刑事科学技术研究所对扣押的涉案电脑检验，在刘某使用的电脑上检出涉案文件94个，共计46.42MB，在王某某使用的电脑上检出涉案文件2294个，共计318MB，在付某使用的电脑上检出涉案文件4210个，共计884MB，在侯某某等人使用的其他三台笔记本电脑、一台式电脑上、一个移动硬盘上检出涉案文件共计27910个，共计约35.86GB。

在上述电脑中均检出公民个人账户、聊天截屏、电话水单等相关文件，并提取了交易过程的QQ聊天、传送文件记录。

2011年1月10日，北京市房山区人民检察院以被告人陈某某、侯某某犯非法获取公民个人信息罪向房山区人民法院提起公诉，以王某某、付某、刘某三人不构成犯罪建议公安机关撤回移送审查起诉；2011年1月17日，公安机关撤回对王某某、付某、刘某三人的移送审查起诉，对其分别予以相应的行政处罚；2011年6月17日，房山区人民法院以被告人陈某某、侯某某犯非法获取公民个人信息罪，对二人均判处有期徒刑一年六个月缓刑二年，并处罚金15000元及10000元。

[疑难之处]

非法提供、买卖公民个人信息是近年来出现的一种新型犯罪手段，由此类犯罪引发的其他违法、犯罪行为社会危害性更为严重，并在一定程度上造成了社会秩序的紊乱。《刑法修正案（七）》及后续的相关司法解释顺应国际立法潮流，确立了出售、非法提供公民个人信息罪和窃取、非法获取公民个人信息罪两个侵犯公民个人信息类罪名，刑法先于民事和行政法规对公民个人信息的进行保护，有利于打击和预防此类犯罪。但随着社会的飞速发展和各种新问题、新型犯罪形式不断涌现，司法实践中，该法条的适用逐渐显现出其局限性。笔者旨在结合本案的办理情况，浅析刑法第二百五十三条之一的立法缺陷，并提出完善建议。

[法理分析]

一、关于如何处理本案的分歧意见及其辨析

第一种观点认为陈某某、侯某某、王某某、付某、刘某的行为均构成非法获取公民个人信息罪。第二种观点认为陈某某、侯某某的行为构成非法获取公民信息罪，王某某、付某、刘某的行为不构成刑事犯罪。

笔者同意上述第二种观点。原因如下：首先，以上五人的行为不构成出售、非法提供公民个人信息罪。刑法第二百五十三条之一规定：国家机关或者金融、电信、交通、教育、医疗等单位的工作人员，违反国家规定，将本单位在履行职责或者提供服务过程中获得的公民个人信息，出售或者非法提供给他人，情节严重的，处三年以下有期徒刑或者拘役，并处或者单处罚金。本案中陈某某、侯某某、付某、刘某、王某某均有向他人出售公民个人信息的行为，但五人均不具有国家机关或者金融、电信、交通、教育、医疗等单位工作人员的特殊主体身份，因此不构成出售、非法提供公民个人信息罪。

第二，陈某某、侯某某的行为构成非法获取公民信息罪。主观方面，二人明知他人的个人信息不能任意处置，随意流通，通过网上下载、用QQ群、论坛等渠道购买个人信息的行为会产生获取和非法持有公民个人信息的结果，在利益的驱动下仍希望并积极追求这种结果的产生，直接故意明显，符合非法获取公民个人信息罪的主观方面。客观方面，陈某某、侯某某实施了非法获取公民个人信息的行为。在案证据能够充分证明陈某某和侯某某利用网络下载或从他人处购买等方式，非法取得公民个人信息，而后卖给他人的犯罪事实。客体方面，本罪侵犯的客体是公民个人信息的自主处置权。就一般社会平均认知程度而言，公民个人信息是指不公开的或者依照法律、得到本人同意能够识别特定个人的一切信息，包括公民的姓名、电话、住址、出生年月、爱好等等信息。而涉案的信息包括姓名、住址、电话等信息，与公民的人身和财产安全息息相关，且没有本人同意公开的意思表示，属于公民个人信息的范围。就犯罪结果而言，二人的行为已经构成“情节严重”，本案中涉案公民个人信息的数量有上百万条，陈某某、侯某某均多次实施获取并销售个人信息的行为，涉案的赃款亦有十万余元，二人利用网络获取个人信息后出售，信息扩散速度之快、扩散范围之广难以统计。因此，从侯某某和陈某某获取并出售公民个人信息的数量、次数、谋利数额、扩散时空范

围看，应认定为“情节严重”。综上，陈某某、侯某某非法获取公民个人信息，情节严重，其行为触犯了刑法第二百五十三条之一之规定，构成非法获取公民个人信息罪。

第三，王某某、付某、刘某的行为不构成刑事犯罪。王某等三人受侯某某雇佣出售公民个人信息，虽然实施了非法推销、出售公民个人信息的行为，其并没有非法获取公民个人信息的主观故意。他们也没有通过盗窃或者其他手段获取公民信息的行为，不具备非法获取公民信息罪的客观要件。同时，刑法没有其他罪名对此行为作出犯罪评价，根据刑法第三条的规定，法律没有明文规定为犯罪行为的，不得定罪处刑。但其行为有一定的社会危害性，对犯罪行为的发生起了辅助作用，建议公安机关对其予以行政处罚。

二、相关立法缺陷与完善建议

（一）本案折射出的刑事立法缺陷

《刑法修正案（七）》在刑法第二百五十三条后增加一条，作为第二百五十三条之一，规定了出售、非法提供公民个人信息罪和非法获取公民个人信息罪。此类罪名的确立旨在保护公民个人信息安全，维护社会公民正常的生产生活秩序，也是对由公民个人信息的非正常流动导致的诈骗、敲诈勒索等一系列犯罪活动的遏制。非法提供、非法获取、非法使用公民个人信息类的犯罪行为愈发普遍，造成的危害后果也极为严重，但由于法律规定不周延，仍无法充分应对犯罪行为，让一部分犯罪分子钻了法律的空子。分析此类案件办理的情况和困境，笔者认为以下几方面的立法缺陷亟待修正。

1. 对“公民个人信息”缺乏明确的法律界定

首先，“公民”的范围不明确，公民是指中国人还是也包括外国人，“人”是否包括死人等问题引起了学界的广泛探讨，至今法律缺乏明确规定。再者，个人信息与个人隐私的区别和联系、法律对两者保护方式的交叉与分工等问题也是司法实践需要解决的事项。其次，缺乏“个人信息”概念的定义。我国法律在《刑法修正案（七）》颁布之前没有对“个人信息”作出法律界定，在《刑法修正案（七）》确立侵犯公民个人信息类犯罪之后亦没有对“个人信息”的内涵和外延作出明确的规定。个人信息是该类犯罪所保护的对象，如果不能明确个人信息的内涵和外延，将无法界定犯罪。

2. 该法条所定之罪的构成要件规定不当

第一，非法提供公民个人信息罪的犯罪主体规定不当。随着现代科学技术的推广，侵犯公民个人信息类的犯罪手段和形式也在不断更新。刑法第二百五十三条之一规定，国家机关或者金融、电信、交通、教育、医疗等单位的工作人员，违反国家规定，将本单位在履行职责或者提供服务过程中获得的公民个人信息，出售或者非法提供给他人，情节严重的，以出售、非法提供公民个人信息罪论处，可见本罪的主体是特殊主体。法条中“违反国家规定”的表述可理解为本罪的主体均是能够合法接触到公民个人信息的相关单位及其工作人员，国家对其设置了保密或者保管的先行义务。这里也存在两方面的问题，一是除了法条列举的这六类单位及其工作人员，“等”字的含义是什么，能否扩大解释为凡是可以合法接触到公民个人信息的单位及其工作人员都可以是本罪的犯罪主体。同时，另有学者认为，该法条虽然没有穷尽列举，但是根据刑法罪刑法定原则和刑法谦抑性的特点，不宜直接作扩大解释。司法实践该何去何从，司法部门至今没有作出规定。二是该法条规定的犯罪主体的特殊性和局限性已经难以有效保护公民个人信息。通过本文所举案例即可以看出，科学技术在生活和生产中的广泛应用使得信息的载体和传播方式丰富多样，加之信息的无限复制性更是让信息来源愈发难以查清，上述案例中陈某某和侯某某以及侯某某雇佣的付某等三人均是一般主体，但实际上，五人都有为牟利而大量出售、非法提供公民个人信息的行为，社会危害性并不低于特殊主体实施的出售、非法提供公民个人信息的行为，但是“法无明文规定不为罪”，对其五人贩卖、出售的行为无法作出刑法评价，放纵了部分犯罪行为。

第二，本类犯罪的客观行为方面涵盖范围过窄。分析法条可知，刑法仅对非法提供和非法获取公民个人信息作出了犯罪处理，但是实际社会生活中，滥用公民个人信息的行为极为广泛，也是侵犯信息类犯罪危害后果发生的直接环节。如果滥用行为构成了其他犯罪，可以按照其他犯罪处理，但是面对“人肉搜索”和“网络水军”等“网络暴力”现象给个人和社会带来的巨大伤害，法律没有做出回应，显然是失去了法律应有的“保护伞”作用。

第三，对“情节严重”无明确的规定。本法条涉及的两个罪名都以“情节严重”为犯罪构成要件，但是目前法条和司法解释都没有对此予以规定，给司法实践带来适用上的困难。例如本文所引用的案例，在认定“情节严重”的标准上综合考虑了涉案公民个人信息的数量、获利数额及其他犯罪的相关标准，但是这一处理方法并不适用全部犯罪行为的处理，不利于执法的公平统一，丧失了对司法工作者自由裁量权的限制。

（二）立法完善建议

1. 应对“公民个人信息”明确界定

第一，“公民”应包括我国公民和外国公民。国际化的深入吸引了很多外国人在中国定居或发展事业，为中国的发展发挥了很大的作用。根据国际法的规则，保护外国公民在华期间的合法权益是我国法律的应有之义。但实践中，使用“公民”这一概念无法保护无国籍人的利益，建议我国法律引用台湾和欧盟地区的做法，将“公民个人信息”扩大为“自然人个人信息”，简称“个人信息”即可化解这一尴尬。

第二，对于学界关于死者的个人信息是否需要法律单独保护的争论，笔者持否定意见。因为个人信息的特点就在于可识别性，是通过信息与某个具体的人联系在一起从而来利用，死人的信息相对而言价值较小，其在利用时往往是通过与生者联系起来以识别活着的人，由此可见，死者的信息在更多时候是生者个人信息的一部分，因此无需单独保护。

第三，法律应尽快对“个人信息”作出准确的定义。我们可以参考国内外法律的先进经验、结合司法实践完善我国这方面的立法。从域外法律讲，韩国、日本等国家都将个人信息定义为与活着的人有关的信息，利用该信息中的姓名、身份证号码、出生年月以及其他信息可以单独或者将其与其他信息相结合识别出特定个人的部分。台湾地区所称的“个人资料”及欧盟地区所称的“个人数据”也是指个人信息，但相较于韩、日，个人信息的范围更为宽泛，包括自然人的特征、指纹、婚姻、家庭、职业、教育、健康、病例、财务状况等一切可以识别出特定个人的精神、文化、经济因素中的一个或者几个。就国内法而言，个人信息保护法专家建议稿中对个人信息定义为：“个人姓名、住址、出生日期、身份证号码、医疗记录、人事记录、照片等单独或者与其他信息对照可识别出特定个人的信息。”① 这一定义采用了列举典型加抽象概括的方式，基本能够涵盖我国个人信息的范围，笔者同意此观点，加之社会生活的实际情况，笔者认为个人信息是指个人姓名、住址、户籍信息、身份证号码、医疗记录、人事记录、照片、通讯方式等一切可以直接或者间接与其他信息对照可识别出特定个人的信息总和。但是此份专家建议稿至今未通过，刑事司法机关有必要先行出台司法解释，使

① 周汉华：《中华人民共和国个人信息保护法（专家建议稿）及立法研究报告》，法律出版社2006年版。

办案人员统一认识，保证法律实施的统一性和公平性。在司法实践中，还应注意不要随意作法律概念的扩大解释，“个人信息”受到刑法保护主要是因为侵犯个人信息的行为会使个人的人身权益和财产权益受到损害，对于现代人常用的QQ号码、电子邮箱等虚拟的信息，过期、被更新了的信息以及涉及个人隐私权的信息等都应排除在此概念之外。

2. 将出售、非法提供公民个人信息犯罪的主体扩大为一般主体

现行刑法将非法获取公民信息罪的主体规定为一般主体，而将出售、非法提供公民个人信息罪的主体规定为特殊主体，即法条所列举的六单位及其工作人员，但是从本文所引用的案例及目前社会生活中实际发生侵犯公民信息犯罪案件来看，这一规定已经不足以规制此类犯罪，笔者认为应对此犯罪的主体免除限制。

首先，出售、非法提供公民个人信息犯罪的主体规定为特殊主体有悖于刑法的平等适用原则。同样实施了犯罪行为，但是一部分人要课以刑罚而另一部分人逍遥法外，显然不利于对法益的保护。上文已经提到，该法条并没有穷尽列举单位的类型及其工作人员，而金融、电信、交通、教育、医疗等单位的范围也没有在刑法体系中得以明确。即使在适用该法条时作了扩大解释，仍然不能够涵盖可能实施犯罪的主体。可以合法获取个人信息而实施了非法提供行为的非单位工作人员和本案行为人，都是非法提供个人信息行为的实施者，都侵害了个人信息自主决定权，都具有社会危害性或者是潜在危害性，都应该承担同样的法律责任。

其次，将本罪限定为一般主体更符合社会现状，能够有效保护法益。剖析目前刑法规定，本罪的犯罪过程大体包括合法持有个人信息和非法提供两个部分，刑法打击的是后者。分析类案可以看出，侵犯个人信息的过程往往不是单一的，而是经过很多人倒手，除信息源头的持有者和最后滥用者外，大部分违法者都经历了获取——持有——提供（出售）的过程，即使没有非法提供信息的实体源头存在，行为人一样可以通过互联网软件自动采集或者是以很低的成本下载，并通过QQ及各种论坛无限制复制和传播，一个普通人通过网络收集的信息数量可能超过特定单位工作人员所能合法持有的个人信息数量，提供给他人用于牟利或者实施其他违法犯罪行为，危害性并不小于特殊主体所为。因此，将出售、非法提供公民个人信息罪的犯罪的主体规定为一般主体，将使司法走出这一困境。

再次，对于非法提供公民个人信息罪，笔者认为有必要通过量刑幅度区别对待特殊主体和一般主体。首先，特殊主体因职务便利可以合法持有个人

信息，国家相关法律法规和单位规章制度在其担任该项工作时已经向其阐明其要承担的保密或者保管的义务，他们知法犯法，主观恶性较一般主体大。再者，不可否认，特殊主体持有的信息一旦泄露，较一般信息交易中的电话号码、姓名等内容所造成的危害后果更直接、更严重，例如公安机关户籍管理部门掌握的居民身份证号、户籍信息等，金融机构掌握的个人的财务账号等。另一方面，他们在很多犯罪行为中是泄露个人信息的源头，没有他们非法提供的行为，个人信息泄露和传播、受到不法滥用的机会就会大大减少，他们在侵犯个人信息自主处置权的同时，也削弱了这些单位公信力。综上所述，在量刑幅度设置上，特殊主体应较一般主体量刑重。

3. 法律应对“情节严重”作出准确司法解释

刑法第二百五十三条之一规定的两个罪名均以“情节严重”为犯罪构成要件，即本罪是情节犯。刑法这样的表述旨在限制刑法打击面，避免刑罚滥用，对自由裁量权予以限制。但是两年多来，刑法及其司法解释并没有作出权威的定罪标准，给此类案件的侦查、审查起诉和审判都带来了困难。笔者认为，由于信息的特殊性，我们每个人在日常生活和工作中都会直接或间接接触到个人信息，所以我们不宜将获取或者提供个人信息的数量、次数作为单一的标准，而应该考虑行为人的主观恶性、目的、手段、是否盈利、获利多少、提供或者获取是否形成一定规模、在同行内的影响、给公民造成的人身伤害程度或者财产损失数额、精神损害承担等因素综合评价行为人的行为。总之，在处理此类犯罪时，要将危害结果和主观目的结合起来，否则将会扩大刑法的适用，不利于实际操作。面对这种新型犯罪形式，在认定标准上不宜单一量化处理，这也给我们司法工作者提出了新的要求，我们必须在实际工作中不断摸索经验、互相交流，提高办案质量，公平公正地处理每一起案件，避免同罪不同刑、同命不同价的结果。

4. 关于侵犯公民个人信息犯罪客观方面的完善

上文提到，现行刑法重点遏制的是提供和售卖个人信息的行为，而打击侵犯个人信息类犯罪的重中之重应该是打击和预防滥用个人信息的行为。较为典型的，有通过互联网络进行“人肉搜索”以及近两年兴起的“网络水军”，他们不同程度地给当事人和社会带来了巨大伤害，对此类行为予以一定法律制裁是立法的必然趋势，但是笔者认为目前将此类行为入罪，应该谨慎。

第一，笔者不同意将“人肉搜索”入罪处理。众所周知，“人肉搜索”一般是单纯的个人行为，主要由一些敏感的社会事件引发，更偏重于违反道德、有悖公序良俗的事件，这与我国传统的中华文化紧密相连，大多没有恶意或者是谋利意图。不管被“人肉”的人是否真的做了让社会愤怒的事儿，被搜索出来之后的澄清、平息过程或者是被社会舆论“追杀”的困扰都造成了一定的社会影响。当然，不可否认，我国网民依靠睿智和社会责任感也帮我们挖出来不少社会“蛀虫”，送一部分违法犯罪分子锒铛入狱。将此行为规定为犯罪，在一定程度上是对个人言论自由的剥夺，是对公民舆论监督权的限制，甚至抹杀了人们最朴实最原始的正义感和道德意识，恐怕会造成更大法益的伤害。

第二，对于目前充斥互联网的网络公关公司雇佣大量“网络水军”利用个人信息盈利的行为，可以考虑慎重入罪。首先这些组织以牟取经济利益为目的，形成了一定的规模，是一种产业化的经营。他们不关注事件本身的真伪，利用网民操纵舆论，迅速地炒作恶意信息或泄漏个人信息打击竞争对手、进行炒作、报复等，这无疑是对信息的违法滥用，侵犯了被公布信息当事人人身、财产利益的同时，也伤害了社会的道德风尚，更是对舆论秩序的严重破坏。当行为人侵犯商业秘密、国家秘密或者是恶意造谣、诽谤时，相关单位和个人可以通过侵权责任法、知识产权法、刑法其他罪名寻求救济。笔者认为，当行为的对象是个人信息时，将这类非以道德谴责为初衷，以营利为目的，客观上滥用了个人信息，并造成了社会危害性的行为写进侵犯个人信息类犯罪的客观方面，是刑法的责任所在。

[结论归纳]

该案折射出的问题反映了我国刑法关于侵犯他人个人信息类犯罪的立法疏漏。据此，立法上应尽快对“公民个人信息”范围进行明确的法律界定，拓宽其犯罪主体，丰富其客观行为内涵，并细化其“情节严重”的定量因素。

转化型抢劫罪的司法解释及完成形态分析

——徐某抢劫案

朱　贺*

［基本案情］

2013 年 7 月 29 日 12 时许，被告人徐某（曾因盗窃罪和故意伤害罪被判处有期徒刑）携带弹簧刀一把至普兰店市电影院对面乔家家纺附近的一个两元店内，将一把咖啡色折叠水果刀盗走，当被告人已逃出店门口时，被被害人侯某某发现并制止，在双方撕扯过程中，被告人为逃脱抓捕，拿出随身携带的弹簧刀并将刀刃弹出，以此威胁被害人，后被被害人的儿子侯某抓获。经普兰店市价格认证中心鉴定，被盗水果刀价值人民币 15 元。案发后，赃物已被扣押并返还被害人。

一审法院认为，被告人徐某以非法占有为目的，采取秘密手段，窃取他人财物，为抗拒抓捕当场以暴力相威胁，其行为侵犯了公民的财产权利和人身权利，构成抢劫罪。本案中，被告人徐某的盗窃财产数额虽未达到较大，

* 北京师范大学刑事法律科学研究院 2013 级博士生。

但其为抗拒抓捕而当场以凶器相威胁，且被告人抗拒抓捕的行为系在其携被盗物品已逃离商店时发生的，该行为是被告人在盗窃既遂的情况下为抗拒抓捕而转化的抢劫行为，因此应认定为抢劫既遂。被告人徐某称自己没有持刀对被害人造成伤害，不构成抢劫罪，只构成盗窃罪的辩解意见，于法无据，不予采纳，但因被告人认为自己的行为构成犯罪，因此应按被告人认罪来认定，可以从轻处罚。被告人徐某系累犯，应当从重处罚；有前科和劣迹，可酌情从重处罚。赃物已返还被害人，可酌情对被告人徐某从轻处罚。原审法院依照刑法第二百六十九条、第二百六十三条、第六十五条第一款、第六十七条第三款、第五十二条、第五十三条、《最高人民法院关于审理抢劫、抢夺刑事案件适用法律若干问题的意见》第五条第（四）项之规定，以抢劫罪判处被告人徐某有期徒刑三年六个月，并处罚金人民币 2000 元。

一审检察院提出抗诉，认为被告人徐某的抢劫行为系犯罪未遂，一审判决认定系犯罪既遂属认定事实错误，导致适用法律不当，量刑畸重。

二审法院认为，原审被告人徐某实施盗窃行为被发现后，为抗拒抓捕而当场使用凶器相威胁，其行为侵犯了公民的人身权利和财产权利，已构成抢劫罪。原审法院以抢劫罪对原审被告人徐某定罪，以及鉴于其系累犯，依法予以从重处罚；有前科、劣迹，酌情予以从重处罚；当庭自愿认罪，赃物已返还，酌情予以从轻处罚均无不当。抗诉机关关于原审被告人徐某的抢劫行为应系犯罪未遂，原审判决认定系犯罪既遂属认定事实错误，导致适用法律不当，量刑畸重的抗诉意见，经查，原审被告人徐某虽携带盗窃的刀具离开两元店，但并未脱离被害人的实际控制，且其最终既未劫取到财物，又未造成他人人身伤害后果，应认定为抢劫未遂，抗诉机关的抗诉意见，有事实与法律依据，予以支持，并据此对原审被告人徐某依法予以从轻处罚。

[疑难之处]

在案件审理中，对被告人的定罪与犯罪完成形态的认定有几种不同的意见：

第一种意见认为，被告人徐某以非法占有为目的，采取秘密手段，窃取他人财物，为抗拒抓捕当场以暴力相威胁，其行为侵犯了公民的财产权利和人身权利，构成抢劫罪。本案中，被告人徐某盗窃的财产数额虽未达到较大，但其为抗拒抓捕而当场以凶器相威胁，且被告人抗拒抓捕的行为系在其携被盗物品已逃离商店时发生的，该行为是被告人在盗窃既遂的情况下为抗拒抓捕而转化的抢劫行为，因此应认定为抢劫既遂。

第二种意见认为，被告人徐某的抢劫行为系转化型抢劫罪无太大争议，但由于所抢财务未脱离物主控制范围，且没有造成轻微伤以上后果，应属犯罪未遂形态，

第三种意见认为，被告人徐某盗窃数额十分微小，且没有造成人身伤害的后果，虽然使用了凶器相威胁，但由于相关司法解释中对于此情节为选择性适用规定，因此可以酌情不以抢劫罪定罪。而且所盗财物尚未脱离物主控制范围，因此对被告人徐某应定以盗窃罪未遂定罪处罚。

上述三种意见的争议焦点在于：一是转化型抢劫罪的定罪标准问题；二是转化型抢劫罪的完成形态认定的问题。

[法理分析]

一、转化型抢劫罪的定罪标准

1979 刑法第一百五十三条中对转化型抢劫罪作出了规定："犯盗窃、诈骗、抢夺罪，为窝藏赃物、抗拒逮捕、或者毁灭罪证而当场使用暴力或者暴力相威胁的，依照本法第一百五十条抢劫罪处罚。" 1997 刑法在刑法条文上继续沿用旧刑法第一百五十三条的规定，除将"抗拒逮捕"改写成"抗拒抓捕"，使语言更具规范性外基本没有变化。但对这一条文的具体应用在理论界和司法实践中都存在很多争议。为了解决相关争议和问题，从 1988 年最高人民法院和最高人民检察院联合作出批复开始，针对此问题，先后由"两高"联合或者最高人民法院或者最高人民检察院单独作出了共五次解释，分别是 1988 年最高人民法院和最高人民检察院首次联合针对转化型抢劫罪作出的《关于如何适用刑法第一百五十三条的批复》（以下简称《88 两高联合批复》），1991 年因四川高级人民法院的请示，最高人民法院研究室作出的《关于盗窃未遂行为人为抗拒逮捕而当场使用暴力可否按抢劫罪处罚问题的电话答复》（以下简称《91 高法电话答复》），2003 年最高人民检察院法律政策研究室关于犯罪特殊主体作出的《关于相对刑事责任年龄的人承担刑事责任范围有关问题的答复》，2005 年最高人民法院为了应对司法实践过程中出现的复杂情况，作出了更加细致全面的《关于审理抢劫、抢夺刑事案件适用法律若干问题的意见》（以下简称《2005 高法意见》），2006 年最高人民法院又针对未成年主体作出的《关于审理未成年人刑事案件具体应用法律若干问题的解释》。目前，司法实践中对转化型抢劫的认定主要以《2005 高法意见》为依据。但该司法解释存在两个问题：第一，对

于转化型抢劫罪前提条件是“罪名”还是“行为”的规定与刑法条文相违背。[①] 第二，对转化的条件规定不明确。解释的主条款与但书的关系不明确，但书仍然是选择性适用规定。解释认为使用暴力手段、方法、程度，情节严重的转化，情节不严重、危害不大的不转化，不按犯罪论处。然而即使危害不大，没有带来损失，但只要满足一些特殊要求，如在公共交通工具上实施行为被发现后，为了继续实现自己目的，对被害人使用暴力进行攻击的，也可以转化。

（一）对转化型抢劫罪的先行行为的认定

1. 刑法第二百六十九条所规定的转化型抢劫罪的先行行为包括盗窃、诈骗、抢夺罪

有观点认为，转化型抢劫罪是一个转化犯，转化犯是构成一个犯罪后，因满足刑法规定的条件，又构成一个新的犯罪，这种转化的前提条件是前罪构成犯罪，只有基础行为满足犯罪构成要件才能向后罪转化，正所谓无前罪就不会有后罪，没有转化的前提不可能完成转化。[②] 然而在《2005 高法意见》中，对于这三个行为的理解却突破了法条的规定，将其解释为三种“行为”。《2005 高法意见》的主条款规定：“行为人实施盗窃、诈骗、抢夺行为，未达到‘数额较大’，为窝藏赃物，抗拒抓捕或者毁灭证据当场使用暴力或者以暴力相威胁，情节较轻、危害不大的，一般不以犯罪论处；……”可以看出，主条款对于这盗窃、诈骗、抢夺的叙述不是刑法条文中的“盗窃、诈骗、抢夺罪”，而是“行为”，这就为但书中第一项的规定留下了适用余地。但书规定：“但具有下列情节之一的，可依照刑法第二百六十九条的规定，以抢劫罪定罪处罚：（1）盗窃、诈骗、抢夺接近‘数额较大’标准的；……”在这里，解释彻底突破了刑法第二百六十九条的规定，认为即使盗窃、诈骗、抢夺的数额尚未达到定罪标准的，仍然可转化为抢劫罪。

---

① 无论是 1979 刑法第一百五十三条还是 1997 刑法第二百六十九条，都规定要构成“罪”才可以转化，前罪是后罪出现的必要前提。《88 年两高联合批复》《91 高法电话答复》《2005 年高法意见》始终运用适当的扩张解释把“前三罪”解释为“三个行为”。在实施了三个行为的基础上，即使没有达到“数额较大”的要求，但为了实现不交出已经到手的赃物，私自窝藏，或因为害怕被抓捕，拒绝被抓捕以及为了销毁罪证，不受法律追究，而对司法人员使用暴力或者进行威胁、恐吓，使司法人员不敢，也不能对其进行抓捕，同时具有当场性与即时性，情节严重的，才能转化。

② 薛进展：《转化犯基本问题新论》，载《法学》2004 年第 10 期。

司法解释明显违背刑法条文规定的现象绝对是不正常与不合理的，是有违罪刑法定基本原则的。我国是成文法国家，由于法律自身的滞后性，需要制定大量的法律解释来应对实践中千变万化的现象，而起主要作用的就是“两高”制定的司法解释。有时为了解决实践中遇到的问题，司法解释偶尔会“踩过界”，突破刑法法条的规定，形成事实上“造法”的现象。产生这种现象的原因是多方面的，在此不再一一展开叙述。回看转化型抢劫的相关司法解释，特别是《2005 高法意见》，我们可以清晰地看出解释制定者的考虑：如果严格按照刑法第二百六十九条的规定来认定转化型抢劫，那么对于未达到盗窃、诈骗、抢夺定罪标准的行为人，为窝藏赃物，抗拒抓捕或者毁灭证据当场使用暴力或者以暴力相威胁，即使造成了严重后果，如致人重伤或死亡，仍然只能认定为盗窃、诈骗或抢夺罪，其后的伤害行为需要另行评价，这样既割裂了行为间的联系，也不利于对犯罪人的量刑，容易造成量刑畸重；同时，考虑到立法原意，刑法之所以将此类转化行为与抢劫罪作相同的评价，就是因为这种转化行为符合抢劫罪的特性，即侵犯了复杂客体，也具有当场性与即时性，因此将其与抢劫罪等同起来。所以不应以先行行为是否构罪为转化前提，而应综合评价全过程，只要满足了抢劫罪的全部要素，即可转化。综上所述，《2005 高法意见》与刑法第二百六十九条之间的冲突，必须以其中一方的修改来解决。根据实践情况和对立法原意的揣摩，似乎修改刑法条文才是最佳选择。

2. 认同《2005 高法意见》对刑法第二百六十九条的突破面临的问题

如果认同了《2005 高法意见》对刑法第二百六十九条的突破，将盗窃、诈骗、抢夺解释为三种行为，那么就必须讨论另一个问题：这三种行为是仅指刑法第二百六十四条盗窃罪、第二百六十六条诈骗罪、第二百六十七条抢夺罪的专门规定，还是包括刑法分则规定的其他类型的特殊对象的盗窃、诈骗、抢夺罪，例如盗窃、抢夺枪支、弹药、爆炸物、危险物质罪？学界对此争论不明。有观点认为以特定对象实施的特殊盗窃、诈骗、抢夺罪可以转化为抢劫罪。而从严格的罪刑法定主义的立场而言，根据我国现行刑法的规定，自然只限定于侵犯财产罪一章所规定的普通盗窃、诈骗、抢夺罪。刑法已经就其他特殊类型的盗窃、诈骗、抢夺规定了单独的罪名和法定刑，使其区别于普通盗窃、诈骗、抢夺的犯罪，认为实施这类行为也可转化为抢劫罪，于法无据，同样是违反罪刑法定主义的。学界还有介于肯定与否定之间的折中说。折中说认为应该具体案情具体分析，不能统一规定，应视具体情况讨论。如果两者是想象竞合关系，可以有条件地转化为抢劫罪，但如果是法条竞合关系，应该按照特殊法与一般法的关系处理。就目前来看，学界没有统一的观点和认识，目前这些说法都不尽合理，存在着比较明显的弊端和漏洞。依据“举轻以明重，举重以明轻”的理念，既然实施性质较轻的普通盗窃、诈骗、抢夺行为可成立转化型抢劫罪，那么实施性质较严重的侵犯公私财物的犯罪，例如盗窃公用电信设施罪等也应可以转化，只有这样才能符合刑法评价体系，符合立法者的原意。但如此一来就要考虑新的问题，有些特殊盗窃、抢夺类型犯罪，在定罪量刑上可能重于抢劫罪的情形。出现这类情况时，按照特殊罪处理更符合罪刑法定原则。例如，盗窃、抢夺枪支、弹药、爆炸物，情节严重的，处十年以上有期徒刑、无期徒刑或者死刑，而抢劫罪只有符合八种特别情形才会有前述的处罚。学说上争论，各有依据，也各有不完善的地方，这会导致在司法适用中，碰到类型案件无法适用的情形出现。这是法条规定的不明确所留下的后遗症，在司法适用时也会因适用者支持的观点不同和理解不同，使得存在判例争议。司法解释存在的目的之一，就是解决司法适用中对法条规定的争议性问题，通过解释的方式作出明确具体的答复，使得司法适用确切统一。而司法解释在处理特殊先行行为是否可以转化时没有明确具体的解决办法，这会造成司法适用的混乱。

在本案中，法院显然是根据司法解释的意见对徐某的行为进行了认定。徐某盗窃数额仅15元，远不够盗窃罪的定罪标准。如果按照刑法第二百六十九条的规定，这种行为无法作为转化型抢劫的先行行为，也就无从转化。然而根据司法解释的规定，即使盗窃数额尚未达到“数额较大”，仍可以通过其他情节对其进行转化。本案中，徐某在盗窃时被发现，为抗拒抓捕而使用凶器相威胁，符合转化条件，因而可以认定为转化型抢劫罪。

（二）对转化标准的认定

1.“情节严重”和“数额较大”的认定

转化型抢劫罪不是罪名，是法律拟制的规定，将本不属于抢劫罪的三种罪因，在满足条件的情况下定为抢劫罪。然而，普通的盗窃、诈骗、抢夺罪的犯罪成立的情节和数额并不能当然地用在转化型抢劫罪中。1997年刑法并未对转化型抢劫列明数额和情节的规定。因为在具体应用中，对数额和情节的量刑的适用存在争论。自《88两高联合批复》规定先行行为虽未达到标准但结合“情节严重”皆可以定转化型抢劫罪处罚后，《91高法电话答复》沿用这一规定，并认为“盗窃未遂”加上“情节严重”也可以转化，《2005高法意见》对入罪情节又作了更加细致、明确的规定。按照我国刑法规定，犯罪情节分为定罪情节和量刑情节。定罪情节又可以分为犯罪基本构成情节和犯罪加重构成情节。情节犯的情况下，犯罪情节作为一种构成要件内容被确定下来，是分则罪状的组成内容，何种行为属于“情节严重”“情节特别严重”是情节犯罪状中隐含的要件内容。而按照我国刑法规定，盗窃罪稍显复杂，不仅是数额犯同时还可以是情节犯、行为犯，而诈骗、抢夺罪的成立并不以“情节严重”作为基本构成，“情节严重”只是其加重构成。因而制定司法解释时必须根据具体行为的社会危害性，判断行为是否属于构成要件内容中的“情节严重”“情节特别严重”，将某种行为属于“情节严重”“情节特别严重”这一隐含要件内容进行明确化和具体化。《2005高法意见》仅列明了“数额较大”，但数额较大的具体标准和数额是多少，没有说明。如果把“数额较大”理解为此数额的标准是按照盗窃、诈骗、抢夺罪的每个具体单个罪名的数额来定。这样一来，相同的金额，不同的方式，其结果是不同的。有可能不转化为抢劫罪，有可能转化后量刑相差很大。这不利于对被告人权利的保护，正义的实现。如果把“数额较大”理解为，此数额的标准是转化型抢劫罪的标准，刑法第二百六十九条并没有数额的规定，那就要考虑是否要重新创设一个数额标准，可以笼统地对盗窃、诈骗、抢夺作出评价。同时，《2005 高法意见》中但书规定：“但具有下列情节之一的，可依照刑法第二百六十九条的规定，以抢劫罪定罪处罚：（1）盗窃、诈骗、抢夺接近‘数额较大’标准的；……”此处“接近”的规定十分不规范，接近与否的标准如何确定？假设涉案数额达到“数额巨大”标准的50%或80%是接近，那么与49%与79%又有多大差别？司法解释中存在如此不科学的规定实在令人费解和难堪。转化型抢劫罪作为一个转化犯，刑法条文规定不明确，司法解释又在运用解释原理时对数额和情节没有给出具体规定，给适用带来困难。

本案中，徐某盗窃的水果刀价值仅 15 元，远达不到数额较大标准，对此应无争议。徐某在抗拒抓捕的过程中，掏出随身所带弹簧刀相威胁，符合以凶器相威胁的情节，根据司法解释的规定，符合了转化条件。

2. 适用转化情节的必要性

应该说，《2005 高法意见》的主条款是一个例外规定，即规定在什么情况下不作为转化型抢劫处理。而但书条款又是例外的例外，即在什么情况下可以排除前述规定而仍然以转化型抢劫定罪。如此“例外的例外”的规定，本就十分复杂，却还是个选择性适用规定：“但具有下列情节之一的，可依照刑法第二百六十九条的规定，以抢劫罪定罪处罚……”换言之，法官在此时有很大的自由裁量权。如果不具有但书中的情节，当然不能转化，即使具备了相应情节，理论上讲也是可以不转化的。在海南省琼海市人民法院审理的李某抢劫案中，被告人李某因吸毒成瘾，为筹措毒资，在华美商店对面观察被害人停放在该商店门口的一辆未锁安全锁的二轮摩托车，趁无人注意之机迅速用手拔断该摩托车电源线，将该车推离现场约5米，然后骑上该摩托车准备启动逃离现场。当场被现场群众刘某发现并追赶，被告人李某于是将该摩托车放倒在地上，然后对着刘某的手臂连打几拳，迫使刘某松手后逃走，随后被周围群众追赶并抓获。经鉴定，涉案的摩托车价值人民币416元。此案经过审理，法院认定被告人李某在本案中盗窃的财物价值未达到或接近“数额较大”，又未致被害人轻微伤以上后果，不符合《2005高法意见》规定的转化抢劫罪情形，该行为仅属一般盗窃行为，不认定为抢劫罪。在此案中，犯罪人李某所盗财物价值416元，法院认定为未达到或接近“数额较大”，同时也不具备其他严重情节，因而认定李某的行为仅属一般盗窃罪，不构成转化型抢劫。再看本案，被告人徐某与上述案例中李某相比，所盗财物价值更小，也未造成被害人轻微伤以上后果，区别仅在于徐某使用凶器相威胁。此时法院是否必须对徐某认定为转化型抢劫存在可商量的余地。由上述可知，司法解释对满足转化条件后仍规定为选择性适用的“可依照刑法第二百六十九条的规定，以抢劫罪定罪处罚……”，说明解释制定者在此处留下了回转的余地，交由法官自由裁量是否应当转化。

本案由于徐某为累犯，人身危险性较强，因而法院认定其构成转化型抢劫无可厚非。

二、转化型抢劫罪的完成形态的认定

转化型抢劫罪由于自身的特殊性，对其犯罪完成形态的认定一直存在争议，具体而言有以下四种观点：

第一种观点认为，转化型抢劫罪作为法律上拟制的罪名，它的既未遂应以是否满足法律所规定的转化要件为标准。即只要行为满足了盗窃、诈骗、抢夺这三种先行行为，同时又有为窝藏赃物、抗拒抓捕或者毁灭证据当场使用暴力或者以暴力相威胁情节的，即视为既遂。此观点认为根据立法本意，转化型抢劫罪一经转化就既遂，根本不存在未遂形态。行为人一旦当场使用暴力或以暴力相威胁，其转化行为同时完成，犯罪性质立刻转化为抢劫罪既遂。

第二种观点认为，判断转化型抢劫罪的既未遂应以它的先行行为的既未遂为依据。即只要先行的盗窃、诈骗或抢夺行为既遂，则转化后的抢劫行为也应既遂，如先行行为未遂，则转化后的抢劫也为未遂。简言之，先前既遂则事后既遂，先前未遂则事后未遂。

第三种观点认为，确定转化型抢劫罪的既未遂标准应考察窝藏赃物、抗拒抓捕、毁灭罪证的目的是否得逞。即如果行为人完成了窝藏赃物、抗拒抓捕或毁灭罪证的行为，且达到了相应的目的，则视为转化型抢劫罪的既遂，否则反之。

第四种观点认为，应区分转化型抢劫罪的成立标准与既未遂标准。既然转化型抢劫罪被拟制为抢劫罪，那么它的既未遂标准就应该与抢劫罪的既未遂标准保持一致。根据《2005 高法意见》第十条规定，抢劫罪侵犯的是复杂客体，既侵犯财产权利又侵犯人身权利，具备劫取财物或者造成他人轻伤以上后果两者之一的，均属抢劫既遂；既未劫取财物，又未造成他人人身伤害后果的，属抢劫未遂。

经过比较我们可以看出，第四种观点更为合理。第一种观点认为转化型抢劫罪成立即既遂，混淆了转化型抢劫罪的成立标准与既遂标准，显然是错误的，与其侵犯复杂客体的特性不符。第二种观点将转化型抢劫罪的先行行为的既未遂与转化后的抢劫行为捆绑在一起，忽略了转化型抢劫罪本质上是抢劫罪的特质，仅以单一标准来确定转化型抢劫的既未遂，不尽合理。先行行为的既未遂与转化后的抢劫行为的既未遂有很大关联性，一般来说，先行行为既遂，转化后的抢劫也既遂，然而先行行为未遂时，转化后的抢劫仍可以是既遂。这是由抢劫罪侵犯复杂客体的特性所决定的。第三种观点认为应以窝藏赃物、抗拒抓捕、毁灭罪证的目的是否得逞为判断转化型抢劫罪既遂的标准，将转化型抢劫罪变为了单纯的目的犯，割裂了事后行为与先前行为的联系，显然不可行。转化型抢劫罪作为法律的拟制，刑法法条和相应司法解释的规定是该罪成立与否的标准。对转化型抢劫罪既未遂的认定，应分两步走。第一步先依据刑法第二百六十九条和《2005 高法意见》的规定确定转化型抢劫罪的成立，成立以后，先行行为便转化为了抢劫行为，此时应以抢劫罪视之。因而第二步就需以抢劫罪的既遂标准来确定转化型抢劫罪的既未遂。由于抢劫罪侵犯的是复杂客体，既侵犯财产权利又侵犯人身权利，只要具备劫取财物或者造成他人轻伤以上后果两者之一的，均属抢劫既遂。

在本案中，被告人徐某盗取水果刀一把，但尚未离开商店即被发现，水果刀没有脱离物主控制范围，此时其盗窃行为应属未遂；而后徐某以凶器相威胁，符合转化条件，盗窃行为转化为抢劫罪。在转化后，徐某先前盗取的水果刀转化为所抢之物，此时水果刀仍未脱离物主控制范围，而且徐某也未造成被害人轻伤以上后果，不符合抢劫罪的既遂标准，因此应认定为抢劫罪未遂。

［结论归纳］

综上，徐某实施盗窃行为被发现后，为抗拒抓捕而当场使用凶器相威胁，其行为侵犯了公民的人身权利和财产权利，符合转化型抢劫罪的定罪标准，应认定为抢劫罪。但通过对相关刑法法条和司法解释的分析，可以看出刑法第二百六十九条与《2005 高法意见》相关规定存在冲突。为了更好地处理转化型抢劫罪案件，应修改刑法第二百六十九条的相关规定，明确先行行为是行为而不是罪名，明确“数额较大”的标准等。检察机关关于徐某的抢劫行为应系犯罪未遂，原审判决认定系犯罪既遂属认定事实错误，导致适用法律不当，量刑畸重的抗诉意见是正确的。对转化型抢劫罪既未遂的认定，应区分犯罪成立条件与犯罪既遂条件。转化型抢劫罪作为拟制的抢劫罪，其既遂标准应与刑法第二百六十三条抢劫罪的既遂标准保持一致。

借用手机后偷偷溜走的行为如何定性

——于某江盗窃案

黄 杰[*] 周媛媛[**]

［基本案情］

2009年8月15日18时许，被告人于某江与景某、杨某等人到北京市房山区河北镇口儿村景某家吃饭。当晚21时许，被告人于某江为窃取放置于景某家卧室的杨某等人的财物，借口自己手机没电向景某借用手机后，进入景某家的卧室，窃取杨某放于卧室的钱包内的人民币6600余元和诺基亚7500型手机后偷偷溜走，并乘出租车逃跑。后景某等人发现于某江许久未归，给于某江打电话让其快回去吃饭时，于某江在电话中表示打完电话马上就回去。后于某江将手机关机，景某等人发现杨某现金及手机被盗，遂报案。后经鉴定，景某的诺基亚牌N93I型手机价值人民币776元、诺基亚牌7500型手机价值人民币744元。

公安机关以于某江涉嫌盗窃罪向检察机关移送审查起

* 北京市房山区人民检察院公诉一处处长，检察委员会委员。

** 北京市房山区人民检察院公诉一处副处长，检察员。

诉，认定的盗窃数额不包括以借打手机之名窃取的手机。经审查，检察机关以于某江涉嫌盗窃罪向法院提起公诉，认定的盗窃数额包含以借用景某手机之名窃取的手机。庭审中，被告人于某江对于将该手机计入盗窃数额提出异议。最终，法院判决被告人于某江犯盗窃罪，判处有期徒刑三年十个月，并处罚金。其盗窃数额采纳了北京市房山区人民检察院起诉时认定的数额。

[疑难之处]

为窃取其他财物，以借用手机为借口又偷偷溜走的行为该如何定性？（排除该手机价值因素，从行为性质上探讨该行为的定性问题。）

第一种意见认为，该行为构成侵占罪。理由是，于某江以打电话为借口，借用景某的手机，景某基于借手机的意思表示将手机交给于某江占有，二人形成民事上的委托关系，于某江是景某手机的代为保管者，后于某江又将此保管物据为己有，是将代为保管的他人财物非法占为己有，且当景某打电话催促于某江归还手机时，于某江继续编造谎言拖延时间，并借机溜走，属于拒不退还，故应构成侵占罪。

第二种意见认为，该行为构成诈骗罪。理由是，于某江谎称自己手机没电，以借打电话为借口，借用景某的手机，进入卧室后，趁他人不备偷偷溜掉，当景某多次打电话催促于某江尽快返还时，于某江仍然佯装正在打电话，并称马上就打完电话，并立刻返回。景某信以为真，而当景某等人发现杨某放在卧室包内的现金丢失时才报警，这一系列过程符合诈骗罪的特征。原因如下：于某江在主观上具有非法占有的目的，客观上采取了一系列虚构手机没电、借电话进入卧室打电话以及隐瞒已经溜走的真相，谎称很快归还手机的行为，结果上骗取了景某的手机。

第三种意见认为，该行为构成盗窃罪。理由是，于某江在持有了景某手机后，乘人不备，以秘密窃取的手段非法占有景某的手机，先前的谎言是为了能够拿到景某的手机并顺利进入卧室，事后编造很快归还手机是为了盗窃既遂后，使自己得以顺利脱身的计谋，因此于某江的行为特征更符合盗窃罪特点。

[法理分析]

盗窃罪和侵占罪、诈骗罪是侵犯财产罪中的传统犯罪，刑法理论及司法实践对典型意义上的此类犯罪的认定一般不太会产生争议。但如果在犯罪活动中既有盗窃行为又有诈骗行为时，行为人取得财物的手段又有表面上的合法性时，不管是刑法理论还是司法实践都对此存在一定的争议。因此，正确区分三罪具有极大的理论价值及实践意义。

盗窃罪是指以非法占有为目的，秘密窃取公私财物，数额较大，或者多次盗窃、入户盗窃、携带凶器盗窃、扒窃公私财物的行为。① 根据刑法第二百七十条规定，侵占罪，是指将代为保管的他人财物非法占为己有，数额较大，拒不退还的，或者将他人的遗忘物或者埋藏物非法占为己有，数额较大，拒不交出的行为。其中“代为保管”须理解为受委托而占有他人的财物。两罪有明显不同的侵害客体，然而当以实际持有物品作为“代为保管”的行为特征时，一部分代为保管行为与他人的占有相重叠，导致盗窃罪与侵占罪难以区分。

诈骗罪是指以非法占有为目的，用虚构事实或者隐瞒真相的方法，骗取公私财物，数额较大的行为。② 诈骗罪（既遂）的基本构造行为：行为人实施欺骗行为——对方（受骗者）产生（或继续维持）错误认识——对方基于错误认识处分财产——行为人或者第三者取得财产——被害人遭受财产损失。盗窃罪与诈骗罪之间具有相互排斥的性质，而当行为人实施了欺骗的行为，并取得了财物，就形成了盗窃罪与诈骗罪之间的交叉。

在司法实践中，以骗的手段暂时合法地持有了他人财物，又以秘密窃取的手段将财物据为己有的行为兼有盗窃罪、侵占罪和诈骗罪的部分特征，究竟该如何定性？分析如下：

一、本案不构成侵占罪

判断财物由谁占有、是否脱离占有，是区分盗窃罪与侵占罪的关键。

占有是指事实上的支配，不仅包括物理支配范围内的支配，而且包括社会观念上可以推知财物的支配人的状态。只要是在他人的事实支配领域内的

① 高铭暄、马克昌主编：《刑法学》，北京大学出版社、高等教育出版社 2011 年版，第 504 页。

② 高铭暄、马克昌主编：《刑法学》，北京大学出版社、高等教育出版社 2011 年版，第 508 页。

财物，即使是他人没有现实地握有或监视，也属于他人占有。① 因此，是否属于占有，以及我们判断物品是否转移占有，不能仅从外形上看是否转移。

本案中，于某江与景某等人同处一个相对封闭的院落内，厨房与卧室相互连通，于某江借用景某手机后，以厨房人多说话声吵为由进入旁边的卧室，虽然此时于某江持手机已经脱离景某的视线，但实际上于某江与景某等人仍然同处景某的家中。故此时，虽然于某江是手机的暂时持有人，景某并未现实地手中握有手机，或者对于某江进行监视，但从社会观念上可以推知景某仍然对在自己家中被于某江暂时使用的手机具有支配状态，该手机也应为景某占有而非于某江占有。不能机械地认为，只要行为人将他人财物拿在手上就占有了他人财物，只有当行为人实际上能够支配财物时，才能认定为占有了他人的财物。于某江编造谎言诱使景某将手机暂时交由于某江使用，景某并非将手机转移占有，也不是将手机委托于某江占有，而是景某对手机的占有迟缓，景某并没有处分自己的手机。因此，不能认为，在卧室暂时借用景某手机的于某江占有了景某的手机，在这种情况下，能够事实上支配景某手机的是景某而非于某江，故于某江偷偷溜走非法取得景某手机的行为不构成侵占罪。

二、本案不构成诈骗罪而构成盗窃罪

日本学者平野龙一指出："交付行为的有无，划定了诈骗罪与盗窃罪的界限。被害人交付财物时是诈骗罪而不是盗窃罪，被害人没有交付财物时，即行为人夺取财物时是盗窃罪。诈骗罪与盗窃罪处于这样一种互相排斥的关系，不存在同一种行为同时成立诈骗罪与盗窃罪，二者处于观念竞合关系的情况。"于是，可以得出以下结论：在行为人已经取得财产的情况下，诈骗与盗窃的关键区别在于受骗者是否基于认识错误而处分财产。②

因此，笔者认为可以从以下几个方面予以比较，一是行为人是否实施了足以使对方产生处分财产的认识错误的欺骗行为，二是受骗人是否基于此错误认识在处分财产的意识下实施了处分财产的行为，三是欺骗行为是否是行为人取得财产的直接原因。

---

① 张明楷：《论盗窃罪、侵占罪、诈骗罪之间的关系（上）》，载张仲芳主编：《刑事司法指南》2009 年第 1 集，法律出版社 2009 年版，第 43 页。

② 张明楷：《刑法学》，法律出版社 2011 年版，第 897 页。

（一）于某江编造谎言的行为不足以使景某产生处分财产的错误认识

诈骗罪中的欺骗行为，必须是使他人（受骗者）陷入或者持续维持（或强化）处分财产的认识错误的行为。如果行为人实施了某种“欺骗行为”，但其内容不是使对方做出财产处分行为，便不属于诈骗罪中的欺诈行为。换言之，诈骗罪的欺骗行为，是作为取得财物、财产上利益的手段而实施的，故必须有使受骗者实施交付或者其他财产处分行为的欺骗行为。①

本案中，于某江谎称自己手机没电，借用景某手机进入卧室“打电话”初衷是以此为借口进入卧室，窃取杨某包内的现金，而景某陷入错误认识的内容是于某江手机没电需要打电话，而不是基于该错误行为将手机“交付”给于某江占有（关于此时于某江不是受委托而占有手机在前文已有论述）。因此，虽然于某江在行为过程中实施了欺骗行为，但于某江编谎话找借口是为秘密窃取行为做准备，而得手之后继续编借口称打完电话很快回去的行骗行为是盗窃成功后的掩护，其欺骗行为仅是从行为，不足以使景某真正产生处分财产的错误认识，此欺骗行为不是使景某引起错误认识并基于该错误认识实施交付或财产处分的行为。

（二）景某将手机借给于某江暂用的行为并非在处分财产的意识下实施的处分财产的行为

我国刑法理论界通说认为，受骗者的处分（交付）行为是构成诈骗罪必不可少的条件。既然处分（交付）行为是诈骗罪成立必不可少的要件，那么怎样的行为才能被认定为诈骗罪成立要件的处分（交付）行为呢？目前存在两种观点，一种观点是实质上的处分（交付），认为诈骗罪的处分（交付）行为以受骗人具有“转移占有”意思为必要；另一种观点是形式上的处分（交付），认为只要受骗人基于错误认识对财产事实上作出了交付行为，就可认定为交付，无须受骗人有转移占有的意思。这一问题实际上与处分（交付）行为是否要有处分（交付）意思有关。

即受骗者处分财产的行为，必须要有处分（交付）的意思表示。本案

① 张明楷：《论盗窃罪、侵占罪、诈骗罪之间的关系（上）》，载张仲芳主编：《刑事司法指南》2009年第1集，法律出版社2009年版，第48页。

中，于某江谎称自己手机没电，借用景某手机进入卧室“打电话”，并借机溜走，显然不成立诈骗罪，虽然景某受骗了，但他并没有因受骗而将手机转移给于某江的处分行为及处分意识，其行为不应视为自愿处分财产的行为。在此情况下，根据一般社会观念，该手机仍应由景某占有和控制。而假如本案的于某江对景某称自己手机坏了，借景某的手机使用几天，买到新手机后再还，若此时景某同意，将手机交付给于某江使用，最终于某江将该手机占为已有，则应认定此时景某具有将自己手机转移给于某江支配与控制的意识和行为，于某江的行为则符合诈骗罪的犯罪构成。

（三）欺骗行为并非非法占有财产的直接原因，对取得财物起关键作用的是秘密窃取的行为

德国刑法理论一般认为，处分行为必须是导致被害人财产损害的直接原因，即被害人的财产损失必须直接产生于处分行为，即处分行为本身导致财物与财产性利益的直接转移。因为在诈骗罪中，财物或者财产上利益的取得限于基于被害人认识错误的行为，行为人直接取得的场合。被害人虽然形式上将财产转移给行为人，但根据社会一般观念，该财产仍由被害人占有时，行为人通过进一步的违法行为非法占有该财产的，因为不符合直接性要件，不能认定有处分行为。①

本案中，于某江谎称手机没电，暂时借用景某的手机从厨房进入卧室“打电话”的行为本身不可能直接造成景某手机的丧失，而此时景某未丧失对手机的占有，仅此行为景某也可不能丧失对手机的控制。而实际上，景某此时也并未产生将手机转移给于某江支配与控制的处分意识及处分行为。根据社会一般观念，于某江虽然拿着景某的手机，但实际上并未占有景某的手机，而是于某江通过事后的“偷偷溜走”行为，即以秘密手段窃取的行为，才使景某丧失对该手机的支配与控制。如果认定于某江的行为属于诈骗，则于某江用手接到景某的手机的瞬间即构成了诈骗罪既遂，即使于某江放弃原有想法，将手机返还给景某也只属于诈骗后的返还财产行为，恐怕无法让人接受。故于某江是通过欺骗手段之外的秘密窃取行为才完成了对该手机的非法占有行为，故于某江应认定为盗窃罪。

① 参见张明楷：《论盗窃罪、侵占罪、诈骗罪之间的关系（上）》，载张仲芳主编：《刑事司法指南》2009年第1集，法律出版社2009年版，第42页。

[结论性意见]

以欺骗的手段暂时合法地持有了他人财物，又以秘密窃取的手段将财物据为己有的行为认定兼有盗窃罪、侵占罪和诈骗罪的部分特征，其犯罪性质的认定应取决于取得财物的关键手段。首先，判断财物由谁占有、是否脱离占有，是区分盗窃罪与侵占罪的关键。如果物主并无转移占有的意思，即使行为人实际持有该财物，但也不属于占有，至多属于辅助占有者的地位。其次，在欺骗与盗窃行为兼有的犯罪行为中应从三个方面判断取财的关键：一是行为人是否实施了足以使对方产生处分财产的认识错误的欺骗行为，二是受骗人是否基于此错误认识在处分财产的意识下实施了处分财产的行为，三是欺骗行为是否是行为人取得财产的直接原因。

伪证罪与包庇罪的界分

——张某为他人交通肇事顶罪案

张晓明*

[基本案情]

2009年10月28日晚22时05分许，沈某驾驶一辆轿车，在临杭线杭州市余杭区运河镇繁荣路路口由南向北行驶时，由于为让右方道路的来车先行，与覃某驾驶由东向西行进的摩托车发生碰撞，造成覃某重伤。事发后，沈某立即驾车逃离现场。经交警部门认定，沈某对该起事故负全部责任。次日早晨7点左右，即2009年10月29日，沈某找到自己雇佣的员工张某，让张某顶替其去公安机关报案“自首”，并作出承诺：万一进去，工资照发，出来后再给一笔补偿。张某在明知沈某交通肇事后逃逸的情况下，仍然选择到公安机关作假证明：谎称自己是该起事故的肇事者。侦查人员对其供述产生怀疑，经教育，张某供认了其受被告人沈某指使而作假证明的事实。

2009年11月16日，沈某在亲友的陪同下，到公安机关投案，并如实供述了自己交通肇事的事实。此后，沈

* 北京市朝阳区人民法院书记员，法学硕士。

某积极赔偿被害人覃某各项经济损失人民币达20余万，并取得了对方谅解。

杭州市余杭区人民检察院指控被告人沈某犯交通肇事罪、妨害作证罪，被告人张某犯包庇罪，向余杭区人民法院提起公诉。两被告对指控的事实无异议。杭州市余杭区人民法院依法对本案作出判决，判处被告人沈某交通肇事罪，被告人张某包庇罪。俩被告依法提起上诉。2010年9月，浙江省杭州市中级人民法院经过审理，依法作出终审判决：被告人沈某犯交通肇事罪，判处有期徒刑一年四个月。被告人张某犯包庇罪，判处有期徒刑八个月。

[疑难之处]

本案在审理的过程中，围绕着俩被告沈某、张某，存在着两大争议点：一是被告人沈某肇事后逃离现场是否构成“逃逸”，其找被告人张某代其顶罪的行为是否构成“妨害作证罪”，以及其事后到公安机关投案、如实供述相关事实能否成立“自首”；二是被告人张某受被告人沈某嘱托代其顶罪的行为构成何罪，是伪证罪，抑或是包庇罪？

由于笔者想着重探析下伪证罪与包庇罪之间的区分界限，所以本文选取的研究对象是张某为沈某交通肇事顶罪这个行为，即张某在明知被告人沈某交通肇事逃逸的前提下，仍到公安机关作假证明谎称自己是肇事者，企图顶替沈某承担责任的行为。从事实层面，张某这一顶罪行为可以认为是“作伪证”。那么，张某“作伪证”的行为是属于“伪证罪”之“作伪证”的行为，还是属于“包庇罪”之“作假证明包庇犯罪分子犯罪事实”，使其逃避法律追究的行为？结论不同，被告人张某行为的定性处罚也就不同。

[法理分析]

本案中，被告人沈某是该起交通事故的肇事者。被告人张某的行为是，明知被告人沈某交通肇事逃逸，仍到公安机关作假证明谎称自己系驾车肇事者，企图顶替沈某承担责任。根据我国刑诉法规定，“凡是知道案件情况的人，都有作证的义务。”① 本案中，肇事者沈某和张某达成“协议”，让张某代其顶罪，显然，张某是知道案件真实情况的人。因此，被告人张某作为知晓案件真实情况的人，依法负有作证的义务，而且是如实作证的义务。但

① 刑事诉讼法第六十条第一款规定：“凡是知道案件情况的人，都有作证的义务。”

张某却违背这一义务要求，故意作虚假证明，意图隐匿被告人沈某交通肇事之事实，蒙蔽司法机关，使沈某逃避法律制裁。如前所述，张某顶罪行为从事实角度上，可以认为是一种作假证的行为。对张某顶罪行为进行定性，是符合“伪证罪”之“作伪证”特征，还是符合“包庇罪”之“作假证明包庇犯罪分子犯罪事实”特征？结论不同，则张某要承担的罪责不同。要解决这一问题，需要从理论角度对伪证罪和包庇罪的构成特征进行探讨。

一、关于张某的行为是否构成伪证罪的分析

刑法第三百零五条规定了伪证罪。伪证罪，是指在刑事诉讼中，证人、鉴定人、记录人、翻译人等对与案件有重要关系的情节，故意作虚假证明、鉴定、记录、翻译，意图陷害他人或者隐匿罪证的行为。

该罪的客观方面表现为对与案件有重要关系的情节，证人作虚假证明，鉴定人作虚假鉴定，翻译人作虚假翻译，记录人作虚假记录的行为。该罪只能发生在刑事诉讼中，即如果证人在民事诉讼过程中违背案件事实，作虚假证明，则不构成本罪。本罪的犯罪主体为特殊主体，即只有证人、鉴定人、翻译人、记录人方可构成本罪。犯罪的主观方面为故意，即“明知故犯”，且具有意图陷害他人或者隐匿罪证的目的。

伪证罪的犯罪主体是特殊主体，只能是证人、鉴定人、翻译人、记录人。本案中，张某要成立伪证罪，不可能是鉴定人、记录人、翻译人，只可能是证人。根据我国刑事诉讼法，张某依法被侦查机关逮捕，成为犯罪嫌疑人，进入审判程序，则为被告人。张某和沈某共同为本案的犯罪嫌疑人、被告人，是同案犯。作为沈某的同案犯，张某是否属于“证人”，我们需要解决关于证人范围的几个争议问题。

（一）关于证人范围的观点综述

关于证人的范围，我国刑法学理论界存在一定的争议，具体来说，主要有以下几种观点：

第一种观点认为，“这里的证人，应当包括当事人，鉴定人”。① 第二种观点认为，“这里的证人应作扩大解释，既包括知道案情真相的人，也包括

① 参见敬大力：《刑法修订要论》，法律出版社1997年版，第246页。

当事人、鉴定人”。[①] 第三种观点认为，“本罪的证人泛指他人”。[②] 第四种观点认为，此处的“证人”不能作扩大解释，只能是知道案件情况、依法向司法机关提供书面证言或者口头证言的人。[③] 第五种观点认为，尽管从应然角度证人应包括被害人，但从实然角度不能包括被害人，只指证人，但证人除了有明示证人（了解案件情况向司法机关作证的人）外还有“潜在证人”，即知道案件情况但尚未向司法机关作证之人。[④]

（二）观点评析

对以上五种观点进行简单的评述：观点一、二认为当事人也可以作为证人，显然是违背证人之非利害关系人的特征，且与证人证言并列的证据中有被害人陈述这一项，显然是将证人与被害人是作为并列来处理的。观点五认为，证人包括一些“潜在证人”的观点，显然将证人的范围大大地扩大了，证人在诉讼过程中的意义在于提供证据，再现案件事实，而证人证言仅仅在被引入到诉讼过程中才被视为证据，因此作为证据之一的证人证言也只有在证人向司机机关供述时方可称为证据，因此，观点五认为有脱离司法机关的“潜在证人”的观点是不正确的。观点三认为证人是泛指他人，显然范围过宽，不够准确。相对来说，观点四有一定的合理性，即认为对证人不应作扩大解释，将当事人、鉴定人、勘验人排除在证人的范围之外，具有合理性。再者，上述几种观点从宏观上划清了证人的范围，并未从微观上解决知道案情的同案犯向司法机关提供案情的时候，是否可以成为证人的问题。据此，关于同案犯是否能成立证人也有不同的观点。

（三）同案犯是否属于证人

关于同案犯能否互为证人这一问题，存在争议，观点如下：

第一种意见认为，同案被告人之间不能互为证人；第二种意见认为，同案被告人检举揭发彼此的犯罪事实，实际上他们也是就自己所了解的有关案情事实向司法机关进行陈述，与其他证人的证人证言作用是一致的，故可视

① 参见李希慧：《妨害社会管理秩序罪新论》，武汉大学出版社 2001 年版，第 239 页。

② 参见李培泽：《新刑法适用》，警官教育出版社 1997 年版，第 454 页。

③ 参见李三宝、祖铁军：《罪名适用新解》，中国人民公安大学出版社 2003 年版，第 657 页。

④ 参见黄京平：《妨害证据犯罪新论》，中国人民大学出版社 2007 年版，第 114 页。

为证人；第三种观点认为，同案被告人原则上不能互为证人，但在特殊情况下或在一定条件下，可以成为证人。[①] 有学者基本上同意第三种观点，认为在此问题上应当具体分析，区别对待。证人是通过诉讼外途径了解案情的第三人，具有相对中立性。被告人能否成为证人，关键不是看程序上是否同案审理，而应当看被告人在实体上是否存在共同犯罪关系，即被告人就其他共犯共同犯罪的事实所作陈述时，由于共犯之间罪责相关，故他不具备案外第三人的客观立场，不能成为证人；其虚伪陈述亦不必负伪证罪之罪责。但若是被告人就其他共犯非共同犯罪事实所作的陈述，则应视为证言。这是因为被告人摆脱了实体上的共犯关系，其陈述的客观真实性较大，具备了证人的特点和要求。[②]

（四）本案中的张某是否属于证人

综上所述，证人应当是那些知道案件情况，依法向司法机关供述的与案件没有直接利害关系的第三人。据此定义，本案中，被告人张某已经从被告人沈某那里知道了案件的真实情况，这符合知道案件情况的特征。但张某同时与沈某有约定，如果其成功地替沈某顶罪，将获得一定的报酬，从这一角度看，被告人张某与沈某的利益息息相关。沈某指使张某去顶罪，如果张某顶罪成功，则沈某则逃避了法律的追究，张某获取一定报酬；如果张某顶罪失败，则两者都会受到法律的追究。因此，张某与沈某之间存在着一定的利益关系，不符合“与案件没有直接利害关系的第三人”的特征。因此，张某不可以被视为沈某交通肇事一案的证人。

综上，伪证罪的犯罪主体只能证人、鉴定人、翻译人、记录人，本案被告张某不可能是鉴定人、记录人、翻译人，经过分析，也不是证人。故，被告人张某顶罪而作假证的行为，不符合伪证罪的主体要求，依法不构成伪证罪。

二、关于张某的行为是否构成包庇罪的分析

被告人张某明知沈某为犯罪人，而作虚假证明掩盖沈某犯罪事实的行为

---

① 参见崔敏：《刑事证据理论研究综述》，中国人民公安大学出版社1990年版，第141页。

② 参见闵春雷：《伪证罪主体研究》，载《国家检察官学院学报》2001年第2期。

也符合包庇罪的构成特征。因此，对被告人张某也可以以包庇罪来追究其刑事责任。

刑法第三百一十条规定了包庇罪。包庇罪，是指明知是犯罪的人，而为其作假证明包庇其犯罪事实的行为。该罪的客观方面表现为：为犯罪分子作假证明掩盖其犯罪事实的行为。该罪的主体为一般主体。主观方面为故意，即行为人明知对方为犯罪分子，而为其作虚假证明。① 具体而言，对包庇罪进行准备把握，需要弄清楚几个理论问题：一是何为明知，二是何为犯罪的人，三是伪造证据是否属于包庇行为。

（一）何为明知

对于“明知”的理解，主要存在以下几种观点：

第一，“明确说”。该观点认为，只有在明知是犯罪的人并基于自己的意愿对其实施包庇的，才具备本罪的主观方面。因此，这里的“明知”，是指认识到自己包庇的人实施了刑法规定为犯罪的行为。②

第二，“可能说”。该观点认为，所谓“明知”，是指行为人确切知道或者可能知道对方是犯罪的人，并不要求行为人对对方犯了罪主观是确知，只要根据具体情况推定他可能知道就可以认定明知。③

此外，还存在一种观点认为，基于本罪的特点，被窝藏和包庇的对象大多是尚未经过法院判决而潜逃在外的犯罪嫌疑人，在行为人对其实施窝藏或包庇前，往往只能根据自己所能感知的客观事实，判断他人是否为犯罪的人。至于认知标准，不应过分苛求人们达到公安机关的警觉程度，而应当以一般人的认识能力为标准，适当考虑行为人本人的认知能力，从行为人所感知的事实的角度，对行为人是否明知作出“不枉不纵”的判断。④

笔者认为，对包庇罪“明知”的理解要结合包庇罪的立法精神，立法者将行为人包庇犯罪的人犯罪事实，意图使其逃避法律追究的行为规定为包庇罪的目的在于保护正常的司法秩序，将有罪的人及时地绳之于法。因此，对那些帮助犯罪的人逃避法律追究的人予以处罚，使得他们对那些犯罪的人

① 参见王作富：《刑法》，中国人民大学出版社 1999 年版，第 492 ~ 495 页。

② 参见赵秉志：《新刑法教程》，中国人民大学出版社 2001 年版，第 731 页。

③ 参见李希慧：《妨害社会管理秩序罪新论》，武汉大学出版社 2001 年版，第 259 页。

④ 参见苏凯：《窝藏、包庇罪若干问题探析》，载《武汉公安干部学院学报》2007 年第 1 期。

不敢予以帮助，这也惩罚了包庇行为的社会危害性；另一方面，也惩罚了行为人的主观恶性，明知是犯罪的人，与国家的法律背道而驰，帮助犯罪的人逃避法律的追究。因此，如果将行为人不知道或者可能知道对方为犯罪的人也予以处罚的话，则无疑扩大了刑法的打击范围，不利于人权的保护；且“可能知道”的标准不够明确，增大了司法擅断的风险，有违罪刑法定之明确性的要求。因此，对“明知”的理解，笔者支持第一种观点即“明确说”。即按照行为人当时所处的客观条件，结合行为人的特殊情况，只有在行为人明确地确定被包庇的人为犯罪的人，才符合本罪的主观方面。在这种情形下，行为人还对其予以包庇，就符合包庇罪的构成特征，依法对其追究包庇罪。

（二）何为犯罪的人

对“犯罪的人”理解，主要有以下几种观点：

第一种观点认为，“犯罪的人”必须是触犯刑法实施了犯罪行为的人，既包括犯罪之后潜逃在外、尚未被司法机关发觉的人或未缉拿归案的犯罪分子，也包括已被拘留、逮捕、判刑劳改，而后越狱逃跑的犯罪分子。至于，他们犯的何罪，可能判处的刑罚不定，则不影响本罪的成立。但，在量刑时，可以作为重要情节给予考虑。如果包庇的对象不是实施了犯罪行为的人，而是只有一般违法行为、尚不构成犯罪的人（如劳教人员和行政拘留人员），则不构成本罪。①

第二种观点认为，“犯罪的人”应包括真正的犯罪人和正在受侦查、追诉的犯罪嫌疑人、被告人，而不以经过有效判决确定有罪为必要。②

第三种观点认为，对“犯罪的人”应在普通用语的意义上理解。已经被法院作出有罪判决的人，已被公安机关、司法机关依法作为犯罪嫌疑人、被告人而成为侦查、起诉对象的人（即使事后被法院认定无罪），暂时没有被司法机关作为犯罪嫌疑人，确实实施了犯罪行为因而将被公安机关、司法机关作为犯罪嫌疑人、被告人而成为侦查、起诉对象的人以及实施了符合客观构成要件的违法行为但没有达到法定年龄、不具有责任能力的人均属于

---

① 参见高铭暄、马克昌主编：《刑法学》，中国法制出版社1999年版，第985页。

② 参见李朝晖、陆诗忠：《论窝藏、包庇罪的行为对象——“犯罪的人”含义辨析》，载《河南师范大学学报》（哲学社会科学版）2002年第1期。

“犯罪的人”。但联系本罪的法益考虑，如果行为人确定、案件事实清楚，公安机关、司法机关不可能介入刑事司法活动，对这类“犯罪的人”实施所谓的窝藏、包庇行为，不成立犯罪。①

第四种观点认为，对于窝藏、包庇罪条文中规定的“犯罪的人”，应当作更为广泛的解释，不仅包括犯罪之后潜逃在外，尚未被司法机关发觉的人或未缉拿归案的犯罪分子，以及已被拘留、逮捕、判刑劳改，而后越狱逃跑的犯罪分子，还应当包括被判决不负刑事责任的人，和因证据不足被判无罪的人。②

笔者认为，上述几种观点都有合理之处，比如认定“犯罪的人”“不以经过有效判决确定有罪为必要”，包括被司法机关发现也包括尚未被司法机关发觉的犯罪分子，也包括那些越狱逃跑的犯罪分子。这些都是对“犯罪的人”的正确理解。笔者认为，对“犯罪的人”的理解要与构成本罪行为人的“明知”结合起来，即行为人在实施包庇行为之前，已经确切地知道了被包庇人的身份。因此，即使一审法院或者二审法院判决该人无罪，但是如果终审判决认定被包庇的人确为犯罪分子，那么该包庇行为依然符合包庇罪的特征。行为人不得以一审判决或二审判决被包庇的人无罪，作为自己不明知的辩护理由。因此，笔者认为不管是否经过法院判决以及法院是否判决有罪，只要事实上是犯罪的人，而行为人明确知道这一情况而予以作假证明包庇，即可构成本罪。

（三）伪造证据是否属于包庇行为

在1997年刑法颁布前，因法律上没有规定帮助毁灭、伪造证据罪，故当时理论界普遍认为作假证明以及帮助犯罪人毁灭罪迹、罪证，都是包庇的行为方式。③

1997年刑法增设了帮助当事人毁灭、伪造证据罪，那么毁灭、伪造证据的行为是否还应当包含于包庇行为中呢？对此，存在两种观点：一种观点

---

① 参见张明楷：《刑法学》，法律出版社2007年版，第820页。

② 参见苏凯：《窝藏、包庇罪若干问题探析》，载《武汉公安干部学院学报》2007年第1期。

③ 参见高铭暄：《中国刑法学》，中国人民大学出版社1989年版，第551页。

认为，包庇罪仍应包括湮灭罪迹和毁灭罪证的行为。① 另一种观点认为，包庇罪应当局限于作假证明包庇的行为，把帮助毁灭、伪造证据等行为类推解释为包庇行为，这在当时的刑法理论和司法实践的大背景下是正确的。然而，1997 年刑法废除了类推制度，并且新增了帮助毁灭、伪造证据罪，从个罪上填补了法律的空白；为了帮助犯罪分子逃避法律追究而毁灭、伪造证据的行为，不宜再以包庇罪论，否则就违背罪刑法定的刑法基本原则。②

笔者认为，帮助毁灭、伪造证据的行为本质上来说是一种包庇行为，即客观上帮助了犯罪的人逃避法律制裁，增大司法机关的司法难度，不利于对犯罪的打击。在 1997 年刑法新增帮助毁灭、伪造证据罪之前，凡是意图使犯罪的人逃避法律制裁，包庇犯罪分子的行为均构成包庇罪。这一罪名包涉的行为内容太过宽泛，针对性不够强，这样粗糙的立法，主要是受当时立法技术的局限所致。随着立法技术的成熟，理论研究的深入，1997 年刑法将包庇行为中帮助毁灭、伪造证据的行为规定为帮助毁灭、伪造证据罪，而这也正是立法技术进步的产物。进一步区分行为之间的区别，细化罪名，使罪名的设置更加地科学、合理。

刑法规定了帮助毁灭、伪造证据罪，该罪为“帮助当事人毁灭、伪造证据，情节严重的行为”。③ 而包庇罪也相应地变成了，明知是犯罪的人，而“为其作假证明”包庇的行为。④ 因此，笔者赞同第二种观点，即帮助毁灭、伪造证据的行为不属于包庇罪的客观行为范围。

（四）张某是否符合包庇罪的构成特征

被告人张某对于沈某交通肇事这一犯罪事实是否“明知”？通过本案的案情介绍，我们可以得出一个结论，即张某对沈某交通肇事这一犯罪事实是有着明确认识的，主观方面属于“明知”。只有张某主观上明知还不够，张某要成立包庇罪还需要沈某属于“犯罪的人”。被告人沈某是否属于犯罪的人？根据上述关于“犯罪的人”的范围分析，不管是否经过法院判决以及法院是否判决有罪，只要事实上是犯罪的人，便可以认定为“犯罪的人”。

① 参见陈兴良：《刑法疏议》，中国人民公安大学出版社 1997 年版，第 551 页；参见肖扬：《中国新刑法学》，中国人民公安大学出版社 1997 年版，第 558～559 页。

② 参见张明楷：《刑法学》（下），法律出版社 1997 年版，第 831 页。

③ 参见王作富：《刑法》，中国人民大学出版社 1999 年版，第 494 页。

④ 参见王作富：《刑法》，中国人民大学出版社 1999 年版，第 495 页。

本案中，被告人沈某交通肇事这一犯罪事实确凿，沈某可以被认定为“犯罪的人”。如上述分析，作假证明属于包庇行为，故在客观上，张某的行为符合包庇罪的客观特征。

［结论性思考］

本案中，沈某交通肇事后，找到张某（沈某雇佣的员工），让张某顶替其去公安机关报案“自首”，并作出承诺：万一进去，工资照发，出来后再给一笔补偿。被告人张某在明知沈某交通肇事后逃逸的情况下，仍然选择到公安机关作假证明，谎称自己是该起事故的肇事者。其意图是蒙蔽司法机关，使沈某逃避法律追究。根据前文关于伪证罪和包庇罪的构成特征的分析、把握，我们得出结论，张某不能作为本案的证人，因此不能成立伪证罪。同时，张某在明知沈某是该起交通事故的肇事者的前提下，依旧作假证明，意图使沈某逃避法律的制裁，符合包庇罪的构成特征，依法应当以包庇罪对张某进行定罪处罚。

错案形成的原因及防范机制构建

——由“张氏叔侄”案件引发的思考

王菊芬[*] 王晓霞[**]

发生在浙江杭州的张辉、张高平叔侄强奸致人死亡冤错案，司法机关运用科学证据和非法证据排除规则予以纠正，相较以往错案的纠正，体现了我国法治建设的一大进步。对于错案的发生，何家弘教授指出：“从1995年的黑龙江石东玉冤案到2000年的云南杜培武冤案，从2005年的湖北佘祥林冤案到2010年的河南赵作海冤案，一样的偏重口供，一样的非法取证，一样的事实不清，一样的疑罪从轻。这不是执法人员或司法人员个人的问题，而是刑事司法制度的问题。制度存在漏洞和弊端，错案才一次又一次被复制。”① “两张”案件的依法纠正以及由此带来的反思，极大地推动了以尊重和保护人权为主线的刑事诉讼执法理念的提升，加快了以客观性证据为主要内容的预防和纠正冤、假、错案的制度建设，明确了把预防和纠正冤、假、错案作为司法体制改革中必须坚守的法律底线。

* 浙江省人民检察院。

** 浙江省人民检察院。

① 何家弘：《错案为何能复制》，载《人民法院报》2013年4月26日。

一、案情回放

2003年5月18日晚9时许，张高平和侄子张辉开货车从安徽歙县前往上海送货，途中经过歙县检查站时，同县女青年王某搭车去杭州。次日上午，王某赤裸的尸体在杭州西湖区留泗路边的水沟中被人发现。

2003年5月23日，张氏叔侄被杭州市西湖区公安局刑事拘留，6月28日被执行逮捕。[①] 通过警方侦查取证和检察院审查起诉，张氏叔侄被提起公诉，杭州市中级人民法院一审判决认定，5月19日凌晨1时30分左右，张氏货车到达杭州汽车西站附近，王某借张高平的手机给朋友打电话要对方过来接她，但朋友要她坐出租车到钱江三桥后再联系。张辉见此遂起奸淫王某的邪念，并与张高平共谋，在驾驶室内，张高平帮忙按住王某的腿，张辉采用掐颈等暴力手段对王某实施奸淫，并致王某机械性窒息死亡。2004年4月，杭州中级人民法院一审以强奸罪判处张辉死刑、张高平无期徒刑。[②] 同年10月，浙江省高级人民法院二审"鉴于本案的具体情况"，改判张辉死缓、张高平有期徒刑十五年。[③]

在监狱服刑期间，"两张"及其亲属因不服判决不断向有关部门申诉。2011年11月，《东方早报》对"两张"案件进行了报道，提及DNA检测排除"两张"，存在冤案可能。[④] 杭州市公安局将被害人王某指甲内提取的DNA物质与DNA数据库进行比对，公安部物证鉴定中心出具《物证鉴定查询比对报告》，确认从王某指甲内提取的DNA物质检出的混合STR分型中包含出租车驾驶员勾某（因杀害乘坐其出租车的杭州大学生吴某某已被执行死刑）的STR分型。[⑤]

2012年10月，浙江省检察院职能部门根据新疆检察官张飚同志来信反

① 2004年4月21日浙江省杭州市中级人民法院〔2004〕杭刑初字第36号刑事附带民事判决书。

② 2004年4月21日浙江省杭州市中级人民法院〔2004〕杭刑初字第36号刑事附带民事判决书。

③ 2004年10月19日浙江省高级人民法院〔2004〕浙刑一终字第189号刑事附带民事判决书。

④ 参见鲍志恒：《一桩没有物证和人证的奸杀案》，载《东方早报》2011年11月21日。

⑤ 2013年3月26日浙江省高级人民法院〔2013〕浙刑再字第2号刑事附带民事判决书。

映张辉、张高平案件的有关情况，本着刑事诉讼法规定的重证据、不轻信口供定案的基本要求，经审查提出了张辉、张高平申诉有理的书面审查意见，[①] 经检察长批转给浙江省高级法院，希望引起浙江省法院的重视。2013年2月6日，浙江省高级法院决定对案件进行再审，3月26日再审判决张辉、张高平无罪，“两张”被当庭释放。2013年5月17日，浙江省高级法院作出国家赔偿决定，各支付张辉、张高平国家赔偿金110.57306万元，共计221.14612万元。[②]

二、错案发生的原因剖析

本案没有证明张辉、张高平强奸杀人的客观性直接证据，间接证据极不完整，缺乏对主要案件事实的同一证明力，没有形成有效的证据链条，[③] 而两被告人及其律师在一、二审法庭上均提出原有罪供述系受刑讯逼供和诱供所致，虽然多次作过有罪供述，但也多次翻供，且两被告人的有罪供述不尽一致，难以采信。DNA鉴定结论说明存在两被告人之外的第三名男子单独作案的可能性。[④] 在这种情况下，法院依然作出错误的有罪判决，根本原因在于刑事司法理念陈旧落后和刑事司法制度机制不完善。

（一）执法理念陈旧，为错案发生埋下隐患

长期以来，我国确立了大陆法系纠问式的刑事诉讼制度，并形成了以侦查为中心的办案传统和思维习惯，重打击轻保护、重有罪证据轻无罪证据、重协调配合轻监督制约、口供至上、有罪推定、疑罪从轻等观念根深蒂固。在这种陈旧观念和思维习惯下，侦查人员往往认为只要抓到犯罪嫌疑人并拿下口供，就算破案，侦查工作就算完成了，因此有些案件在证据不充分的情

---

① 参见翁浩浩：《依法纠正错案是对法律负责——省检察院负责人就张高平叔侄案答问记者》，载《浙江日报》2013年4月15日。

② 参见方益波、裘立华：《浙江高院向张辉、张高平各支付国家赔偿金110万余元》，载新华网2013年5月20日。

③ 参见2013年3月26日浙江省高级人民法院〔2013〕浙刑再字第2号刑事附带民事判决书。

④ 参见2004年4月21日浙江省杭州市中级人民法院〔2004〕杭刑初字第36号刑事附带民事判决书，2004年10月19日浙江省高级人民法院〔2004〕浙刑一终字第189号刑事附带民事判决书。

况下就被提请批捕、移送审查起诉；检察院审查起诉、法院审判都服从于侦查工作，律师更是成了一种“摆设”。虽然1996年修改的刑事诉讼法体现了无罪推定的精神，但在2004年“人权入宪”①之前，刑事诉讼实践中保障犯罪嫌疑人、被告人人权的观念仍然淡薄，刑讯逼供时有发生，媒体曝光的刑事错案无一例外存在口供至上、非法取证、有罪推定、疑罪从轻的问题。2003年查办的张氏叔侄案也不例外，在“口供是证据之王”为主导的诉讼模式下，侦查机关锁定张氏叔侄为犯罪嫌疑人后，采用不在法定羁押场所关押和讯问、不规范使用狱侦、以不文明手段突破“两张”的口供，甚至不能排除以非法方法获取证据的情形；②也不管“两张”口供多次反复，主要细节存在不一致的情况，仍提请审查批捕和审查起诉；检察机关和审判机关在审查起诉和审判中，也都发现证明案件的主要证据只有犯罪嫌疑人的口供和同监室犯人的证言，缺乏客观性直接证据，并且犯罪嫌疑人的口供存在诸多疑点，多次反复，证据体系不完善，律师也提出无罪辩护意见，③但在重配合轻监督、有罪推定、疑罪从轻等错误的执法理念的指导下，在办案的一些环节上存在着审查不细、把关不严、监督不力等问题，④采纳和采信侦查机关出具的“不存在对张高平进行刑讯逼供、诱供等非法获取口供行为”的《情况说明》和“两张”的有罪供述，⑤经集体讨论批准逮捕、提起公诉、判决有罪，从而酿成了这起错案。

（二）先入为主，侦查方向判断有误

“侦查人员在犯罪侦查过程中的行为目标是查明犯罪事实并将犯罪嫌疑人缉捕归案，因此他们在搜寻证据的时候往往带有一定的倾向性，即着重发

---

① 2004年3月14日，第十届全国人民代表大会第二次会议通过的宪法修正案，首次将“人权”概念引入宪法。明确规定“国家尊重和保障人权”。

② 参见2013年3月26日浙江省高级人民法院〔2013〕浙刑再字第2号刑事附带民事判决书。

③ 参见2004年4月21日浙江省杭州市中级人民法院〔2004〕杭刑初字第36号刑事附带民事判决书。

④ 参见翁浩浩：《依法纠正错案是对法律负责——省检察院负责人就张高平叔侄案答问记者》，载《浙江日报》2013年4月15日。

⑤ 2004年4月21日浙江省杭州市中级人民法院〔2004〕杭刑初字第36号刑事附带民事判决书。

现和收集能够证明犯罪嫌疑人有罪的证据。换言之，当他们已经把某人确定为案件中的犯罪嫌疑人时，他们自然会努力寻找证明其有罪的证据，忽视甚至无视可能证明其无罪的证据。”① 这似乎已经成为普遍的侦查规律，在张氏叔侄强奸案中也不可避免。警方在排查杀害王某的犯罪嫌疑人时，根据杭州市刑事科学技术研究所出具的《关于5·19案件中尸体胃内容的消化时间分析》，推算王某死亡时间与张辉、张高平的货车到达杭州汽车西站时间相吻合，② 而抛尸地点留泗路就在汽车西站附近，警方就锁定张辉、张高平是本案的犯罪嫌疑人，并对张氏叔侄实施抓捕拘留，侦查方向出现偏差。

（三）口供至上，侦查讯问、耳目使用不规范

在侦查方向出现偏差的情况下，警方为进一步获取犯罪嫌疑人的有罪供述，采用了不规范的侦查讯问行为，由此获得的有罪供述和耳目证言却成为有罪判决的直接依据。该案二审中，张辉的律师提出：审讯录像反映出侦查人员对张辉采用殴打和“车轮战”的非法审讯方法；视听资料显示被告人指认现场不规范且存在疑问，不能客观反映系被告人主动指认现场。二审中张高平也提出：有罪供述是在侦查人员刑讯逼供和“牢头”逼迫下作出的，其身上烟头的烫痕可以佐证。③ 该案再审判决书指出：经再审庭审查明，公安机关审讯张辉、张高平的笔录、录像及相关证据证明，侦查人员在审讯过程中存在对犯罪嫌疑人不在规定的羁押场所关押、审讯的情形；公安机关提供的张辉首次有罪供述的审讯录像不完整；张辉、张高平指认现场的录像镜头切换频繁，指认现场的见证人未起到见证作用；从同监犯获取及印证原审被告人有罪供述等侦查程序和行为不规范、不合法。④ 不在规定的羁押场所关押、审讯犯罪嫌疑人，违反了公安部《公安机关办理刑事案件程序规定》（2007年修正）第一百四十五条“对被拘留、逮捕的犯罪嫌疑人、被告人应

① 何家弘：《短缺证据与模糊事实——证据学精要》，法律出版社2012年版，第410页。

② 2004年4月21日浙江省杭州市中级人民法院〔2004〕杭刑初字第36号刑事附带民事判决书。

③ 2004年10月19日浙江省高级人民法院〔2004〕浙刑一终字第189号刑事附带民事判决书。

④ 2013年3月26日浙江省高级人民法院〔2013〕浙刑再字第2号刑事附带民事判决书。

当立即送看守所羁押”的规定，也为不文明审讯提供了可能的便利条件。高级法院再审判决书认为，本案不能排除公安机关存在以非法方法收集证据的情形，张辉、张高平的有罪供述、指认现场笔录等证据，依法应予排除。①

（四）排查不力，客观性证据收集不全面

物证、书证等客观性证据具有较强的稳定性和关联性，不易受人的主观认识影响，可靠性和证明力较强。因此，刑事诉讼法对证据的规定，强调对一切案件的判处都要不轻信口供，只有被告人供述，没有其他证据的，不能认定被告人有罪和处以刑罚；没有被告人供述，证据确实充分的，可以认定被告人有罪和处以刑罚。而本案中，证明张辉、张高平有罪的证据主要是他们的供述和狱侦耳目的证言，没有直接证明“两张”强奸致人死亡的客观性证据，因此，侦查机关在侦查取证上，偏重突破口供，没有全面收集客观性证据。比如，证人周某某证言提到：5 月 18 日晚 12 时左右其与几个朋友打牌时，接到被害人王某电话，告知王某已到昌化，并让周某某到杭州汽车西站接；19 日凌晨 1 点 40 左右接到王某第二个电话称已到西站，让其接，其叫王某乘出租车到三桥后再去接。② 张辉、张高平也曾辩解，王某借张高平的手机给朋友打电话要对方过来接她，但朋友要她乘出租车到钱江三桥后再联系，为了给王某节省出租车费，他们再次好心把她送到了离钱江三桥更近的艮秋立交桥。审讯中张氏叔侄恳请警方调取当晚卡车进出杭州城的监控录像及沿线路口的监控录像，但一审判决书所列的证据中并没有该监控录像。③ 本案再审中，张高平的辩护律师认为，警方在收集这一关键性证据时“没有穷尽所有的手段”，因为当时技术完全可以做到，而且律师后来前往沪杭高速路出口调阅监控录像时，由于超出保留期限，录像已被销毁。假如当时警方在第一时间收集到这一关键性直接证据，一切将迎刃而解。④

① 2013 年 3 月 26 日浙江省高级人民法院〔2013〕浙刑再字第 2 号刑事附带民事判决书。

② 2004 年 4 月 21 日浙江省杭州市中级人民法院〔2004〕杭刑初字第 36 号刑事附带民事判决书。

③ 2004 年 4 月 21 日浙江省杭州市中级人民法院〔2004〕杭刑初字第 36 号刑事附带民事判决书。

④ 参见《律师详解浙江叔侄冤案翻案》，载中国新闻网 2013 年 3 月 29 日。

（五）重配合轻制约，检法把关不严

从刑事诉讼程序来看，一个案件从立案开始，要经历侦查机关的侦查取证，检察机关的审查批捕、审查起诉，审判机关的开庭审理、控辩交锋，最后才作出判决。刑事诉讼侦诉分离、诉审分离，目的是为了加强对侦查权、公诉权和审判权的监督，使案件的最终裁决更趋客观公正。但长期以来，在纠问式刑事诉讼制度和以侦查为中心的传统思维方式下，我国公、检、法三家的关系也被比喻为：公安局是“杀猪的”；检察院是“刮毛的”；法院是“卖肉的”，在这种“流水线”作业模式中，第一道工序最为重要，因为那“猪”（案件）死不死，关键得看公安局那一刀。我国公、检、法三家的关系还被比喻为：公安局是“做饭的”；检察院是“卖饭的”；法院是“吃饭的”，以侦查为中心也即“卖方市场”的情况下，“生产”（侦查）决定“销售”（起诉），“销售”决定“消费”（审判）。[①] 本案中，侦查机关明知案件证据不足，却“带病报捕”“带病起诉”。“原办案的检察机关在履行对本案的批准逮捕、审查起诉和诉讼监督职能中，在办案的一些环节上存在着审查不细、把关不严、监督不力等问题。”[②] 一审中，“两张”的无罪辩解和辩护人的无罪辩护意见，依然没有得到杭州市中级法院的充分重视，张辉、张高平分别被判处死刑、无期徒刑。二审也没有重视张氏叔侄的无罪上诉理由和辩护律师的无罪辩护意见，对关键证据的客观性和合法性把关不严，虽然发现本案证据存在缺陷，但简单认定“可基本排除有不当审讯的可能”，指认现场“可排除侦查人员有明示或暗示的可能”，认定DNA鉴定结论“与本案犯罪事实并无关联”，“但鉴于本案的具体情况”，改判张辉死缓、张高平有期徒刑十五年，[③] 使案件的最后一道关口失守。这些都暴露出在以侦查为中心的办案思维下，公、检、法在刑事诉讼中重配合、轻监督的执法情况，宪法规定“分工负责，互相配合，互相制约”的公、检、法关

---

① 参见何家弘：《从通俗到深奥——法治文化杂谈》，中国法制出版社2008年版，第144页。

② 参见翁浩浩：《依法纠正错案是对法律负责——省检察院负责人就张高平叔侄案答问记者》，载《浙江日报》2013年4月15日。

③ 2004年10月19日浙江省高级人民法院〔2004〕浙刑一终字第189号刑事附带民事判决书。

系在刑事诉讼司法实践中没有得到应有的贯彻，“保证准确有效地执行法律”的目的也没有落实到位。

三、防范刑事错案的制度构建

冤错案的发生，不仅给当事人造成了不能逆转的损害，更损害了法律尊严和司法权威，动摇了社会公众对法治的信仰。法国著名哲学家孟德斯鸠在《论法的精神》中指出：“一切有权力的人都会滥用权力，这是万古不易的经验。要防止滥用权力，就必须以权力制约权力。”而执法理念是办案的先导，没有正确的执法理念，再好的法律和制度也存在被执法实践扭曲的风险，冤假错案就有被复制的危险。因此，预防冤假错案，除了完善立法、提高办案人员的能力素质外，更应从执法理念、体制机制等层面着手防范，在每一个刑事案件中实现公平正义。

（一）树立以审判为中心的办案观，还原宪法规定的公检法三机关在刑事诉讼中应有的关系

不同的国家在不同的历史时期形成了不同的刑事司法制度，基本上可以分为两种：一种是欧洲大陆法系国家形成的纠问式诉讼制度，具有以侦查为中心的传统；一种是以英国为代表的普通法系国家形成的抗辩式诉讼制度，具有以审判为中心的传统。随着社会的发展和司法理念的变化，目前，大陆法系国家的刑事诉讼中心也逐渐由侦查转向了审判，以审判为中心已成为现代法治国家诉讼制度的特色。在以审判为中心的理念和制度下，控辩双方收集的证据能否作为认定案件事实的根据，由法官在法庭上作出裁定，案件事实也只能由法官（陪审团）在法庭调查的基础上作出认定。换言之，在取证、举证、质证和认证这四个司法证明的基本环节中，法官的认证是司法证明的中心环节，取证、举证和质证均为认证服务。我国公、检、法三机关在刑事诉讼中分别承担着侦查、起诉和审判的职能，宪法第一百三十五条规定：“人民法院、人民检察院和公安机关办理刑事案件，应当分工负责，互相配合，互相制约，以保证准确有效地执行法律。”宪法并没有规定我国刑事诉讼应该采用以侦查为中心的模式还是以审判为中心的模式，只是笼统地规定在刑事诉讼中“分工负责，互相配合，互相制约”的公、检、法之间的关系，规定这一关系目的在于“保证准确有效地执行法律”。很显然，以审判为中心的诉讼模式在经过不同国家数百年的实践后，已成为现代法治国

家的诉讼模式，更有利于保证准确有效地执行法律，我国修改后的刑事诉讼法也基本确立了以审判为中心的刑事诉讼模式。因此，我国宪法第一百三十五条规定的公、检、法三机关在刑事诉讼中的关系，应该是一种以审判为中心的互相配合、互相制约的关系。司法实践中，要落实宪法第一百三十五条的规定和修改后刑事诉讼法确立的以审判为中心的刑事诉讼模式，需要办案人员及时转换办案理念，更需要有相应的政治体制和司法体制的保障。一方面，在政治体制中，应明确人民法院和人民检察院的宪法地位。宪法第三条规定，“国家行政机关、审判机关、检察机关都由人民代表大会产生，对它负责，受它监督。”换言之，审判权、检察权不同于行政权而相对独立存在。在当前全面推进依法治国的形势下，应加强对审判权独立性的政治保障，改变有的地方政府把法院和检察院视为政府内设部门的做法，进一步理顺法院和检察院接受双重领导的关系，完善党委领导下的法院、检察院干部人事制度和财政制度，加强上级法院、检察院对各自下级院在“管人”和“管财”上的自主权，支持和保障人民法院和人民检察院依法独立行使审判权和检察权，只有在政治上得到保障，实践中以侦查为中心的诉讼模式才能切实转变为以审判为中心的诉讼模式，才能更好地落实宪法第一百三十五条的规定。另一方面，在司法体制和机制改革中，要确立与以审判为中心诉讼模式相配套的一系列制度机制，在诉讼中真正体现以证据为本和直接言词原则，并以制度和机制倒逼办案人员从查明案件事实的办案观转变为证明案件事实的办案观，正如何家弘教授所言，“查明是自己明白，证明是让别人明白，而且要用证据让别人明白。侦查人员已经查清了案件事实，但是他们若想让检察官和法官都相信这确实是事实，就要靠证据来证明。在这种观念指导下，侦查人员在办案过程中就会认真地按照法律的要求和标准去收集并保管能够充分证明案件事实的证据，取证工作的质量也就会有很大的提高”。①

（二）树立客观性证据优先理念，建立客观性证据收集和审查制度

证据是刑事诉讼的基石，是案件质量的核心，证据问题是导致刑事错案的直接原因，而其他因素往往是间接原因，并通过证据问题表现出来或者转

① 何家弘：《从通俗到深奥——法治文化杂谈》，中国法制出版社 2008 年版，第 146 页。

化为证据问题。在各类证据中，被告人虚假口供是导致刑事错案的首要原因，而造成被告人虚假口供的主要原因是刑讯逼供。① 因此，实践中，办案人员不仅要强化证据意识，而且要彻底摒弃口供至上的理念，把收集证据、审查证据的重点从以犯罪嫌疑人、被告人口供等言词证据为核心转变到以客观性证据优先的理念上来。美国著名法庭科学家赫伯特·麦克唐奈指出："在审判过程中，被告人会说谎，证人会说谎，辩护律师和检察官会说谎，甚至法官也会说谎。唯有物证不会说谎。"② 虽然收集、提供、检验物证的人也有可能说谎，但物证本身不会说谎，换言之，相对于言词证据而言，物证等客观性证据更具有真实性、可靠性和稳定性。所以，要建立起客观性证据的收集和审查制度，一方面，在侦查工作中，要从由供到证的侦查模式转变到由证到供的侦查模式上来，改变以往在获得一些线索后迅速锁定犯罪嫌疑人，并以口供为中心展开侦查的做法，要全面收集客观性证据，以客观性证据准确锁定犯罪嫌疑人并获取其有罪供述和无罪辩解，并把收集到的证明犯罪嫌疑人罪重、罪轻的证据全面移送检察院和法院，以便全面审查把关。另一方面，在审查批准逮捕和审查起诉中，要建立客观性证据审查模式，加强对客观性证据的审查和挖掘，充分发挥客观性证据在校验言词证据、证实犯罪方面的价值和作用。尤其在犯罪嫌疑人口供反复多变，矛盾难以解释，与证人证言等其他言词证据在重要情节上存在不一致情形，又无直接证据证明犯罪的情况下，更要注重对客观性证据的审查和优先运用，既要重视审查客观性证据的收集过程，也要注重挖掘和运用客观性证据所蕴含的相关信息，围绕证据的合法性、客观性和关联性全面审查判断案件证据，查证属实的才可以作为定案的根据。当然，在审判中，也要树立客观性证据优先理念，在举证、质证、认证过程中，更注重以客观性证据来校验言词证据的真实性，确保案件具有完整、有效的证据链条，作出排除合理怀疑的公正裁判。

① 参见何家弘：《短缺证据与模糊事实——证据学精要》，法律出版社 2012 年版，第 415 ~ 416 页。

② [美] 阿尔弗雷德·刘易斯：《血痕弹道指纹探奇》，何家弘译，群众出版社 1991 年版，第 1 页。

（三）强化侦查阶段人权保障和程序意识，完善录音录像和非法证据排除等制度

惩罚犯罪与保障人权是刑事诉讼两个对立统一的价值追求，程序公正和实体公正是司法公正的两个方面，修改后的刑事诉讼法第二条增加了“尊重和保障人权”，明确把惩罚犯罪和保障人权并列为刑事诉讼法的任务，同时在各个章节进一步细化了办案程序。因此，司法实践中，要强化程序意识和人权保障意识，把程序公正作为实现实体公正的重要手段和保障，通过惩治犯罪来保障被害人的权利，也要尊重和保障犯罪嫌疑人和被告人的人权，尤其在侦查阶段，在证据尚未完全到位、锁定犯罪嫌疑人是否准确不能完全确定的情况下，“一个公平的法律程序可以最大限度地增加作出公正的决定的可能性”①，所以，此时更要强化程序公正意识和保障犯罪嫌疑人人权的意识，严格按照法定程序开展侦查取证和审讯工作，杜绝违规羁押、刑讯逼供等严重违背程序规定的做法，以程序公正保障实体公正的实现，防范虚假口供导致错案的发生。何家弘教授在调研的基础上指出：被告人虚假口供是导致刑事错案的首要原因，而造成被告人虚假口供的主要原因是刑讯逼供。从张氏叔侄错案和其他被发现的错案来看，犯罪嫌疑人被警方控制时起到第一次有罪供述期间，很容易遭受刑讯逼供。因此，实践中最重要也是最紧迫的，是要制定以下制度机制。

一是制定重大案件同步录音录像制度。明确对可能判处无期徒刑、死刑的案件或者性质严重、影响重大的其他重大犯罪案件，从犯罪嫌疑人被警方控制时起到第一次有罪供述时止，应当进行全程同步录音录像，之后的每次讯问也均要进行同步录音录像。为保证录音录像的完整性和原始性，录音录像要实行讯问人员与录制人员分工负责机制，讯问结束后，录制人员应将录音录像刻录两套光盘，经检验可正常播放后，一套经讯问人员、犯罪嫌疑人和录制人员签字后即时封存，由侦查机关技术部门保存，另一套供办案使用。通过制定重大案件同步录音录像制度，有效规范办案人员的讯问行为。

二是完善非法证据排除程序机制。这是保障非法证据排除规则落实的前提，有利于事后以否定证据的可采性来抑制侦查机关的非法取证行为，倒逼

---

① ［英］麦考·密克、［奥］魏因·贝格尔：《制度论》，周叶谦译，中国政法大学出版社1994年版，第262页。

侦查人员文明讯问、依法取证，提高取证工作的质量。根据修改后刑事诉讼法和“两高三部”《关于办理刑事案件排除非法证据若干问题的规定》，制定检察机关、人民法院在各自不同的诉讼环节排除非法证据的工作规则，明确申请非法证据排除的告知程序，发现非法证据或受理排除非法证据申请后的审查、调查和听证程序，以及侦查人员和相关证人对非法取证问题出庭作证程序等。经调查核实确认的非法言词证据，以及通过该非法言词证据获取并需要结合该非法言词证据才能证明案件事实的实物证据，均应当予以排除。要彻底摒弃由侦查机关出具没有非法取证的“说明”来证实其取证合法的做法。

三是建立辩护律师执业权利保障机制。要在实践中落实“尊重和保障人权”的规定，还要切实保障律师的职业权利。辩护律师介入刑事诉讼形成控辩对抗是我国刑事诉讼的重要制度设计，控辩双方诉讼地位平等，依法保障辩护律师的职业权利，是本次刑事诉讼法修改的重要内容之一，其对维护犯罪嫌疑人、被告人的基本权利、维护司法公正、防范冤假错案的发生有着重要的意义。而且，检察官与辩护律师的关系不是简单的对抗关系，而是对立统一关系，都追求案件的公正处理和法律的正确实施。在张氏叔侄案一、二审中，律师提出的许多观点都是正确的，如果法官、检察官当时就重视律师的无罪辩护意见，错案可能就不会发生。因此，要根据修改后刑事诉讼法的规定，进一步完善律师依法执业的工作机制，保障律师依法享有的调查权、会见权，尊重律师基于证据提出的不同意见，摒弃疑罪从轻、“留有余地判决”的错误观念，在刑事诉讼的各个环节把握法定标准，坚持无罪推定，排除合理怀疑，切实做到疑罪从无。

（四）强化监督意识，加强刑事诉讼重点环节的法律监督

检察机关是我国宪法规定的国家法律监督机关，刑事诉讼法明确规定人民检察院除了依法指控犯罪外，还承担着依法对刑事诉讼实行法律监督的重要职能，并在各个诉讼环节作出了法律监督的具体规定。这一司法制度设计，在发现和纠正错案中有着特定的优越性。在英美法系国家的刑事司法制度下，检察官是政府的律师，辩护人是被告人的律师，双方在刑事诉讼中是

一种完全对抗的关系，因此，在错案纠正中，检察官往往成为最大的阻力。① 而在我国，法律监督的宪法定位和监督刑事诉讼的诉讼制度设计，使得检察机关在错案纠正中能够更好地发挥维护公平正义的职能。因此，在实践中，作为国家法律监督机关的检察机关，要强化法律监督理念，依据刑事诉讼法和相关规定，对容易引发错案的重要环节进一步强化法律监督。侦查机关（部门）和法院也要树立监督理念，自觉加强对自身执法、司法行为的监督，自觉接受检察监督，提高办案质量，防止冤假错案的发生。

一是强化对侦查活动的监督。何家弘教授指出，“证据问题是导致刑事错案的直接原因”，而侦查环节是收集证据的起始环节、关键环节，因此，错案发生的源头主要在侦查环节，检察机关要加强对侦查活动的监督。一要完善重大案件检察介入侦查工作机制，介入现场勘查、第一次讯问和案件讨论等环节，及时提出侦查取证的意见和建议，引导侦查机关依法全面收集证据，注重客观性证据的收集与固定；对违法取证的苗头性问题、不规范问题，及时提醒或提出纠正意见，注重防止刑讯逼供、隐匿伪造证据情况的发生。二要建立检察机关与公安、看守所的案件诉讼阶段信息交换机制，及时发现和监督纠正违规羁押、显性和隐性的超期羁押问题，而且特别要关注违规羁押问题，因为这往往是刑讯逼供等非法、不文明审讯的前奏。三要在审查逮捕和审查起诉中注意发现可能存在的非法证据和不实证据，关注侦查取证的合法性，通过提审犯罪嫌疑人、听取律师的意见，发现并监督侦查机关的违法讯问、违法取证行为，对提出有刑讯逼供等违法行为的，应及时启动非法证据排除程序，调查核实相关情况。

二是强化对狱侦耳目使用的监督。张氏叔侄错案中，耳目的违规使用是导致错案发生的重要原因。因此，实践中，检察机关要加强对耳目管理和使用情况的监督，监所检察部门要发挥驻所检察人员在监所上班的优势，关注、监督和防范耳目对犯罪嫌疑人的指供、诱供。同时，根据2013年最高人民检察院、最高人民法院和司法部“关于开展罪犯交付执行与留所服刑专项检查活动”的统一部署，包括狱侦耳目在内的余刑一年以上留所服刑

① 参见［美］吉姆·佩特罗、南希·佩特罗：《冤案何以发生——导致冤假错案的八大司法迷信》，苑宁宁、陈效等译，北京大学出版社2012年版，第61~65页。在该书第八章“证明无罪”中，作者描述了检察官阻碍埃尔金斯强奸杀人错案纠正的“强硬顽固”态度。

的罪犯均要予以清理，侦查机关以后使用狱侦耳目应从监狱借用，因此，检察机关在监督中，要注意检查和防止耳目在侦查结束后留所服刑情况的发生。

三是通过改良审委会制度和检察长列席审委会加强对审委会讨论案件的监督。刑事诉讼法第一百八十条规定：“对于疑难、复杂、重大的案件，合议庭认为难以作出决定的，由合议庭提请院长决定提交审判委员会讨论决定。审判委员会的决定，合议庭应当执行。”根据该规定，司法实践中，许多“疑难、复杂、重大”的案件由审委会讨论并作出最后决定。检察机关加强对审委会的监督，主要通过检察长列席审委会来实现。2010 年“两高”印发了《关于人民检察院检察长列席人民法院审判委员会会议的实施意见》，指出检察长列席审委会的任务是“对于审判委员会讨论的案件和其他有关议题发表意见，依法履行法律监督职责”。列席的案件范围包括：可能判处被告人无罪的公诉案件；可能判处被告人死刑的案件；人民检察院提出抗诉的案件。但列席制度所体现的检察监督职能能否有效发挥预防冤错案发生的作用也存在疑虑，因为对于前两类案件和二审抗诉案件，实践中一般由熟悉案情的分管公诉的检察长列席审委会，但由于检察机关承担指控犯罪的职能，既然案件经过审查并提起公诉，分管检察长列席审委会是否也会更多地关心指控犯罪的成功率，是否会协调法院对可能无罪的案件作出有罪判决，这种担忧不无道理。同时，审委会制度本身存在很大的弊端，一方面，因审委会成员并没有或者大多数没有参加庭审，由审委会讨论后作出决定，偏离了现代法治国家确立的直接言词司法裁判原则。根据直接言词原则，只有直接审查案件证据的法官才能对案件事实作出裁判。审委会代替合议庭作出裁判，尤其是为配合公安、检察院的犯罪指控而否定主审法官无罪意见的情况下，会直接导致庭审的虚化和错判的发生。另一方面，一旦日后发现错判，由审委会集体承担责任，错判追责将变得十分困难，也不利于提高审委会成员防范错判的责任心。司法裁判的基本任务有二，一是根据已知证据认定案件事实，二是把有关法律规定适用于认定的案件事实。因此，为避免“判者不审、审者不判”庭审虚化现象、防范错案发生，一方面，笔者赞同何家弘教授提出的“审委会不论事实”这一改良审委会的建议，① 即建议修

① 参见何家弘：《错案为何能复制》，载《人民法院报》2013 年 4 月 26 日。

改刑事诉讼法第一百八十条的规定，明确规定审委会不再讨论具体案件中的事实认定问题，而是讨论有争议的法律适用问题，即“对于法律适用有重大分歧的案件，合议庭认为难以作出决定的，由合议庭提请院长决定提交审判委员会讨论决定。审判委员会的决定，合议庭应当执行。”案件事实认定问题应当由合议庭负责，根据直接言词原则通过法庭上举证、质证和认证，坚持排除合理怀疑的证明标准，正确认定案件事实。这样既可以避免“审者不判，判者不审”导致庭审虚化甚至错判发生的问题，也可以提高合议庭成员在事实认定上的责任心，减少或避免冤错案的发生。另一方面，修改检察长列席审委会的案件范围，根据“审委会不论事实”的原则，把列席的案件范围相应地改为“对法律适用有重大分歧的案件”，包括管辖、定性、量刑等方面的分歧。由于法律适用争议更多地涉及法学理论与实践的结合，不讨论案件事实认定问题，列席审委会的检察长对审委会讨论案件的监督也就避免了是否有利于防止冤错案发生的疑虑，可以更多地从法律适用和程序公正的角度进行监督，促使法院正确适用法律，在程序公正和实体公正相统一的前提下作出裁判，实现公平正义。

四是通过加强刑事申诉检察工作畅通冤假错案的发现和纠错渠道。实践中，冤假错案的发现具有偶然性，往往是在真凶出现或者当年被司法机关认定的“被害人”活着回来后，才引起有关部门的重视并最终得以纠正。而在真凶出现之前或者当年被司法机关认定的“被害人”活着回来之前，错案当事人及其亲属持续的申诉却未能得到重视。中国人民大学法学院“刑事错案实证研究”课题组的成员收集了我国近年来给予国家赔偿的55个错判案件的材料，发现平均错误羁押时间为五年，其中错误羁押时间最长的辽宁省李华伟故意杀人冤错案，长达十六年。① 这些错案的当事人和亲属在错案被纠正前，都经历了与当事人被错误羁押时间几乎相当的长期申诉。张氏叔侄冤错案同样如此，在监狱服刑期间，张氏叔侄及其亲属不服法院的有罪判决，不断地向有关部门申诉，申诉近九年才等来了法院的再审决定和无罪判决，张氏叔侄被错误羁押则近十年。“申诉难，难于上青天”，这形象地概括了当前我国申诉难的现状。由于“错判一般都是在司法系统的常规性运转过程中发生，因此其往往被司法的正当性和正义性所隐盖，混藏在大量

① 参见刘品新主编：《刑事错案的原因与对策》，中国法制出版社2009年版，第364～367页。

的正确裁判之中”,① 再加上申诉人无法提供新的证据，所以，错判的申诉持续时间都很长，当事人被错误羁押的时间则更长。为更好地保障当事人的刑事申诉权，及时发现和纠正冤假错案，应加强检察机关的刑事申诉检察工作，通过对申诉的复查，以审判监督程序对确有错误的原审裁判提出抗诉。张氏叔侄冤错案得以纠正，刑事申诉检察工作起到了较大的推动作用。实践中，针对申诉难问题，建议检察院、法院联合建立刑事申诉共享平台和公开查询平台，这一方面有利于接受群众的监督，便于申诉人及相关人员及时查询申诉处理的进展情况，避免不断地重复越级上访；另一方面，也有利于检察院和法院及时掌握和互通申诉人的申诉情况及检、法两家的处理意见和进展情况，有利于检察院及时开展法律监督，通过调卷审查，督促有关部门调查取证，如果发现原判决或裁定确有错误的，可以通过领导沟通、检察建议、抗诉等多种方式及时发现并督促纠正。2013 年 3 月 25 日，最高人民检察院下发了《关于加强和改进刑事申诉检察工作的意见》，要求各级人民检察院高度重视不服人民法院生效刑事裁判的申诉，检察机关应认真落实该意见，依法及时复查，确属冤假错案的，依法提出抗诉，会同有关部门及时纠正错案。

① 何家弘：《短缺证据与模糊事实——证据学精要》，法律出版社 2012 年版，第 429 页。

人格障碍、行为模式及犯罪环境与死刑适用

——郑民生故意杀人案

赵秉志[*] 马玺镇[**]

一、引言

2010年3月23日早晨，犯罪嫌疑人郑民生瞬间杀死8名、杀伤5名小学生，举世震惊，社会影响极大，各大新闻媒体纷纷追踪报道；教育行政部门和中央政法机关迅速采取各种措施防范应对类似事件；各地党政机关督促、协助中小学校加强安保工作，警察站岗守卫，护送学生上下学；各界群众强烈谴责郑民生的罪恶行径，对有关部门既有指责又有建议。至今依然可以看到中小学校上下学时，戒备森严，可见本案对中小学安保工作制度设立产生了里程碑式的深远影响。

对于郑民生故意杀人案，依据我国刑法总则第六十一条关于量刑原则的规定、分则第二百三十二条关于故意杀

* 北京师范大学刑事法律科学研究院暨法学院院长、教授、博士生导师，中国刑法学研究会会长，国际刑法学协会副主席暨中国分会主席。

** 北京师范大学刑事法律科学研究院法学硕士。

人的规定以及四要件犯罪构成理论分析案情可以得知：郑民生主体方面具有完全刑事责任能力，主观方面具有杀人的直接故意，客观方面实施了杀死杀伤13名小学生的极其严重犯罪行为，客体方面极其严重地侵犯了他人的生命健康权，认定罪犯郑民生犯故意杀人罪，性质极其恶劣，判处其死刑立即执行并无太多疑问和争议。

但是，刑法的目的不只是因犯罪行为进行报应性地惩罚罪犯，报应犯罪，更是考虑整体犯罪情形进行预防性的惩罚和处遇，预防犯罪。因此，在认定罪犯郑民生犯故意杀人罪，性质极其恶劣，判处其死刑立即执行，确定罪质和刑量的基础上，就会产生罪犯郑民生为什么产生“要社会仇恨前领导和第二任女友”而杀害多名小学生的主观意识，是否具有特异的人格障碍？认定罪犯郑民生犯故意杀人罪并无太多疑问，但其是否表现了反映罪量即危害程度的特定行为模式？本案是否具有特定的犯罪环境，其在案中的作用有无和大小如何？对于特定的人格障碍、行为模式和犯罪环境，通过与相关境外情况相比，我国刑法理论是否进行了较为完善的研究？我国刑法典是否进行了较为完善的处遇规定？以及如何完善刑事立法？研究和解决与本案密切相关的上述法理问题，对探明犯罪原因、确定罪量，有效预防犯罪，完善刑法规定，有特殊意义和学术价值。

二、基本案情

2010年3月23日早晨，犯罪嫌疑人郑民生携带一把尖刀从家里窜至福建省南平实验小学门口。7时25分许，郑民生见校门口聚集了数十名等候入校的学生，便走到被害人陈某某身后，左手托起陈的下颌，右手持刀朝陈颈部猛割一刀。接着，郑民生又先后抓住12个小学生，持刀朝他们的胸、腹等要害部位猛刺，其中8名小学生均因血管、脏器被锐器切断、刺破，造成大出血死亡，另有5名小学生重伤。3月23日晚23时许，福建省南平市政府召开新闻发布会通报称，经调查，23日上午持刀砍死8名小学生的凶犯郑民生，在2008年取得西医外科主治医师资格，从医19年，案发当时不到一分钟的时间内就连伤13名小学生。

2010年4月8日，南平市中级人民法院首次开庭审理郑民生故意杀人案，凶犯郑民生在一审庭审中明确交代其杀人动机是要社会仇恨前领导和第二任女友。南平市中级人民法院当庭宣判，以故意杀人罪判处郑民生死刑，剥夺政治权利终身。郑民生不服一审判决，提出上诉。4月20日，福建省高级人民法院在南平市进行二审，经过2个小时的审理，当庭作出驳回被告人郑民生请求改判死缓的请求，维持一审判处死刑、剥夺政治权利终身的裁定。同时，对郑民生的死刑裁定报请最高人民法院核准。4 月 28 日上午，根据最高人民法院刑事裁定和执行死刑命令，福建省南平市中级人民法院对郑民生故意杀人案依法进行公开宣判。

三、引出的法理问题

郑民生故意杀人案是典型的非对称性、表面无因性暴力犯罪案例，具有重大的研究意义，引发的理论问题有三：一是该案件的犯罪主体人格障碍；二是该案件的犯罪行为模式；三是该案件的犯罪环境。研究该案件，有助于在刑事立法中对相关危害行为定罪量刑时，全面综合考虑、具体明确体现犯罪的主体人格情况（特别是外化为一系列行为的人格障碍问题）、行为模式和犯罪环境，并为相关立法完善提供建议和参考，从而严厉打击该类犯罪行为。

郑民生故意杀人案犯罪事实清楚，犯罪性质恶劣，犯罪情节严重，主观恶性极大，客观危害结果极重，表现出极其严重的社会危害性和人身危险性，具备故意杀人罪的一般特征，运用以犯罪主体要件、犯罪主观要件、犯罪客观要件和犯罪客体要件动态组合的四要件犯罪构成理论①定罪量刑足以确定罪质，但是其又具有非正常的犯罪主体人格、奇特的犯罪行为模式和存在缺憾的犯罪环境等特殊情况，使用以犯罪主体、犯罪行为和犯罪环境逻辑顺序展开的三要件犯罪构成理论分析则具有了在确定罪质基础上进一步明确罪量的特殊意义；运用中国研究犯罪主体、行为和环境的刑法理论进行基础分析，尚存欠缺，而以大陆法系、英美法系刑事法治发达国家刑法典表现的，刑法学阐述的关于犯罪主体、行为和环境三者的刑法理论补充论述，又恐存缺憾，故而考虑从西方犯罪学中寻找理论根据和启发。因此，本文的研究思路是：基于我国刑法典规定，根据案件事实，运用刑法理论，对与案件相关的我国刑法典的规定进行反思，并提出完善建议。

四、故意杀人罪主体人格障碍问题

人格即个性，是指决定个体外显行为和内隐行为并使其与其他个体具体稳定区别的综合心理特征。② 人格障碍是具有与正常人格较大的动态的差异

① 参见赵秉志主编：《刑法总论》，中国人民大学出版社 2007 年版，第 142 页。
② 参见卢强主编：《教育心理学》，北京出版集团北京出版社 2011 年版，第 28 页。

性的人格类型，并通过一系列或者单个外在客观的言语和行为显示出来。为了便于进行理论分析，根据价值标准把人格障碍分类为善性人格障碍和恶性人格障碍，进而根据恶的轻重把恶性人格障碍分为严重的恶性人格障碍和亚严重的恶性人格障碍。

（一）本案引发的主体人格障碍问题

郑民生于2008年取得西医外科主治医师资格，从医19年，在欲让社会仇恨其前领导和第二任女友的动机驱使下，在不到几分钟的时间内连杀13名小学生，造成8人死亡，表现出非正常的犯罪主体人格特征。根据四要件犯罪构成学说的犯罪主体理论分析，郑民生是成年人，又不是精神病人，具有完全刑事责任能力，应负完全刑事责任。分析到此，四要件犯罪构成理论已经完成确定刑事责任和定罪的任务，定罪之余的情节如犯罪主体人格障碍问题则交由司法权运行中的量刑阶段解决。然而事情并未结束，郑民生不是精神病人是事实，但是其作为医生，为转移仇恨，残忍杀伤无辜的小学生，显然不具有正常的人格。结合具体案情分析，笔者认为，本案被告人郑民生表现出严重恶性的非正常人格障碍。

第一，该罪犯人格表现为非正常的人格障碍。人格障碍是与正常人格差异性较大的动态的人格表现形式。本案中被告人郑民生主观意思是杀害学生，以便让社会仇恨其前领导和第二任女友。依照一般人思维，被告人郑民生杀害学生，社会当然仇恨的是加害人郑民生，不会仇恨与案件不具有直接因果关系的加害人的前领导和第二任女友。即使加害人的前领导和第二任女友是案件发生的一种原因或条件，也不至于使加害人残忍地杀害学生。所以，被告人郑民生具有非正常的人格障碍。第二，该罪犯人格障碍是恶性的。人格障碍可以分为善性的和恶性的，其并不必然是恶性的。有的人格障碍患者智力水平如同儿童，但并不伤害人，甚至打扫环境做好事，这就是善性的。本案中被告人郑民生已脱离正常人的思维方式残忍实施杀人行为，无情剥夺他人生命，当然表现出恶性的人格障碍。第三，该罪犯人格障碍是严重的。案件中被告人郑民生瞬间杀死8名、杀伤5名小学生，危害结果极其严重；庭审中被告人郑民生并不怎么悔改认罪，一再为自己辩护，执迷不悟。法律并不因为罪犯的确信而减免其罪责。可以看出，被告人郑民生具有严重的人格障碍。总之，被告人郑民生具有并不为刑法所宽恕的严重恶性的人格障碍。

一般认为，犯罪行为是犯罪主体危害社会的行为，是其人格的外在客观表现。犯罪主体的人格障碍是关于犯罪主体刑事责任的问题，也是影响犯罪发生的因素，进而反映在刑事法中又是影响定罪量刑的因素。如果我们承认和坚持惩罚和预防犯罪的双重目的刑论，那么本案审判中对被告人郑民生正确定罪量刑就必须考虑其人格障碍问题。本案中被告人郑民生表现为“严重的恶性人格障碍”。“严重的恶性人格障碍”是犯罪主体情形的一种表现形式，是我国司法实践中加重的酌定量刑情节。依据我国刑法规定，郑民生具有杀害13人的非对称性和表面无因性的恶性行为模式，已经足够认定特大恶性的故意杀人罪并判处死刑，考虑其严重的恶性人格障碍似无必要。但是如果欲对本案进行深入的法理研究，必然要从一般发现特殊、从共性挖掘个性并进行经验总结，发现犯罪原因、犯罪规律进行恰当惩罚处遇。所以，阐述和论证整个刑事法理论如何研究人格障碍，对比反思我国刑法理论研究的现状，进而梳理整个刑事立法如何规定，对完善我刑事立法规定具有重要的理论和实践意义。

立法实践上，我国1997年刑法典总则第十八条运用“精神病人”概念对犯罪主体因人格障碍的刑事责任问题进行了高度抽象规定，第六十一条又抽象概括地把人格障碍因素作为酌定量刑情节处理，并纳入量刑阶段交由法官自由裁量。本文将之与西方部分国家刑法典相关规定进行适当比较，从比较刑法学的角度为完善我国关于人格障碍刑法规定提出了概括性的立法建议。

（二）中外刑事法理论关于故意杀人罪主体人格障碍的研究与反思

一般认为，刑法理论主要研究人格的定义、特征、样态以及恶人格出入罪即是否法定化问题。依据我国刑法典规定，通过犯罪行为表现的精神病人格属于已经入罪法定化的严重人格障碍。而本案中被告人郑民生表现的是非法定的严重恶性人格障碍，我国刑法仅把其作为酌定情节在量刑阶段评价。但是，通过下面简单的论证，严重的恶性人格障碍等主体人格问题应该明确进入我国刑法典第六十一条被法定化即作为酌定情节的人格障碍法定化，在定罪和量刑阶段都进行明确立法规制。

1. 我国刑法理论的相关研究

一般认为，我国关于犯罪主体的刑法学理论的主要研究范围是以责任年龄、精神障碍、生理功能丧失和生理醉酒为内容的刑事责任能力，影响刑事责任的犯罪主体特殊身份以及犯罪法人。① 我国司法精神病学界通行观点把精神障碍即精神疾病或精神疾患分为精神病和非精神病性精神障碍。广义说认为，精神病人是指具有各种精神活动异常特征的精神障碍者，包括严重的精神障碍者，还包括精神发育迟缓、神经官能症、人格障碍、性心理障碍者。现行刑法第十八条规定采用的是广义说。②

我国刑法学理论一般都对精神病人的称谓、内涵、范围、司法认定方面进行刑法解释性的研究。有学者认为，刑法中的“精神病”应该指各种明确诊断的精神病（狭义精神病）、严重的智能障碍或者中度（痴愚）或更重的精神发育不全（如白痴）、“精神病等位状态”。“精神病等位状态”包括严重意识障碍的癔症和“病理性醉酒”“病理性半醒状态”“病理性激情”“一过性精神模糊”四种罕见的例外状态。也有学者认为，刑法中的“精神病”仅指精神活动异常达到一定程度的重度精神病患者、严重的智能障碍者和精神病等位状态，不包括神经官能症、轻度精神发育不良、变态人格及性心理障碍等轻度精神异常者。此外还有许多观点，但是焦点是“非精神病性的精神障碍者”是否属于我国刑法规定的“精神病人”，也即精神病人的非精神病化问题。有学者认为，现行刑法典第十八条第一款中的“精神病人”和第三款的“精神病人”的含义和范围并非完全一致，第三款应作完全广义的理解，包括严重的障碍和非精神病性的精神障碍者，这一认识在目前的学界不存在分歧。也有论者认为，从其对自己行为的辨认控制能力、道义责任、行刑效果等理论角度看，非精神病性的精神障碍都应该包括在对精神病人刑事责任能力判断的医学要件中。即其是在第十八条的“精神病人”范围中。③

总体上看来，“精神病人”或“精神障碍”概念病理学的意蕴太浓，“人格障碍”概念完全可以概括各种精神活动异常特征，具有中性的学术意味，并且可以与西方刑法学理论和犯罪学理论相统一。

2. 西方刑法学理论的相关研究

西方刑法学界对于人格障碍问题的研究历史悠久，理论深邃，学派林立，观点各异。人格障碍理论静态上可以分为大陆法系的人格障碍理论和英

---

① 参见赵秉志主编：《刑法总论》，中国人民大学出版社 2007 年版，第 150 页。

② 参见高铭暄主编：《刑法专论》，高等教育出版社 2006 年版，第 221 ~ 222 页。

③ 参加赵秉志主编：《刑法学总论研究述评（1978 - 2008）》，北京师范大学出版社 2009 年版，第 209 ~ 218 页。

美法系的人格障碍理论；其动态上根据社会发展而发展，大致循着抽象古朴的、实证科学的人格障碍理论到建立在古朴和实证相融合基础上现代科学的人格障碍理论的发展轨迹。

（1）大陆法系的人格障碍理论

启蒙主义的刑法思想以及自然主义的古典学派并未对包括精神障碍在内的非正常人格给予太多的关注，真正给予基础性研究的是实证主义的近代学派领军人物意大利刑法学家龙勃罗梭。他在《犯罪人》一书中从犯罪人类学的角度对生来犯罪人的特征归结为扁平的额头、头脑突出、斜眼等生理特征和“痛觉缺失，没有羞耻感和怜悯心，病态虚荣心，易被激怒”等心理特征，并把犯罪人分为遗传的犯罪性、进化的犯罪性和激情犯三类。①

人格行为论认为行为是行为者人格主体的现实化，主体动静只有与其人格态度相结合才能被界定为行为。德国考夫曼、罗克辛，日本团藤重光、大塚仁支持该理论，使其具有较大影响。② 人格行为论和人格责任论具有天然的关系。人格责任论是指将行为作为行为者人格的现实化而进行行为责任和人格形成责任研究，责任是基于不法行为而对行为者人格所进行的非难。人格责任论由比克迈尔创建，经过德国学者梅兹格尔、博克尔曼、韦尔策尔、考夫曼和日本学者安平政吉、团藤重光发展，成为重要的责任论。③ 大陆法系在责任理论中从认识能力、控制能力方面论述人格障碍等责任能力问题；在德国，谋杀罪中的“卑劣动机”，相关法条中的“恶意”“无所顾忌”等主观词语反映特定的人格特征，被视为特别的责任标志，行为人只要具备这些责任标志更应该受到谴责。④

（2）英美法系的人格障碍理论

英美法系属判例法传统，建立了控辩双层犯罪理论，因此其人格障碍理论蕴含在一般辩护理由中，具体体现在精神病的认定标准上。美国精神病认

① 参见马克昌主编：《近代西方刑法学说史》，中国人民公安大学出版社 2008 年版，第 173、197 页。

② 参见马克昌主编：《外国刑法学总论（大陆法系）》，中国人民大学出版社 2009 年版，第 97 页。

③ 参见马克昌主编：《外国刑法学总论（大陆法系）》，中国人民大学出版社 2009 年版，第 226 页。

④ 参见［德］约翰内斯·韦塞尔斯：《德国刑法总论》，李昌珂译，法律出版社 2008 年版，第 220～229 页。

定标准有姆纳坦规则、不能控制规则、德赫姆规则和模范刑法典规则。美国模范刑法典规则把行为人行为时是否因精神或欠缺处于非理智状态认定标准分为“不能认识行为”标准和“不能控制行为”标准；限制了精神疾病的范围，将反复实施犯罪或其他反社会行为表现出来的心理变态排除。① 在英国和爱尔兰等国，精神障碍在两个方面与刑法有关：第一，被告人的状态必须适合进行诉讼；第二，如果被告人的状态适宜审判，审判将如期进行，但被告人可以提出精神障碍辩护。英国和爱尔兰关于精神障碍的法律都围绕麦纳芙顿规则构建，包括辩护的提起、精神健全的推定、由于精神疾病而损害理智、行为性质和特性、行为违法性、部分精神妄想、不可抗拒的冲动、精神障碍的证明和后果、减轻刑事责任以及改革等问题。②

人格障碍即精神障碍是英美刑法中普遍规定的一种可得宽恕性的辩护事由。但是，一般人不愿意以精神病作为辩护理由，因为：其一，这些人不愿意留下两个坏名声，既违反了刑法，又成了精神病人。其二，即使被认定为精神病人，也不能获得自由，要被送到精神病院接受强制治疗，而且这种治疗没有期限，但犯人被关进监狱是有期限的；况且，有的精神病院设备和生活条件比监狱更糟糕。关于精神障碍问题，一般认为英美刑法学者主要研究了以下几个相关问题：精神病的判断标准包括是非认识标准即麦纳芙顿规则、精神疾病产物标准即德赫姆规则、不可控制补充下的是非认识标准即不可控制规则、真实能力标准即模范刑法典规则，以精神病作为辩护事由的举证责任，精神病人的刑事责任和精神病人的释放程序。③

3. 西方犯罪学的相关研究

总体上来讲，对于人格障碍问题，刑法理论较于刑事法治实践显得相对固定保守，而犯罪学重于理论探索研究更加灵活开放。西方犯罪学关于人格障碍问题观点各异、派别林立，相关资料浩如烟海，理论知识丰富多彩。西方犯罪学中犯罪心理学分支的精神病学理论对非正常人格即人格障碍进行了系统的研究。

关于人格障碍的概念和发展。人格障碍是指从儿童期或青春期开始的一系列以人格明显偏离正常为特征的，固定而持久的适应不良行为模式。人格障碍是目前世界上被大多数专家学者接受的概念。与人格障碍相似的概念有

① 参见赵秉志主编：《英美刑法学》，中国人民大学出版社2004年版，第130页。

② 参见吴峻：《英美刑法规则与判例》，中国检察出版社2005版，第204~217页。

③ 参见张旭主编：《英美刑法论要》，清华大学出版社2006年版，第82~87页。

病态人格，这是在人格障碍概念之前基本上为大多数人接受的概念；精神病态，1847年出现在文献中，但作为精神病学术语而使用的时间稍晚一些，曾有精神病态状态和精神病态障碍两种别称；社会病态，由精神病学家帕特里奇于1930年在《病态人格的流行概念》中提出；反社会型人格障碍，主要在美国精神病学文献中使用；和异常人格，该概念与人格障碍同义，其使用者认为“病态人格”强调消极方面过多而主张使用“异常人格”。以上几种术语之间的相同性已为多种文献证实。人格障碍的提出和发展，始终都与犯罪存在密切的关系，是精神病学家和心理学家们解释犯罪行为、对犯罪人进行司法鉴定和矫治的产物。在现代精神病学中，人格障碍概念的提出可以追溯到19世纪初的法国精神病学家菲利普·皮尔内。随后，英国、意大利、德国等精神病学家都对人格障碍理论的发展做出了不同程度的贡献。①

关于人格障碍的分类和特征。德国精神病学家库尔特·施奈德将人格障碍分为情感增盛型、抑郁型、缺乏自信型、狂信型、自我显示型、情绪易变型、爆发型、无情型、意志欠缺型和无力型10种类型；德国精神病学家卡尔·比恩鲍姆将人格障碍者分为包括全身性器质性痴呆者、精神分裂症患者、偏执狂者癫痫患者和酒鬼的个别类型，包括生来性低能人格者、精神病态者的特别类型。美国精神病学家赫威·克莱克利将精神病态特征归纳为16条：……（5）不真实，不忠诚；（6）没有悔过或自责的心理；（7）进行缺乏适当动机和计划性的反社会行为，该行为似乎是从某种莫名其妙的冲动中产生的；……美国精神病学家麦科德夫妇认为，精神病态者具有下列特征：不合群性、受无法控制的欲望的驱使性、高度冲动性、攻击性、缺乏罪恶感和缺乏爱。加拿大精神病学家罗伯特·黑尔的反社会型人格障碍症状清单包括22个项目：（1）圆滑善辩，表面迷人；（2）从前曾有过人格障碍的诊断；（3）自我中心和夸张的自我价值；（4）易于厌烦，易于波动，缺乏稳定性；（5）有病理性说谎或欺骗行为；（6）喜欢对别人发号施令，缺乏对人的忠诚态度；……②

4. 对比与反思

对比西方刑法理论以及西方犯罪学关于人格障碍的研究情况，我国刑法

① 参见吴宗宪：《西方犯罪学史》（第三卷），中国人民公安大学出版社2010年版，第867~873页。

② 参见吴宗宪：《西方犯罪学史》（第三卷），中国人民公安大学出版社2010年版，第874~886页。

学界围绕刑法第十八条关于精神病人刑事责任的规定进行刑法解释性研究，主要为刑事司法实践服务；有关人格障碍理论较为保守、司法解释跟进的附属性较强，创新较少。西方刑法人格障碍理论具有深远的学术传统，系统性和理论性较强，大陆法系产生了关注人格问题较多的犯罪人类学派，形成了人格行为论、人格责任论甚至人格刑法理论；英美法系在总结判例的基础上形成了实用主义的人格障碍理论。西方犯罪学人格障碍理论由于其把全部西方刑法学者包括进去，则具有更为宽广的理论、时空跨度，又不为刑法典所累，则思想汪洋恣睢，漫无边际，处于理论研究的领跑地位。一般认为，犯罪学理论、西方刑法理论和我国刑法理论三者互相影响，融会贯通，但是创新性理论进入犯罪学理论，又进入西方刑法理论，最后进入我国刑法理论的运行轨迹比较容易产生。

以本案为例，郑民生表现出严重的恶性人格障碍，具有严重的社会危害性。根据笔者掌握的资料，关于此种严重的恶性人格障碍理论研究，我国刑法理论界主要围绕精神障碍含义、其刑事责任认定标准①进行跟跑式的刑事司法解释研究，对此种人格障碍进行的本体系统性研究则较为缺乏。西方刑法理论中大陆法系的人格行为论和人格责任论，英美法系关于精神障碍认定标准的姆纳坦规则、不能控制规则、德赫姆规则和模范刑法典规则等理论，也未在我国刑法理论中充分体现，仅是教科书式的展现；我国刑事法学界对于西方犯罪学中人格障碍理论研究的情况也大抵如此。总体上来看，我国刑法学界对精神障碍即人格障碍进行全面性、拓展性和系统性的理论研究有待进一步加强。

（三）我国刑事立法关于故意杀人罪主体人格障碍规定之完善

一般来讲，刑法理论和犯罪学理论总是服务于刑法实践的，犯罪主体人格障碍在不同国家具有不同的体现，有的直接明确入典，有的间接入典，而人格障碍没有入我国刑法典，仅作为量刑阶段由司法裁量权掌控的酌定量刑情节。各个国家的刑法典体现了本国的立法意志和立法技术，蕴含着深刻的刑罚思想理论。通过对以下几个国家刑法典简单的概括性比较，虽然国家间的背景性的刑法运行机制不尽相同，但是似乎大致可以看出我国刑法规范的不足，以及有待进一步完善的地方。

---

① 参见高铭暄主编：《刑法专论》，高等教育出版社2006年版，第221~230页。

1. 大陆法系部分国家刑法典关于故意杀人罪主体人格障碍的规定概览

限于篇幅，仅举出大陆法系中德法意三国刑法典立法例说明外国刑法关于犯罪主体人格障碍问题刑事立法规定的情况。

（1）德法意三国刑法典关于刑事责任条款的规定

《德国刑法典》① 总则第二章行为之第一节可罚性之基础第 19 条规定："行为人行为时不满 14 岁的，无责任能力。"从而规定犯罪主体的刑事责任年龄为年满 14 岁以上。第 20 条规定："行为人行为时，由于病理性精神障碍、深度的意识错乱、智力低下或其他严重的精神状态，不能认识其行为的违法性，或以其认识而行为的，不负责任。"第 21 条："行为人认识行为违法性的能力，或以其认识而行为的能力因第 20 条规定的某种原因而显著减弱的，可依第 49 条第 1 款减轻其刑罚。"《德国刑法典》把人格障碍即精神障碍进行立法具体化，明确规定了病理性精神障碍、深度的意识错乱、智力低下或其他严重的精神状态四种样态，造成不能认识其行为的违法性，或以其认识而行为的不负责任，并且进一步规定了该情况的加减状态。我国刑法典仅把人格障碍即精神障碍进行立法抽象化，概括规定了精神病人的完全无或相对有刑事责任，人格障碍的具体内容则交由量刑阶段的司法裁量权处理，显然对其不够重视，处理得似乎不太科学。

《法国刑法典》② 第 122－1 条规定："在行为发生时患精神紊乱或神经精神紊乱，完全不能辨别或控制自己行为的人，不负刑事责任。在行为发生时患精神紊乱或神经精神紊乱，损害或有碍于辨别或控制自己行为的人，仍得惩处之；但法院得酌情量刑并确定刑罚制度。"

《意大利刑法典》③ 第一编总则第四章罪犯和犯罪被害人第一节可归罪性第 85 至 98 条规定了关于犯罪主体的刑事责任能力。例如第 88 条规定："完全心智丧失在实施行为时因疾病而处于足以排除理解或意思能力的精神状态的，是不可归罪的。"例如第 89 条规定："部分心智丧失在实施行为时因疾病而处于严重降低，但未丧失理解或意思能力的精神状态的，对所实施的犯罪负责；但是减轻处罚。"关于人格障碍的问题，《意大利刑法典》规

① 参见《德国刑法典》（2002 年修订），徐久生、庄敬华译，中国方正出版社 2004 年版，第 10 页。

② 参见《法国刑法典》，罗结珍译，高铭暄专业审校，中国人民公安大学出版社 1995 年版，第 8～31 页。

③ 参见《最新意大利刑法典》，黄风译注，法律出版社 2007 年版，第 37～38 页。

定了完全、部分心智丧失两种状态，具体原因为“疾病”，其涵盖范围显然比我国刑法的“精神病人”要宽广，而又比较中性。

（2）德法意三国刑法典关于量刑原则条款的规定

《德国刑法典》[①] 总则第三章行为的法律后果第二节量刑第46条规定：“（1）行为人的罪责是量刑的基础；量刑时应考虑刑罚对行为人将来的社会生活所产生的影响。（2）法院在量刑时，应权衡对行为人有利和不利的情况；特别应注意下列事项：行为人的行为动机和目的，行为所表露的思想和行为时的意图，违反义务的程度，行为的方式和结果，行为人的履历、人身和经济情况，及行为后的态度，尤其是行为人为了补救损害所做的努力。（3）属于法定构成要件特征的情况可不予考虑。”该条规定了量刑的基本原则。第47条规定：“（1）法院根据犯罪和行为人人格具有的特殊情况，认为只有判处自由刑才能影响行为人和维护法律秩序时，可判处6个月以下的自由刑。”《德国刑法典》在量刑原则上把人格障碍即精神障碍进行立法具体化即法定化，并且直接使用“行为人人格”概念。我国刑法典第六十一条体现的量刑原则，仅把人格障碍即精神障碍视为“情节”进行立法抽象化，概括规定了量刑应当考虑包含人格障碍的“情节”，人格障碍存在与否以及其具体内容则交由量刑阶段的司法裁量权处理，既表现的不够重视，其处理也似乎不太科学。

《法国刑法典》[②] 刑罚个人化方式中第132-24条规定：“法院在法律规定的限度内，依据犯罪情节及罪犯之人格，宣告刑罚并规定刑罚制度；法院宣告罚金刑时，考虑罪犯收入与负担，决定罚金数额。”《法国刑法典》在量刑原则上把人格障碍即精神障碍进行明确法定化，并且直接使用“罪犯之人格”概念。《法国刑法典》第三编刑罚第二章刑罚制度第三节具体明确了“若干引起刑罚加重之情节的定义”。

《意大利刑法典》第一编总则第三章犯罪第二节犯罪情节第59条规定了未认识到的或错误推测的情节；第60条规定了对被害人产生的错误；第61条规定了普通加重情节；第61条和第61-2条规定了普通减轻情节；第63条规定了增减刑罚的适用；等等。《意大利刑法典》第二节犯罪情节具体

① 参见《德国刑法典》（2002年修订），徐久生、庄敬华译，中国方正出版社2004年版，第17页。

② 参见《法国刑法典》，罗结珍译，高铭暄专业审校，中国人民公安大学出版社1995年版，第8~31页。

明确规定了法定量刑情节的适用原则。而我国1997年刑法典第六十一条仅概括规定应当根据犯罪的事实、犯罪的性质、情节和对于社会的危害程度量刑。《意大利刑法典》① 第一编总则第五章刑罚的变更、适用和执行第一节刑罚的变更和适用第133条规定："犯罪的严重程度：从刑法角度的考虑在行使前条提到的裁量权时，法官应当根据下列情况认定犯罪的严重情况：(1) 行为的性质、类型、手段、对象、时间、地点和其他方式；(2) 对被害人造成的损害和或者危险的程度；(3) 故意或者过失的程度。法官还应该根据下列情况认定犯罪人的犯罪能力：(1) 犯罪的原因和犯罪人的特点；(2) 刑事处罚前科，尤其是犯罪人在犯罪前的品行和生活；(3) 犯罪时的品行或者犯罪后的品行；(4) 犯罪人所处的个人、家庭和社会生活环境。"该条规定了刑罚的基本原则。该条内容与刑法典第一编总则第三章犯罪第二节犯罪情节遥相呼应，《意大利刑法典》把行为、主体、环境涉及刑事责任的情节因素明确法定化，人格障碍就蕴含在"犯罪人的特点"中，体现了悠久的法学文化传统和浓厚的理论基础。以此反观我国现行刑法典则显得模糊而黯淡。这从侧面也说明了我国刑法理论需要进一步加强研究和构建。

2. 我国刑法典关于故意杀人罪主体人格障碍的规定概览

我国刑法典总则第十八条规定："精神病人在不能辨认或者不能控制自己行为的时候造成危害结果，经法定程序鉴定确认的，不负刑事责任，但是应当责令他的家属或者监护人严加看管和医疗；在必要的时候，由政府强制医疗。间歇性的精神病人在精神正常的时候犯罪，应当负刑事责任。尚未完全丧失辨认或者控制自己行为能力的精神病人犯罪的，应当负刑事责任，但是可以从轻或者减轻处罚。醉酒的人犯罪，应当负刑事责任。"第六十一条规定："对于犯罪分子决定刑罚的时候，应当根据犯罪的事实、犯罪的性质、情节和对于社会的危害程度，依照本法的有关规定判处。"总体上，刑法典总则对故意杀人罪主体人格障碍进行了抽象概括式而非具体明确式的规定。

3. 我国刑事立法关于故意杀人罪主体人格障碍规定之完善

本案中被告郑民生具有严重的恶性人格障碍。与之紧密相关的是我国刑法典总则第十八条关于"精神病人"刑事责任的规定，该规定并未明确具有原始医学色彩的"精神病人"的概念和范围；第六十一条关于量刑原则的规定，该规定也并未明确量刑的"情节"的概念和范围。因此总体上形

① 参见《最新意大利刑法典》，黄风译注，法律出版社2007年版，第48页。

成刑事立法权严重弱化和刑事司法权过分强化的刑法实践格局，容易造成法官裁量权过大，宣告刑轻重悬殊，导致司法不公，有违罪刑法定精神。本案中，法官依据刑法规定，一般容易认定被告构成故意杀人罪。但是，如果在本案中寻找犯罪原因和有效预防犯罪，则必须考虑被告郑民生具有的特异的严重恶性人格障碍并给予恰当评价和处遇。恶性人格障碍是我国的酌定量刑情节，考不考虑由法官决定。显而易见，我国刑法典总则第十八条和第六十一条规定存在缺陷，需要进一步完善。

(1) 人格障碍刑事责任规定之完善建议

完善刑法规定，除了寻找法理支持之外，还应该向境外寻找刑事立法范例，以便看得更清，完善得更科学合理。围绕人格障碍刑事责任规定问题，第一，《德国刑法典》把人格障碍即精神障碍进行立法具体化，明确规定了病理性精神障碍、深度的意识错乱、智力低下或其他严重的精神状态四种样态，造成不能认识其行为的违法性，或以其认识而行为的不负责任，并且进一步规定了该情况的加减状态。第二，《法国刑法典》也把人格障碍即精神障碍进行立法具体化，明确规定了精神紊乱或神经精神紊乱两种样态，完全不能、损害或有碍于辨别或控制自己行为三种刑事责任状态。第三，《意大利刑法典》规定了完全、部分心智丧失两种样态，具体原因为“疾病”，其涵盖范围显然比我国刑法的“精神病人”要宽广，而又比较中性。第四，我国 1997 年刑法典总则第十八条规定精神病人一种样态，不能或者尚未完全丧失辨认或者控制自己行为两种刑事责任状态。通过对照比较明显可以看出，我国刑法典的“精神病人”概念范围过窄，主观色彩浓，较具有倾向性，在刑事责任章节中进行了抽象模糊法定化。因此，总体上设想把“精神病人”概念换成“人格障碍”概念，或者直接除去而使用如同德法意刑法典的列举加概括方法，在此基础上根据罪刑法定原则修改总则第十八条规定。

以此案为例，郑民生表现出严重恶性的人格障碍，具有严重的社会危害性，从直观和合理的逻辑上讲，即使进行司法解释，“精神病人”也并不能涵盖“严重恶性的人格障碍”，“精神病人”概念价值倾向性太强，似有歧视性色彩，容易造成先入为主的偏见，学术性和理论性不足，而“人格障碍”则与之相反。其实早有论者认为，应将第十八条中的“精神病人”改为“精神障碍”，理由：一是精神病概念本身的狭窄性形成了刑法立法和司法实践之间的矛盾；二是较好地适应司法实践的需要——司法实践对有关条文的适应不限于精神病人；三是刑法学不应脱离精神病学去任意扩大精神病概念的含义；四是借鉴外国立法，确立生物学方法和心理学方法的混合方法，并对精神障碍要素的规定普遍采用含义远远超出“精神病”的其他用语。[①] 其改变“精神病人”的理由很有见地，但是把“精神病人”概念换成“人格障碍”概念可能更为科学合理，更具学术精神。

（2）人格障碍量刑情节规定之完善建议

围绕人格障碍量刑情节规定问题，第一，《德国刑法典》在量刑原则上把人格障碍即精神障碍法定化，使之成为法定量刑情节，并且直接使用“行为人人格”概念。第二，《法国刑法典》在量刑原则上也把人格障碍即精神障碍进行法定化，使之成为法定量刑情节，并且直接使用“罪犯之人格”概念。第三，《意大利刑法典》在量刑原则规定中把行为、主体、环境涉及刑事责任的情节因素明确法定化，人格障碍就蕴含在“犯罪人的特点”中，使之成为法定量刑情节，表现出悠久的法学文化传统和浓厚的理论基础。第四，我国刑法典总则第六十一条仅抽象概括性地规定了“情节”二字，使人格障碍成为任由法官决定评价的酌定量刑情节。通过对照比较可以看出，总则第六十一条关于量刑原则的规定过于抽象，不利于强化刑事立法权限制刑事司法权。因此，总体上设想修改第六十一条规定，使“情节”具体明确化，并且把酌定量刑情节“人格障碍”变成法定量刑情节，体现罪刑法定原则。

量刑原则问题较早便受到刑法学界较多的关注，研究愈加科学和细化。有论者从宏观角度认为，量刑制度改革总体目标应当综合化和精确化。[②] 2008 年度，学者们对量刑基准、量刑政策、量刑情节和量刑的精确性进行了富有成果的研究。[③] 量刑情节是反映犯罪行为的社会危害性及行为人人身危险性程度，从而影响刑罚轻重的各种主客观情况，是选择法定刑和决定宣告刑的依据。当法定刑最高刑是死刑时，仅仅确定犯罪性质是远远不够的，必须进一步研究各种犯罪情节，才能确定是否应该判处死刑。在 2007 年全国刑法学术年会上，学术界对死刑的裁量情节进行了深入的研究和讨论，我

① 参见赵秉志主编：《刑法学总论研究述评（1978 – 2008）》，北京师范大学出版社 2009 年版，第 209 ~ 218 页。

② 参见高铭暄、赵秉志主编：《新中国刑法学研究 60 年》，中国人民大学出版社 2009 年版，第 374 页。

③ 参见高铭暄、赵秉志主编：《新中国刑法学研究 60 年》，中国人民大学出版社 2009 年版，第 449 页。

国死刑裁量情节规定存在缺陷：一是规定过于笼统，缺乏明确性；二是分则与总则规定不统一；三是部分规定与国际条约规定的死刑适用标准不协调。① 被害人过错等故意杀人罪死刑裁量中的酌定从轻情节，要求法定化。在2008年全国刑法学术年会上，对于酌定量刑情节是否应该法定化问题，多数论者认为，实践中经常使用的、影响犯罪人罪责具有共性的、能够法定化的酌定量刑情节，应当通过立法程序确立为法定量刑情节。②

综上所述，通过对比德、法、意刑法典和我国1997年刑法典，总体上来说，德、法、意等三国刑法典的人格障碍或精神障碍概念涵盖范围广，主观色彩淡，较为中性，在刑事责任章节中进行了具体明确法定化，并且在量刑原则条款中直接使用“行为人人格”“罪犯之人格”“犯罪人的特点”概念并进行了量刑情节法定化；而我国刑法典的“精神病人”概念盖范围窄，主观色彩浓，较具有倾向性，在刑事责任章节中进行了抽象模糊法定化，并且在量刑原则条款中概括使用“情节”概念并进行了量刑情节司法酌定化。结合案情来看，通过比较查看相关司法解释，我国刑法仅对“精神病人”设定刑事责任，而未涉及广义犯罪主体的人格障碍问题，对被告人郑民生适用“精神病人”刑事责任条款似乎并不太合适，除非对“精神病人”作出细分的司法解释；我国刑法量刑原则条款仅抽象概括规定了由法官决定是否评价的人格障碍“情节”，但对被告人郑民生似乎必须评价其严重的恶性人格障碍，以便更全面地发现犯罪原因，以使刑法更有效地惩罚和预防犯罪。随着经济和社会的发展，社会化进一步加深，依然存在产生类似郑民生犯罪人格障碍的社会条件，刑法理论对其有必要加强研究，刑法典也有必要对其完善立法并有效惩处。因此，在刑事立法实践上，笔者设想总体上在刑事责任条款中把“精神病人”概念换成“人格障碍”概念，或者直接弃用而使用如同德、法、意三国刑法典“列举加概括”的方法，在此基础上根据罪刑法定原则修改刑法总则第十八条规定；同时，修改第六十一条规定，使“情节”适当具体明确化，并且把酌定量刑情节“人格障碍”变成法定量刑情节，体现罪刑法定原则，双管齐下，强化刑事立法权对刑事司法权的限制。

---

① 参见高铭暄、赵秉志主编：《新中国刑法学研究60年》，中国人民大学出版社2009年版，第839~840页。

② 参见高铭暄、赵秉志主编：《新中国刑法学研究60年》，中国人民大学出版社2009年版，第866页。

五、故意杀人罪的行为模式问题

德国学者罗克辛认为：一个人事先实施了一个行为的说法，就是对一个人必须能够把由他发生的一种事件或者一种不做（德语直译）作为他的举止行为而归责于他这个内容，进行价值评价的结果。[①] 这就是德国学者罗克辛对行为的整体定义。而行为模式是在界定行为要素的前提下，对行为各种各样表现形式的理论抽象。行为模式、行为类型、行为样态和构成要件之间简单的区别在于：行为模式侧重于行为个体本身内部的系统结构研究；行为类型侧重于行为个体之间的类型化研究；行为样态侧重于行为个体本身的平面静态的研究，而行为模式更侧重于行为本体的抽象性理论构造；大陆法系的构成要件概念则紧扣刑法典，为构造犯罪论提供理论基石。

研究故意杀人罪的行为模式问题，从刑法典和四要件犯罪构成理论角度讲，首先应该把犯罪行为从四要件犯罪构成理论的客观要件方面中分离出来。四要件犯罪构成理论一直在客观要件方面论述犯罪行为问题，使其理论地位较低。为了在分析本案犯罪性质的基础上，进一步分析犯罪的社会危害程度，有必要把犯罪行为从客观要件中分离出来，对其特定的本体构成进行具体理论分析。其次，对犯罪行为本体和犯罪环境进行界定。本文把犯罪行为定义范围缩小，在较小的概念范围中使用，把行为时间和行为地点分离出来放在犯罪环境里面，单列犯罪行为使之与犯罪主体、犯罪环境处于同一层次，并且试图运用特定的犯罪环境理论分析案情罪量，科学惩罚和预防犯罪，阐述犯罪环境因素入罪的情况。

（一）本案引发的犯罪行为模式问题

本案中，郑民生的行为表现出非正常的犯罪行为模式。根据四要件犯罪构成理论分析，郑民生采用暴力手段，残酷剥夺他人生命，具有极其严重的社会危害性，已经构成故意杀人罪，应该受到法律严惩。但是事情远未结束，郑民生采用暴力手段残酷剥夺他人生命是事实，但是其作为医生，为转移仇恨，残忍杀伤无辜的小学生，显然已经突破传统的仇杀情杀财杀故意杀人罪行为模式，具有非对称性、表面无因性的非正常暴力犯罪行为模式。

结合具体案情分析笔者认为，郑民生故意杀人犯罪行为表现为具有非对

---

① 参见［德］克劳斯·罗克辛：《德国刑法学总论》（第1卷），王世洲译，法律出版社2005年版，第133页。

称性、表面无因性的非正常暴力犯罪行为模式：第一，该犯罪行为是暴力犯罪、自然犯罪。郑民生手持利刃残忍杀害小学生，造成8死5伤严重危害结果，表现出极其严重的暴力性。杀害生命犯罪从来都是严重的自然犯罪而非法定犯罪，古今中外刑法都将其认定为重罪，配置极其严厉的刑罚给予处罚。第二，该犯罪行为具有非对称性。郑民生仇恨其前领导和第二任女友，依据一般人的逻辑思维，郑民生理应对前领导和第二任女友进行对称性的报复行为，但其转而对社会弱势群体小学生进行报复，体现出行为模式的非对称性。该非对称性行为模式不是正常的恶性行为反应模式，使得社会管理系统防不胜防，行为从而具有突发性、更大的社会破坏性。第三，该犯罪行为具有表面无因性。郑民生杀伤小学生犯罪行为，从行为本身来看并不存在发生的原因，郑民生和小学生没有直接关系，仅都是共同生活在同一片蓝天下的社会成员，具有表面无因性。但是郑民生基于要让社会仇恨其前领导和第二任女友的杀人动机，主观臆想让社会大众跳过作为直接杀人犯罪的本人，去谴责仇恨作为间接犯罪动因的前领导和第二任女友，具有表面无因性。但是实质是有因的，这个因即把人类结成相互紧密联系的社会化。如果人类在生活状态中是互不联系的孤立个体的非社会化，恐怕就不存在让郑民生产生杀伤无辜别人以使社会仇恨其前领导和第二任女友主观臆想的社会基础了。第四，该犯罪行为具有强烈可谴责的非正常卑鄙性。小学生是祖国的花朵和未来，是社会弱势群体和大众关心爱护的对象。郑民生选择小学生下手报复因别人引起的私仇，手段残忍，具有强烈可谴责性。

不可否认，犯罪行为模式就是犯罪行为的具体表现，是整个行为刑事法中评价的中心问题，对定罪量刑起着基础性的决定作用。如果我们承认和坚持惩罚和预防犯罪的双重目的刑论，并且坚持一般预防和特殊预防相统一，那么，本案审判中对被告人郑民生正确定罪量刑就必须考虑犯罪行为模式的特殊性。本案中被告人郑民生行为模式具有非对称性、表面无因性的非正常暴力特征。“非对称性、表面无因性的非正常暴力行为模式”是犯罪行为的一种特殊表现形式，是我国司法实践中加重的酌定量刑情节。依据我国刑法典规定，本案被告人郑民生实施杀死8人并重伤5人的严重犯罪行为，已经足够认定特大恶性的故意杀人罪并判处死刑，考虑对被告人不利和有利特殊性的犯罪行为模式似无必要。但是对本案进行深入的法理研究，必然要体现善于从特殊到一般、从个性到共性并返还进行双向抽象思维优良的理论研究品质。所以，关于犯罪特殊的行为模式，阐述和论证整个刑事法理论研究如何，对比反思我国刑法理论研究，进而探讨整个刑事立法该如何规定，对于完善刑事立法规定具有重要的理论和实践意义。

刑事法理论上以此思路为中心展开犯罪行为模式研究，参照相关国内外刑法典规定、刑法学理论和犯罪学理论，从比较刑法学的角度简单对比反思我国刑法理论的研究。在刑事立法实践上，我国刑法典总则第六十一条仅抽象概括地把特殊的杀人罪行为模式作为酌定量刑情节处理，定罪阶段则不予考虑，在量刑阶段交由法官自由裁量；相关分则条文也对杀人犯罪行为作了相应较为简单、抽象的规定。通过与西方部分国家刑法典规定横向比较，本文为完善我国关于犯罪行为模式的刑法规定提供简单论证。

（二）中外刑事法理论关于故意杀人罪行为模式的研究与反思

行为模式论是行为的样态论，是行为要素的排列组合方式，为在犯罪性质认定的基础上进行犯罪量度分析提供理论根据。行为要素分为客观要素和主观要素即体素和心素，但是还应该分下去，即包括行为主体、行为对象以及二者关系、行为动机和动机产生背景等等。

1. 我国刑法理论的相关研究

一般认为，我国刑法学理论把犯罪行为放在犯罪构成的客观方面内论述，主要研究犯罪行为对象、危害结果、行为时间、行为地点、行为方式和因果关系等。① 把犯罪行为放在犯罪构成的客观方面内论述使得行为论在犯罪论中地位降低，并使其界定犯罪与非犯罪行为以及犯罪类型的基础性作用弱化，毕竟犯罪是一种行为，行为概念是犯罪概念的上位概念，研究犯罪必然绕不开对行为的研究。我国刑法理论根据对犯罪行为进行分类的方式展开对行为样态的粗线条式研究，分为作为和不作为、故意行为和过失行为、暴力行为和非暴力行为等等。但是对于严重犯罪的具体行为模式研究较为缺乏。

广义上讲，一般包括预备犯、未遂犯、中止犯和既遂犯的犯罪停止形态、共犯形态、罪数形态等理论都是研究行为模式的刑法理论。关于故意犯罪的停止形态，有学者认为，中止犯和未遂犯的竞合形态属于大陆法系刑法理论中的准中止犯。② 后来，学者们主要研究了不能犯的理论地位、区分和

① 参见赵秉志主编：《刑法总论》，中国人民大学出版社2007年版，第221页。

② 参见高铭暄、赵秉志主编：《新中国刑法学研究60年》，中国人民大学出版社2009年版，第418页。

判断标准。[①] 我国刑法学界对包括作为、不作为和持有的行为方式，故意行为、过失行为和意外事件中行为的行为类型，以及实行行为、预备行为、中止行为的行为阶段进行了研究。一般来讲，刑法学理论围绕刑法规范的犯罪行为，进行规范性、静态性、个别化、修正性和价值判断研究。[②]

2. 西方刑法理论的相关研究

西方刑法学界对于犯罪行为问题的研究历史悠久，理论深邃，学派林立，观点各异。本文将行为理论静态上分为大陆法系的行为理论和英美法系的行为理论进行阐述。一般认为，大陆法系是成文法系，其行为理论系统严谨，相对古朴典雅，充满抽象思辨色彩；英美法系是判例法系，其行为理论活泼开放，相对先进自由，充满科学探索精神。

（1）大陆法系的行为理论

大陆法系行为理论是行为的本质论。从历史上来看，行为论经历了从存在主义的行为论到价值主义的行为论的演进，其包括因果行为论、目的行为论、社会行为论、规范行为论和人格行为论。[③] 可以看出，大陆法系形成了百家争鸣、系统严谨、理论精深的行为本质论。德国一般把犯罪行为分为重罪和轻罪，结果犯和行为犯，实害犯和构成危险犯，持续犯和状态犯，作为犯和不作为犯，一般犯、特别犯和亲手犯、举动犯。[④] 大陆法系的其他国家对犯罪行为也进行了各种各样的区别，形成了丰富多彩的行为类型论。总体上，大陆法系较为缺乏对行为个体本身内部系统构造的理论研究。

一般认为，行为论是大陆法系各派论述犯罪论的前提和基础理论，在犯罪论中占有举足轻重的地位。特别是，行为论是大陆法系典型的三阶段犯罪构成论的基础和前提。犯罪行为不法性根据行为之结果无价值和行为无价值来确定，其有责性则产生于思想意识无价值，该无价值反映了行为人对待法制秩序要求的行为规范的错误态度和法制观念不足。[⑤] 对刑法上的行为概念

① 参见高铭暄、赵秉志主编：《新中国刑法学研究60年》，中国人民大学出版社2009年版，第444页。

② 参见赵秉志主编：《刑法论丛》2011年第1卷（总第25卷），法律出版社2011年版，第5~6页。

③ 参见陈兴良：《教义刑法学》，中国人民大学出版社2010年版，第74页。

④ ［德］约翰内斯·韦塞尔斯：《德国刑法总论》，李昌珂译，法律出版社2008年版，第1~2页。

⑤ ［德］约翰内斯·韦塞尔斯：《德国刑法总论》，李昌珂译，法律出版社2008年版，第9页。

是本体论行为概念还是法学行为概念，以及行为意志在犯罪系统意义等问题，众多行为理论有不同的见解。① 但是，一般认为，大陆法系的行为论为行为的本质论，原因自由行为论可以看成是其行为模式论，但是也较为缺乏相应的行为模式即行为样态理论研究。

（2）英美法系的行为理论

英美刑法学者并没有过多地论述行为的本质。著名的《肯尼刑法原理》只是把犯罪行为客观方面定义为“法律力求防止的，本身包含着危害结果的人类行为”。该定义简单明了。一般地，英美法系的行为理论把行为分为作为、不作为、持有和事态四种类型。持有和事态是英美法系两种独特的行为类型。英美刑法学者认识到，大多数事态包含一个或多个行为，但是其却不能还原成一个或多个行为。

英美法系是判例法系，其行为理论研究虽受到大陆法系的影响，但也显示出无拘无束，注重实践案例和科学统计分析的品质。许多英美刑法学者对具体的杀人犯罪行为模式进行了较为详细的研究。例如，Wolfgang（1967）费城杀人犯罪研究显示，有39%的杀人是以利刃实施，33%使用枪械射击杀死，22%遭斗殴而死，仅有6%是以其他方式如毒害、窒息致死。② 杀人犯罪行为形态根据发生的时空特点分为系列杀人和集体杀人；依据犯罪动机分为利欲杀人、纠葛杀人、隐蔽杀人、性欲杀人和出于多种复杂动机的无型群杀人；美国联邦调查局的官方报告将杀人犯罪分为重伤害谋杀、有重伤害嫌疑谋杀、无犯罪预谋谋杀、其他动机或状况而起的谋杀和动机不明谋杀；依据加害者和被害者的关系分为家庭间杀人、熟识者间杀人和陌生者间杀人。③

3. 西方犯罪学的相关研究

在我国法学界，西方犯罪学和西方刑法学许多部分相重合，但前者的视野要大于后者。狭义西方犯罪学并未像西方刑法学，特别是大陆法系那样对行为本质展开深入研究，形成因果行为论、目的行为论、社会行为论、规范

① ［德］约翰内斯·韦塞尔斯：《德国刑法总论》，李昌珂译，法律出版社2008年版，第42页。

② 参见杨士隆主编：《暴力犯罪：原因、类型与对策》，台湾地区五南图书出版股份有限公司2004年版，第275页。

③ 参见杨士隆主编：《暴力犯罪：原因、类型与对策》，台湾地区五南图书出版股份有限公司2004年版，第277～279页。

行为论和人格行为论等丰富的行为本质论，而是从更全面的角度用更广阔的视野深入研究了犯罪行为产生的原因、规律和环境，以及预防对策。

但是，狭义西方犯罪学也对犯罪行为个体进行深入研究，其借助对犯罪人分类而完成对犯罪行为的类型化，其历史悠久，内容博大精深，举不胜举。例如，德国精神病学家、犯罪学家阿沙芬堡根据他的犯罪多因论，在犯罪类型论中将犯罪人分为七类：偶发、激情、机会、熟虑、习惯、职业犯罪人和累犯。[①] 统一的犯罪学研究与社会相联系、具有社会危害性并且类型化的行为；犯罪学的分支学科研究具有发生领域特定性、行为类型专业性和行为形式开放性的行为。[②]

4. 对比与反思

关于行为的本质论。大陆法系是成文法系，其行为理论偏重于理论构造，形成了因果行为论、目的行为论、社会行为论、规范行为论和人格行为论等丰富多彩的行为本质论；英美法系是判例法系，其行为理论偏重于具体案例的分析和总结，似乎缺乏对行为本质研究的热情。但是二者都存在值得我们学习的长处。狭义的西方犯罪学站在自己的学术目的上似乎也没有心思构筑自己的行为本质论。我国刑法学较为缺乏对行为本质的全面研究，例如仅倾向性认为社会危害性是犯罪行为的本质，因而需要从其他角度加强对行为本质的探讨研究。

关于行为的类型和地位。行为类型论属于广义的行为模式论。西方刑法学和西方犯罪学都从自己的学术目的对行为类型进行了全方位、多角度的研究，特别是西方犯罪学通过对犯罪人分类而完成对犯罪行为的类型化、系统化理论研究，历史悠久，内容博大精深，值得我们学习和借鉴。西方刑法学把行为论作为犯罪论的前提理论进行研究。一般认为，我国刑法理论关于包括行为模式论的行为论在犯罪论中的体系地位较低，需要进一步提高其体系地位并加强研究。

关于狭义的行为模式论。行为模式论是侧重于行为个体本身内部系统结构研究的理论。一般认为，西方刑法学和西方犯罪学也提出过例如行贿受贿犯罪的对偶犯罪行为模式，但较为缺乏对行为模式的系统研究，我国也大抵如此。总体上来看，我国刑法学界有待进一步加强对于犯罪行为模式进行全

① 参见吴宗宪：《西方犯罪学史》，警官教育出版社 1997 年版，第 341 页。

② 参见赵秉志主编：《刑法论丛》2011 年第 1 卷（总第 25 卷），法律出版社 2011 年版，第 3～4 页。

面性和拓展性的理论研究。

（三）我国刑事立法中故意杀人罪行为模式规定之完善

一般来讲，刑法理论和犯罪学理论总是服务于刑法实践的，故意杀人罪行为模式在不同国家具有不同的体现，一般地，西方刑法典在分则中采取列举加概括的表述方式明确规定了具体的几种甚至十几种杀人行为模式，我国刑法典则概括地规定了三种杀人行为模式。

1. 大陆法系部分国家刑法典关于故意杀人罪行为模式的规定概览

《德国刑法典》第211条规定：“（谋杀）（1）谋杀者处终身自由刑。（2）谋杀者是指出于杀人嗜好、性欲的满足、贪财或其他卑劣动机，以阴险、残暴或危害公共安全的方法，或意图实现或掩盖其他犯罪行为而杀人的。”第212条规定：“（故意杀人）（1）非谋杀而故意杀人的，处5年以上自由刑。（2）情节特别严重的，处终身自由刑。”其规定了谋杀和故意杀人两种行为模式。第213条规定：“（故意杀人的减轻情节）非故意杀人者的责任，而是因为被害人对其个人或家属进行虐待或重大侮辱，致故意杀人者当场义愤杀人，或具有其他减轻情节的，处1年以上10年以下自由刑。”第216条规定：“（受嘱托杀人即帮助自杀行为）（1）应受被害人明示且真诚之请求而将其杀死的，处6个月以上5年以下自由刑……”第218条规定了中止妊娠犯罪行为。第221条规定了遗弃致人死亡或严重损害健康危险的犯罪行为。第222条规定了过失杀人犯罪行为。①

《法国刑法典》第221－1条规定：“故意致他人死亡之行为成立故意杀人罪。故意杀人罪处30年徒刑。”第221－2条规定：“故意杀人前、后或同时另犯其他重罪的，处无期徒刑……”第221－3条规定：“有预谋地故意杀人为谋杀。谋杀罪处无期徒刑……”第221－4条规定：“犯故意杀人罪，有下列情形的，处无期徒刑：（1）杀害15岁以下的未成年人；（2）杀害合法直系尊亲或非婚尊亲，或杀害养父或养母；（3）杀害因年龄、疾病、残疾、怀孕、身体或精神缺陷，明显极易攻击之人或罪犯明知极易攻击之人；（4）杀害正在履行职务或任务的法官、陪审员、律师、公务助理人员……”该条列举了五种法定犯罪情节即具体的行为模式。第221－5条规

① 参见《德国刑法典》（2002年修订），徐久生、庄敬华译，中国方正出版社2004年版，第108页。

定了毒杀罪。①

《意大利刑法典》第575条规定："杀人罪造成一人死亡的，处以21年以上有期徒刑。"大致来看，第576、577条规定了杀人罪的加重情节例如杀害亲属等十种犯罪行为模式。第578、579、580、584、586、589、591、593条分别依次规定了在受遗弃情况下杀婴、经同意杀人、教唆或者帮助自杀、超意图杀人、因其他犯罪造成的死亡、过失杀人、遗弃未成年人或者无能力者致死和不提供救助致死等八种杀人行为模式。②

2. 我国刑法典关于故意杀人罪行为模式的规定概览

我国刑法典规定了故意杀人罪、过失致人死亡罪和故意伤害致人死亡三种杀人行为模式。第二百三十二条："故意杀人的，处死刑、无期徒刑或者十年以上有期徒刑；情节较轻的，处三年以上十年以下有期徒刑。"第二百三十三条："过失致人死亡的，处三年以上七年以下有期徒刑；情节较轻的，处三年以下有期徒刑。本法另有规定的，依照规定。"第二百三十四条："故意伤害他人身体的，处三年以下有期徒刑、拘役或者管制。犯前款罪，致人重伤的，处三年以上十年以下有期徒刑；致人死亡或者以特别残忍手段致人重伤造成严重残疾的，处十年以上有期徒刑、无期徒刑或者死刑。本法另有规定的，依照规定。"

3. 我国刑事立法关于故意杀人罪行为模式规定之完善

如前文所述，郑民生故意杀人行为表现为具有非对称性、表面无因性的非正常暴力行为模式。与之紧密相关的是我国1997年刑法典总则第六十一条关于量刑原则的规定，该规定并未明确量刑的"情节"的概念和范围；分则第二百三十二条关于故意杀人罪的规定，第二百三十三条关于过失致人死亡罪的规定，第二百三十四条关于故意伤害致人死亡犯罪行为的规定，都仅从犯罪主观要件角度抽象概括性地规定了故意杀人罪、过失致人死亡罪和故意伤害致人死亡三种杀人行为模式，没有进一步明确具体的行为模式即行为样态。因此总体上形成刑事立法权严重弱化和刑事司法权过分强化的刑法实践格局，容易造成司法不公。本案中，法官依据刑法典规定，一般容易认定被告构成故意杀人罪。但是，如果在本案中正确惩罚罪犯，寻找犯罪原因和有效预防犯罪，则必须考虑被告郑民生故意杀人犯罪行为具有的非对称

① 参见《法国刑法典》，罗结珍译，高铭暄专业审校，中国人民公安大学出版社1995年版，第52、53页。

② 参见《最新意大利刑法典》，黄风译注，法律出版社2007年版，第194页。

性、表面无因性的非正常暴力行为模式并给予恰当评价和处遇。该非正常暴力行为模式是我国的酌定量刑情节，考不考虑由法官决定。显而易见，我国刑法典总则第六十一条规定和分则第二百三十二、二百三十三、二百三十四条关于杀人犯罪行为的规定存在缺陷，需要进一步完善。

（1）杀人行为模式规定之完善建议

完善刑法规定，除了寻找法理支持之外，还应该向境外寻找刑事立法范例参照物，以便看得更清，完善得更科学合理。围绕杀人行为模式规定问题，第一，《德国刑法典》规定了谋杀、故意杀人、因个人或家属而义愤杀人、受嘱托杀人、中止妊娠、遗弃致人死亡和过失杀人七种具体杀人行为模式和一类故意杀人其他情节；《法国刑法典》把杀人行为模式进行适当的立法具体化，明确规定了故意杀人、谋杀和毒杀三种行为样态，并且具体规定了五种加重的故意杀人罪法定情节和一种故意杀人罪和其他相关重罪并科的情况；《意大利刑法典》也把杀人行为模式进行适当的立法具体化，明确规定了例如杀害亲属、不提供救助致死等十八种行为样态。第四，我国 1997 年刑法典分则第二百三十二、二百三十三和二百三十四条仅从犯罪主体主观要件角度高度抽象概括性地规定了故意杀人罪、过失致人死亡罪和故意伤害致人死亡三种杀人行为模式。通过对照比较明显可以看出，大致讲德、法、意三国刑法典分则规定杀人罪较为具体明确，体现了强烈的罪刑法定精神，强调刑事立法权并限制刑事司法权；我国刑法典分则规定杀人罪较为抽象概括，例如“故意杀人的”“情节较轻的”，没能体现了强烈的罪刑法定精神，弱化刑事立法权从而强化了刑事司法权。因此，总体上设想把关于故意杀人罪的符合中国特色社会主义价值理念刑法规定化，并把司法实践中经常适用的关于故意杀人罪酌定量刑情节在规定杀人犯罪行为的具体罪刑条款中法定化，采用列举加概括的立法模式，使我国关于杀人犯罪行为的条款规定较为具体明确，以此强化刑事立法权。

（2）行为模式量刑情节规定之完善建议

围绕故意杀人罪行为模式量刑情节问题，第一，《德国刑法典》第 46 条在量刑原则中明确规定法院在量刑时应权衡对行为人有利和不利的情况，特别应注意行为的方式和结果。第二，《法国刑法典》刑罚个人化方式第 132－24 条在量刑原则上明确规定“依据犯罪情节”；第三编刑罚第二章刑罚制度第三节具体明确了“若干引起刑罚加重之情节的定义”。第三，《意大利刑法典》第 133 条规定在量刑原则规定中明确规定法官应当根据“行为的性质、类型、手段、对象、时间、地点和其他方式”等情况认定犯罪的严重情况。第四，我国刑法典总则第六十一条规定仅抽象概括性地规定了“情节”二字，使行为模式成为任由法官决定评价的酌定量刑情节。通过比较明显可以看出，德、法、意三国刑法典总则规定了较为具体明确的量刑原则，而我国1997年刑法典总则第六十一条规定过于抽象概括。结合对比各国刑法典分则关于杀人罪的规定，可知我国刑法典关于杀人罪规定弱化刑事立法权进而强化了刑事司法权。因此，总体上设想修改刑法典总则中第六十一条关于量刑原则的规定，使“情节”适当具体明确化，把酌定量刑情节“行为模式”变成法定量刑情节，体现罪刑法定原则。

对于故意杀人罪的量刑情节问题，刑法学者们也进行了卓有成效的理论研究、刑事司法机关也给予适当的关注；学者们对杀人犯罪行为的量刑条款也提出了完善建议。例如，有论者认为，故意杀人罪的从重情节有：杀害处于不能抗拒状态的人，如孕妇、老人、儿童以及熟睡、重病或受重伤的人等；为掩饰或便利其他犯罪而杀人；手段特别残忍；动机特别恶劣。从轻情节有：罪犯受极大痛苦而杀害被害人的；当场激愤或义愤而杀人的；被害人自愿被杀的等。有论者具体论述了死刑适用和适用标准。1999年10月27日最高人民法院颁布了《全国法院维护农村稳定刑事审判工作座谈会纪要》确立了被害人有明显过错一般不应判处死刑立即执行的规则。关于故意杀人罪的立法完善，有论者建议故意杀人罪的罪状和法定刑重新设计如下：故意杀人的，处死刑、无期徒刑或者十年以上有期徒刑；有下列情节的，加重或者从重处罚：（1）行为人系被害人直系亲属的；（2）行为人动机卑鄙，行为恶劣……（3）杀害多人或者多次杀害一人的；……因情绪之激动、绝望、恐惧以及大义灭亲而杀人的，情节较轻的，处三年以上十年以下有期徒刑等等。①

对于我国刑法典总则中规定量刑原则的第六十一条修改，以及部分酌定量刑情节法定化问题，许多学者进行了卓有成效的理论研究并提出了颇有见地的完善建议。有学者认为，量刑根据会是我国社会主义一般司法原则的翻版，未体现量刑特征；第六十一条规定缺乏科学性和合理性，不能适应现代刑法理论和时代发展的需要。② 有学者认为，我国刑法缺乏对刑罚个别化内

---

① 参见赵秉志主编：《刑法学各论研究述评（1978－2008）》，北京师范大学出版社2009年版，第235页。

② 参见胡学相：《论我国刑法中量刑原则的重构》，载《法学评论》2005年第1期。

容的规定。① 有学者认为，1979 年刑法第五十七条即现行刑法第六十一条包含刑罚个别化原则也是大有疑问的。② 有学者认为，对犯罪人的刑罚裁量，不仅要考虑客观行为，而且要考虑犯罪人的人格状况。遗憾的是，我国刑法始终未意识到此点，量定刑罚时，仍然以传统的犯罪行为和危害结果独占量刑领地，置行为人于不顾，缺乏人文气息和人性色彩。③ 尽管我们在理论上可以把第六十一条规定的“情节”解释为量刑情节，进而把反映犯罪人人身危险性和改造可能性的因素涵括在“情节”中，但“情节”包括什么内容，法官如何甄别和适用，难免会存在随意性。④ 其实，我国 1979 年刑法草案第 33 稿关于量刑原则的条文中，在“应当根据犯罪的事实、犯罪的性质、情节和对于社会的危害程度”之后，还有一句“参照犯罪分子的个人情况、认罪的老实态度和对犯罪的悔改态度”。后来，由于种种原因，该句未被立法者采纳。参照境外的立法例，笔者拟提出以下建言：量刑时应以犯罪对于社会的危害程度为基础，并应权衡一切对犯罪分子有利和不利的情况，尤其注意下列事项：（1）犯罪人的一贯表现；（2）犯罪的动机；（3）犯罪的目的；（4）被害人过错的性质和大小；（5）犯罪故意的程度；（6）犯罪的手段；（7）犯罪的时间、地点；（8）犯罪造成的损害和影响；（9）犯罪人与被害人平日关系；（10）犯罪侵害的对象；（11）犯罪分子的认罪态度；（12）犯罪后减少犯罪损失的程度；（13）赔偿被害人方经济损失的情况。⑤ 实现部分酌定量刑情节法定化，实际上是一种规范酌定量刑情节的适用方式。法定量刑情节对于量刑的影响是可预知的、确定的，而酌定量刑情节是否被认定，则有赖于法官的主观衡量。司法实践中，公诉方一般不重视酌定量刑情节证据的收集。特别是有利于被告人的证据收集，公诉人不举证，辩护人也不调查取证，因此法官对被告人处以轻重悬殊的刑罚，严重影响司法公正。因而应该遵循典型性、价值衡量、司法解释或者司法规范性文

① 参见丁信贤、窦川坦：《谈我国量刑原则的缺失及其影响》，载《政法论坛》2001 年第 2 期。

② 参见陈兴良：《刑法哲学》，中国政法大学出版社 2004 年版，第 646 页。

③ 参见张文、刘艳红、甘怡群：《人格刑法导论》，法律出版社 2005 年版，第 295 页。

④ 参见赵秉志主编：《刑事法治发展研究报告（2009－2010 年卷）》，中国公安大学出版社 2011 年版，第 42～50 页。

⑤ 参见赵秉志主编：《刑事法治发展研究报告（2009－2010 年卷）》，中国公安大学出版社 2011 年版，第 46 页。

件有规定者优先、循序渐进的原则实现部分酌定量刑情节法定化。①

综上所述，通过对比德、法、意三国刑法典和我国刑法典，前者都规定了许多种具体的杀人行为模式，并且在量刑原则条款中直接使用“行为的方式和结果”“行为的性质、类型、手段、对象、时间、地点和其他方式”等表述进行量刑情节法定化；而我国规定了故意杀人罪、过失致人死亡罪和故意伤害致人死亡三种杀人行为模式，并且在量刑原则条款中概括使用“情节”概念使得特定的行为模式量刑情节司法酌定化。结合案情来看，对被告郑民生只能适用“故意杀人罪”罪刑条款，刑法罪刑条款不考虑该类案件行为模式的特殊性似乎过于简单；我国刑法量刑原则条款仅抽象概括规定了由法官决定是否评价的人格障碍“情节”，但对被告郑民生似乎必须评价其特殊的犯罪行为模式，以便在确定罪质的基础上确定罪量，以使刑法更有效惩罚和预防犯罪。

随着经济和社会的发展，社会化进一步加深，依然存在产生类似郑民生特殊的犯罪行为模式的社会条件，刑法理论对其有必要加强研究，刑法典也有必要对其立法惩处。因此，在刑事立法实践上，总体上设想修改刑法典总则中第六十一条的规定，使“情节”适当具体明确化，把酌定量刑情节“行为模式”变成法定量刑情节，体现罪刑法定原则，并且在分则规定杀人犯罪行为的具体罪刑条款中适当具体明确多种杀人犯罪行为的行为模式，双管齐下，强化刑事立法权限制刑事司法权，并且进一步消减死刑罪名和死刑配置。

六、故意杀人罪的犯罪环境问题

犯罪环境是指与犯罪行为相联系的具有刑法学理论研究意义和时空特性的各种主客观条件。犯罪行为在刑事立法前提下，是指犯罪主体发出或者存在的具有刑法学理论研究意义的言语、举止或者事态。本文中犯罪环境的定义和特征为：一是向内与犯罪行为相邻近。犯罪行为定义在先，犯罪环境定义在后，这是二者的逻辑关系。二是向外与无刑法学理论研究意义的条件相隔离。根据人类认识的变化，犯罪环境随之变化，但具有时空刑法学理论研究意义。例如，在中国某农村地区发生了一起普通的故意杀人案件，远在几千公里之外的美国一般文化情形对于该案件来说不具有刑法学理论研究意

① 参见赵秉志主编：《刑事法治发展研究报告（2009－2010年卷）》，中国公安大学出版社2011年版，第48～49页。

义，因而不是该故意杀人犯罪行为的犯罪环境。三是具有时空特性。一切事物总是存在于时空当中，犯罪环境也不例外，强调和标明其时空特性，便于人们直观地理解和把握。例如，古代的社会环境不是现今的犯罪行为之犯罪环境，这体现了犯罪环境的时间相对性；现今欧洲的社会环境不是现今中国的犯罪行为之犯罪环境，这体现了犯罪环境的空间相对性。四是具有主客观性。犯罪环境既包括犯罪的客观环境，又包括犯罪的主观环境，或者主客观的社会环境。五是外延大于犯罪情节。在中国刑法中，犯罪情节是指犯罪主体在罪前、罪中和罪后具有的各种主客观条件，服务于量刑，属于裁量制度的核心范畴。犯罪环境概念设立的目的在于全面探究犯罪的原因，为惩罚和预防犯罪服务，立意高远，因而其外延大于一般意义上的犯罪情节。

研究故意杀人罪的犯罪环境问题，从刑法典和四要件犯罪构成理论角度讲，第一，对犯罪环境和犯罪行为本体进行界定。第二，对犯罪环境与环境犯罪进行区分。犯罪环境不同于环境犯罪，犯罪环境是犯罪行为产生的实体和虚拟的、客观和主观的周围背景，而环境犯罪是对环境的犯罪，该环境既是犯罪对象又是犯罪环境，犯罪对象和犯罪环境在环境类犯罪重合，当然也可以区分为作为犯罪对象的环境和作为犯罪环境的环境。第三，对犯罪环境进行分类也是必要的。我国刑法理论对犯罪环境进行了非系统性的研究探讨，刑事立法对此也进行了适当立法处理，其原因在于犯罪环境是影响犯罪行为产生的重要因素，因而对于惩罚和预防犯罪具有重要意义。以犯罪环境与犯罪构成的关系为标准可以将犯罪环境分为入罪犯罪环境和未入罪犯罪环境。入罪犯罪环境进一步分为成为犯罪基本构成要件的犯罪环境和犯罪结果加重要件的犯罪环境，前者例如我国 1997 年刑法典规定的非法捕捞水产品罪和非法狩猎罪。未入罪犯罪环境进一步分为实体犯罪环境和虚拟犯罪环境，前者就是犯罪行为的一般客观环境，因距离犯罪行为本体较远，根据一定刑法原理尚不具有入罪刑事可责性的环境；后者与实体犯罪环境相对应，例如网络犯罪、计算机犯罪，犯罪环境的虚拟性是其重要特征，研究其虚拟环境特性对于惩治和预防犯罪具有重要意义。第四，理解刑法处理犯罪环境的程序方式。一般情况下，刑法不直接处罚犯罪环境，而仅能把特殊的犯罪环境因素纳入犯罪行为情节，例如把最接近犯罪行为的部分犯罪环境因素例如犯罪时间和地点进行适当的法定情节化处理，依据犯罪环境轻重其罪其刑，进而以此处罚犯罪主体；对于犯罪环境负有管理职责的负责人，刑法可以依据其不作为给予玩忽职守罪处理。关于犯罪环境因素，我国刑法典第六十一条仅规定了抽象概括的“情节”，有必要进一步强化刑事立法权并限制刑事司法权。

（一）本案引发的犯罪环境问题

本案中，郑民生选择在早晨学生进入学校大门内之前，空间上选择在第三次踩点的犯罪现场——学生置于校园之外而且周围几无成年人在场，第一、二次踩点的预定犯罪现场或因为初中生身强力壮或因小学门口外有晨练的成年人而放弃——进行作案，案发当时不到几分钟的时间内就连伤13名小学生其中8人死亡，表现出特定的犯罪环境的特殊性质。根据传统犯罪构成理论分析，郑民生在特定的时空内，以小学生为犯罪对象实施杀人行为，造成8死5伤的危害后果，杀人行为和危害结果之间具有刑法因果关系，已经构成故意杀人罪，应该受到法律严惩。不过，郑民生采用暴力手段残酷剥夺他人生命是事实，但是其为医生，为转移仇恨残忍杀伤在特定的时空环境中无人且无物保护的社会弱势群体无辜小学生，显然身处传统的仇杀情杀财杀故意杀人罪犯罪环境之外，具有特定的犯罪环境。

本案犯罪行为发生在特定的犯罪环境中，其犯罪环境因为犯罪对象而特定。小学生是社会弱势群体，对生存环境的要求较高。学校的管理制度明显存在错误之处，提前到校的学生不能进入校门内，致使学生长时间失去客观的保护环境。从另一个角度讲，本案中学校规定不让提前到校的学生进入校园，说明虚拟的、软件的保护制度不健全；学校也没有在校园外设置特定人员可以刷卡进入的等候休息室，说明实体的、硬件的保护设施不完善；学校也没有规定相应的工作人员看管，造成虚拟和实体两方面的保护缺失。总之，本案具有特定对小学生弱化的保护环境的犯罪环境特征。

不容置疑，犯罪环境是影响犯罪发生的因素，进而一般来讲在刑事法中又是影响定罪量刑的因素。如果我们承认和坚持惩罚和预防犯罪的双重目的刑论，那么本案审判中对被告郑民生正确定罪量刑就必须考虑犯罪环境。本案中被告郑民生在校园外的“公共场合”故意杀人。“公共场合”是犯罪环境的一种表现形式，是我国司法实践中加重的酌定量刑情节。依据我国刑法，本案被告郑民生具有杀害13人的非对称性和表面无因性的恶性行为模式，已经足够认定特大恶性的故意杀人罪并判处死刑，考虑对被告不利和有利的犯罪环境似无必要。但是对本案进行深入的法理研究，必然要体现善于从特殊到一般、从个性到共性并返还进行双向抽象思维的优良理论研究品质。所以，关于犯罪环境，阐述和论证整个刑事法理论研究如何，对比反思我刑法理论研究及整个刑事立法规定，对于完善我刑事立规定具有重要的一般性的理论和实践意义。

本文以此思路为中心，参照相关国内外刑法典规定、刑法学理论和犯罪学理论，从比较刑法学的角度对比反思我国刑法理论关于犯罪环境的研究。立法实践上，我国刑法典第六十一条仅抽象概括地把犯罪环境因素作为酌定量刑情节处理，纳入量刑阶段交由法官自由裁量，定罪阶段则不予考虑，相关分则条文也作了相应的规定。本文通过比较西方部分国家刑法典的规定，为完善我国关于犯罪环境的规定提供简单的理由和论证。

（二）中外刑事法理论中故意杀人罪犯罪环境的研究与反思

犯罪环境问题对于预防犯罪意义大于其对于惩罚犯罪意义，特别是距离犯罪行为较远的犯罪环境，西方犯罪学关注和研究的较多，中西方刑法理论则关注和研究的较少。但是，一般认为，刑法具有惩罚和预防犯罪的双重功能，应该体现报应刑主义和功利刑主义的双重精神。虽然刑法传统上一贯坚持因犯罪行为而制裁犯罪者而不考虑处理犯罪环境以达到预防犯罪目的的理论和实践原理，但是犯罪环境从来就是影响犯罪发生的天然因素，作为刑事立法先导的刑法理论应当对犯罪环境进行合理的关注和研究，并运用刑罚措施对其进行恰当的处理。

1. 我国刑法理论的相关研究

我国刑法理论研究故意杀人罪的犯罪环境问题较少，但是孤立地研究一般性的犯罪环境问题则较多。总体上，我国刑法理论把犯罪环境作为一种定罪量刑的酌定情节来研究。较为典型的是，广义犯罪行为的时间和地点是一种客观的犯罪环境，四要件犯罪构成理论在客观要件范围中对其给以论述，但是并未给其太多的重视和体系地位。距离犯罪行为更远的社会管理制度、运行机制以及大众文化精神风貌等影响犯罪现象发生的犯罪环境因素，刑法理论关注更少。

但是犯罪环境是一种影响犯罪行为发生的客观存在的背景因素。随着科学技术和社会的发展进步，产生了计算机网络虚拟化的人类活动环境，进而产生了关于计算机的具有虚拟化犯罪环境特征的网络犯罪。网络犯罪成为一个突出的社会问题，社会现实把刑法理论研究拉了过来。从学术论文著作来看，2007 年不少学者研究探讨了网络裸聊行为的刑法性质和网络虚拟财产的刑法保护问题。[①] 从全国刑法学术年会来看，2000 年收到近 30 篇论文，这些论文研究了计算机犯罪的概念、原因、表现形式和发展趋势，导致的理论更新，反计算机犯罪的立法完善；电子商务问题和网络犯罪特征；[②] 2004 年有关论文研究了网络犯罪共性问题并进行了比较研究，网络犯罪对犯罪主体理论、犯罪主观方面理论、犯罪行为理论和刑事管辖权理论提出了时代挑战。[③]

我国刑法理论加强了对网络犯罪的虚拟化犯罪环境的研究，但由于现实需要，也相应地研究了犯罪对象和犯罪环境重合的环境类犯罪的实体性犯罪环境。2002 年全国刑法学术年会有关论文论述了西部大开发中保护生态环境的刑法对策问题，具体研究了环境犯罪的定义、立法思想、构成要件和立法对策问题。[④] 有学者对环境犯罪的基本形态应该设定为危险犯还是结果犯进行了激烈的争论。[⑤]

观察本案，如果学校作息制度规定上课前小学生随意进入学校校门，而不是在校门外等候到一定时间学校开门，小学生时刻处于客观的环境保护之中，则本案犯罪行为不一定会发生。特定的犯罪行为只在特定的犯罪环境中发生。犯罪环境因素对本案的发生具有不言而喻的影响。

2. 西方刑法理论的相关研究

一般地，大陆法系主体刑法理论主要论述刑法思想史，行为论，符合性、违法性和有责性三阶段犯罪构成理论；英美法系主体刑法理论主要论述严格责任、替代责任和法人责任等责任论，包括犯罪行为和犯罪意图的两阶层控辩式犯罪构成论以及辩护理由等。总体上来看，主流西方刑法理论对犯罪环境研究论述也较为缺乏系统性和完整性，专题性理论研究则更为少见。

但是，英美法系是判例法系，分析总结案情具有独到之处，许多理论书

---

① 参见高铭暄、赵秉志主编：《新中国刑法学研究 60 年》，中国人民大学出版社 2009 年版，第 427 页。

② 参见高铭暄、赵秉志主编：《新中国刑法学研究 60 年》，中国人民大学出版社 2009 年版，第 701～704 页。

③ 参见高铭暄、赵秉志主编：《新中国刑法学研究 60 年》，中国人民大学出版社 2009 年版，第 782 页。

④ 参见高铭暄、赵秉志主编：《新中国刑法学研究 60 年》，中国人民大学出版社 2009 年版，第 725 页。

⑤ 参见高铭暄、赵秉志主编：《新中国刑法学研究 60 年》，中国人民大学出版社 2009 年版，第 555 页。

籍涉及分析论述犯罪环境问题。以美国为例，杀人犯罪案件时间上在炎热的夏季明显增多，一般来说每周六晚上、每天晚上 8 点至凌晨 2 点集中发生；空间上总体而言发案率在家中高于户外，男性被杀以户外为主而女性被杀以家中为主。①

3. 西方犯罪学的相关研究

西方犯罪学对犯罪环境问题进行了系统的、完整的论述，资料丰富多彩，内容翔实并富有创造性。例如，有些西方犯罪学者认为，犯罪环境表现的是犯罪行为发生的背景变量，研究犯罪环境必须对其进行分类性阐述：具体可触摸的物质环境和抽象不可触摸的精神环境。刑事立法入罪和司法定罪量刑，进行有效的犯罪特殊预防必须研究犯罪人的社会特征如社会身份、婚姻状况等，生活环境如家庭人口、经济状况、家庭结构类型、教育方法和人际关系、居住环境及邻里社区情况等。②

具体物质环境包括自然环境，如山川河流、树林田野等，以及人化的物质环境，如高楼大厦、道路桥梁。抽象精神环境包括：（1）社会。社会因素是影响犯罪发生的宏观、一般性因素。社会因素涉及社会结构：社会分层、社会二元结构、流动人口，社会转型，工业化、城市化；社会奖赏、社会保障和社会控制。③ 从社会角度考察犯罪的犯罪学被称为犯罪社会学，包括失范理论、紧张理论、异质接触（不同机会）理论、雷克利斯的遏制理论、赫希的控制理论、冲突理论、标定理论等。这些理论能为刑法理论研究提供开阔的思路和新颖的思想。一个国家的社会行业和社会结构，人口结构方面的年龄比、性别比等也是社会的内容。马克思主义学说把社会类型分为原始社会、奴隶社会、封建社会、资本主义社会、社会主义社会和共产主义社会。（2）经济。马克思主义学说把经济分为自然经济、商品经济、市场经济和产品经济，并具有经济发展水平、人均收入、就业状况、高科技、计算机、因特网等内容。（3）政治。政治可以分为专制和民主政治、君主和共和政治，并包括政治腐败、政治动乱、阶级斗争、社会基本制度等内容。

① 参见杨士隆主编：《暴力犯罪：原因、类型与对策》，台湾地区五南图书出版股份有限公司 2004 年版，第 275 ~ 276 页。

② 参见吴鹏森：《犯罪社会学》，中国审计出版社、中国社会出版社 2001 年版，第 19 页。

③ 参见杨士隆主编：《暴力犯罪：原因、类型与对策》，台湾地区五南图书出版股份有限公司 2004 年版，第 5 ~ 6 页。

(4) 文化。文化与亚文化理论，文化理念和设施、大众传媒的发展状况等。从文化角度考察犯罪发生、发展的理论包括：一是塞林的文化冲突理论，其核心概念有基本文化冲突和从属文化冲突例如卖淫赌博、外部文化冲突和内部文化冲突、同质文化和异质文化、社会分化、社会群体、主流文化；二是科恩的少年犯罪亚文化理论，其核心概念有地位挫折、中产阶级测量标尺；三是米勒的下层阶级文化理论，其核心概念是单一性别同辈群体；四是沃尔夫冈和费拉柯蒂的暴力亚文化理论；五是雅布隆斯基的暴力帮伙研究，其核心概念是社会病态人格；六是哈斯克尔的参照群体理论（关系团体理论）；七是塔夫特的文化理论；八是巴伦的犯因性社会理论。这些犯罪学理论能为刑法理论研究提供开阔的思路和新颖的思想。

4. 对比与反思

西方犯罪学研究具体物质化的犯罪环境如自然环境以及人化物质环境如高楼大厦；研究犯罪的时空域犯罪环境而形成著名的城市同心圆理论。同时，西方犯罪学从社会、经济、政治和文化等方面，并从宏观和微观角度详细研究抽象精神化的犯罪环境，形成了丰富多彩的犯罪环境理论。

我国传统刑法理论把犯罪环境放在犯罪客观要件方面进行研究，在指导刑事立法和刑事司法中把犯罪环境转换成犯罪情节进行研究；对具有鲜明时代特征和现实实践意义的网络犯罪的虚拟化犯罪环境，以及对具有现实实践意义的犯罪对象和犯罪环境重合的环境犯罪的实体化犯罪环境进行了较多的研究。我国主张三阶层犯罪构成的刑法理论研究情况大抵也是如此，只是在构成要件符合性、违法性和有责性的递进式思维框架中研究犯罪环境问题，较为缺乏系统的和全方位的研究。

一般地，西方大陆法系刑法理论和我国主张三阶层犯罪构成刑法理论互相映射，后者的研究情况大抵可以概括地说明前者。西方大陆法系刑法理论围绕符合性、违法性和有责性三阶段犯罪构成要件要素展开论述，构筑体系，派别林立，思辨色彩较浓，受制于刑法典更强，对犯罪环境也较为缺乏系统的和全方位的研究。西方英美法系刑法理论与时俱进，与科技发展同步，思辨色彩较淡，受制于刑法典较弱，重刑法实践和案例总结，奉行实用主义，对犯罪环境研究则别具特色。

总体上来讲，西方犯罪学围绕犯罪现象和规律展开全方位研究，把犯罪环境放在与犯罪主体和犯罪行为并列的体系地位进行了积极的系统探索，硕果累累；中西方刑法理论都囿于刑法实践的限制，无论其是什么样的犯罪构成理论，对犯罪环境都较为缺乏应有的重视和系统研究。因此，我国刑法理论需要进一步加强对此种犯罪环境问题的关注，特别是对造成犯罪行为发生起影响、决定作用较大的犯罪环境因素在刑法上如何进行处遇问题应该进行深入系统理论研究。

（三）我国刑事立法关于故意杀人罪犯罪环境规定之完善

犯罪环境不同于环境犯罪，犯罪环境是犯罪行为产生的背景而环境犯罪是对环境的犯罪，是犯罪对象和犯罪环境重合的犯罪类型。当然，除了把破坏环境危害行为作为违法行为进行行政处罚外，各国刑法典一般都规定了环境犯罪，但是也都有犯罪环境因素在刑法典直接入罪的部分痕迹，例如把最接近犯罪行为的部分犯罪环境因素作为犯罪的结果或情节加重因素进行入罪化处理。

1. 大陆法系部分国家刑法典关于犯罪环境的规定概览

首先，德、法、意三国的刑法典对危害环境行为都进行了不同程度的刑法犯罪化处遇。《德国刑法典》第九章第 324 – 330 条 d 规定了环境犯罪。①《意大利刑法典》第六章危害公共安全罪中规定了环境犯罪。例如第 423 条 –2 规定的森林火灾等。②《法国刑法典》第三编侵犯财产之违警罪第五章侵犯财产之五级违警罪第四节抛弃车辆残体、乱倒车辆运输的垃圾、废弃物、材料或其他任何物品规定了环境犯罪。③ 其次，德、法、意三国的刑法典主要把一些犯罪环境因素内化为犯罪行为的因素规定在具体的故意杀人犯罪行为模式中。④ 英美法系刑法典关于犯罪环境的规定大体上与德法意三国相同，例如传统意义上的“夜盗罪”就是规定了在特定环境“夜间”的犯罪行为。

2. 我国刑法典关于犯罪环境的规定概览

环境包括主体的生存环境、犯罪行为的现场环境和将来环境。潜在犯罪人在此环境中犯罪，但在彼环境中就不犯罪，在这样的环境中犯此种罪，而不犯彼种罪，这就是犯罪环境的作用。完整系统地研究犯罪就要在环境中考

① 参见《德国刑法典》(2002 年修订)，徐久生、庄敬华译，中国方正出版社 2004 年版，第 160 ~ 165 页。

② 参见《最新意大利刑法典》，黄风译注，法律出版社 2007 年版，第 151 页。

③ 参见《法国刑法典》，罗结珍译，高铭暄专业审校，中国人民公安大学出版社 1995 年版，第 211 页。

④ 相关法条参见本文“大陆法系部分国家刑法典关于故意杀人罪行为模式的规定概览”。

察犯罪现象和犯罪人。例如，根据生活常识得知，下了雨（自然因素），游泳池中游泳的人少了，这是行为的环境性。下了条严令（社会因素），一定时空内偷盗的少了，快过春节了（自然因素），一定时空内偷盗的多了，这也是犯罪环境作用的表现。犯罪产生于一定的环境，产生于一定的宏观、微观的物质、非物质环境，并表现该环境的特征，因此犯罪具有环境性的特征。重视对犯罪环境特征的研究，有利于发现犯罪的背景性原因，解决犯罪发生的环境因素，类似于铲除产生犯罪的“温床”。

我国刑法典第二百六十三条规定：“以暴力、胁迫或者其他方法抢劫公私财物的，处三年以上十年以下有期徒刑，并处罚金；有下列情形之一的，处十年以上有期徒刑、无期徒刑或者死刑，并处罚金或者没收财产：（1）入户抢劫的；（2）在公共交通工具上抢劫的……”“入户”和“在公共交通工具上”表述的就是行为的周围环境，该条是最接近犯罪行为的部分犯罪环境因素成为量刑情节入罪的表现。我国刑法典第六章妨害社会管理秩序罪第六节破坏环境资源保护罪对环境犯罪进行了具体明确的规定。在对环境危害行为犯罪化方面，我国刑法典走在了世界的前列，进行了较为科学合理的规定。

3. 我国刑事立法关于故意杀人罪犯罪环境规定之完善

本案具有特定的对小学生保护弱化的犯罪环境特征。与之紧密相关的是我国刑法典第六十一条关于量刑原则的规定，该规定并未明确量刑的“情节”的概念和范围；分则第二百三十二条关于故意杀人罪的规定，第二百三十三条关于过失致人死亡罪的规定，第二百三十四条关于故意伤害致人死亡犯罪行为的规定，仅从犯罪主体主观要件角度高度抽象概括性地规定了故意杀人罪、过失致人死亡罪和故意伤害致人死亡三种杀人行为模式，体现杀人犯罪行为社会危害程度的例如“公共场合”“未成年”等犯罪环境因素没有进入杀人犯罪的罪刑条款中法定化。因此总体上形成刑事立法权严重弱化和刑事司法权过分强化的刑法实践格局，并容易造成诸多司法不公。本案中，法官依据刑法规定，一般容易认定被告构成故意杀人罪。但是，如果在本案中正确惩罚罪犯，寻找犯罪原因和有效预防犯罪，则必须考虑本案特定的对小学生保护弱化的犯罪环境并给予恰当评价和处遇。特定的对小学生保护弱化的犯罪环境是我国的酌定量刑情节，考不考虑由法官决定。显而易见，刑法第六十一条、第二百三十二条、第二百三十三条和第二百三十四条的规定存在缺陷，需要进一步完善。

(1) 杀人犯罪环境因素规定之完善建议

完善刑法规定，除了寻找法理支持之外，还应该向境外寻找刑事立法范例作参照物，以便看得更清，完善得更科学合理。围绕杀人行为模式规定问题，《德国刑法典》规定了谋杀、故意杀人、因个人或家属而义愤杀人、受嘱托杀人、中止妊娠、遗弃致人死亡和过失杀人七种具体杀人行为模式和一类故意杀人其他情节。第二，《法国刑法典》把杀人行为模式进行适当的立法具体化，明确规定了故意杀人、谋杀和毒杀三种行为样态，并且具体规定了五种加重的故意杀人罪法定情节和一种故意杀人罪和其他相关重罪并科的情况。第三，《意大利刑法典》规定了也把杀人行为模式进行适当的立法具体化，明确规定了例如杀害亲属、不提供救助致死等十八种行为样态。德、法、意三国刑法典都不同程度具体明确规定了杀人犯罪行为的各种行为样态，明显可以看出体现杀人犯罪行为社会危害程度的例如“公共场合”“未成年”“亲属”等反映犯罪环境的因素入罪法定化的情况。我国刑法典分则第二百三十二、二百三十三和二百三十四条仅从犯罪主体主观要件角度高度抽象概括性地规定了故意杀人罪、过失致人死亡罪和故意伤害致人死亡三种杀人行为样态。通过对照比较明显可以看出，德、法、意三国刑法典分则对犯罪环境因素入罪法定化作了较为具体明确的规定，体现了强烈的罪刑法定精神，强调刑事立法权并限制刑事司法权；我国对杀人罪的规定较为概括，例如“故意杀人的”“情节较轻的”，犯罪环境因素未入罪法定化，没能充分体现罪刑法定精神，导致刑事立法权弱化，扩大了刑事司法权。因此，总体上设想把关于故意杀人罪的符合中国特色社会主义价值理念刑法规定化，并把司法实践中经常适用的关于故意杀人罪的犯罪环境因素酌定量刑情节在规定杀人犯罪行为的具体罪刑条款中法定化，采用列举加概括的立法模式，使我国关于杀人犯罪行为的条款规定较为具体明确，强化刑事立法权。[①]

(2) 犯罪环境量刑情节规定之完善建议

围绕故意杀人罪犯罪环境量刑情节问题，《德国刑法典》第 46 条在量刑原则中明确规定法院在量刑时“应考虑刑罚对行为人将来的社会生活所产生的影响”“经济情况”等犯罪环境因素。《法国刑法典》刑罚个人化方式第 132－24 条在量刑原则上明确规定“考虑罪犯人收入与负担”等犯罪环境因素；第三编刑罚第二章刑罚制度第三节具体明确了“若干引起刑罚

① 相关法条参见本文“大陆法系部分国家刑法典关于故意杀人罪行为模式的规定概览”。

加重之情节的定义”，体现了犯罪环境因素入罪法定化的情况。《意大利刑法典》第 133 条在量刑原则中明确规定法官应当根据“犯罪的原因”“犯罪人在犯罪前的生活”“犯罪人所处的个人、家庭和社会生活环境”等犯罪环境因素认定犯罪人的犯罪能力。我国刑法典第六十一条规定仅抽象概括性地规定了“情节”二字，使行为模式成为任由法官决定评价的酌定量刑情节。通过对照比较明显可以看出，德、法、意三国刑法典总则都规定了较为具体明确的量刑原则，将表征杀人行为社会危害程度的犯罪环境因素作为法定量刑情节。而我国仅规定了过分抽象概括性的量刑原则，体现杀人行为社会危害程度的犯罪环境因素并未成为法定量刑情节，如果再结合对比各国刑法典分则关于杀人罪的规定，可以发现，我国刑法典关于杀人罪规定弱化了刑事立法权，导致了刑事司法权扩张。因此，笔者设想修改我国刑法典总则第六十一条的规定，使“情节”适当具体明确化，把酌定量刑情节“犯罪环境因素”变成法定量刑情节，体现罪刑法定原则。①

综上所述，通过对比上述三国刑法典和我国刑法典，前者都规定了许多种具体的杀人行为模式，明显可以看出体现杀人犯罪行为社会危害程度的例如“公共场合”“未成年”“亲属”等反映犯罪环境的情况入罪法定化的情况，并且在量刑原则条款中直接使“经济情况”“罪犯人收入与负担”“犯罪人所处的个人、家庭和社会生活环境”等犯罪环境因素量刑情节法定化；而我国刑法典仅规定了故意杀人罪、过失致人死亡罪和故意伤害致人死亡三种杀人行为模式，在量刑原则条款中概括使用“情节”概念使得特定的犯罪环境因素成为酌定量刑情节。结合案情来看，根据相关司法解释，对被告郑民生只能适用“故意杀人罪”罪刑条款，不考虑该类案件犯罪环境因素的特殊性，而如此处理似乎过于简单；我国刑法量刑原则条款仅抽象概括规定了由法官决定是否评价的人格障碍“情节”，但对被告郑民生似乎必须评价其特殊的犯罪环境因素，以便更全面地发现犯罪原因并且在确定罪质的基础上确定罪量，以使刑法更有效惩罚和预防犯罪。

随着经济和社会的发展，社会化进一步加深，依然存在产生类似郑民生严重的恶性行为模式的特定社会环境，刑法理论对其有必要加强研究，刑法典也有必要对其立法惩处。因此，在刑事立法实践上，笔者建议修改我国刑法典第六十一条的规定，使“情节”适当具体明确化，把酌定量刑情节

---

① 相关法条参见本文“大陆法系部分国家刑法典关于故意杀人罪主体人格障碍的规定概览”。

“犯罪环境”因素变成法定量刑情节，并且在分则中规定杀人犯罪行为的具体罪刑条款，适当具体明确多种杀人犯罪行为，使得相关犯罪环境因素进入杀人犯罪行为罪刑条款中，双管齐下，强化刑事立法权限制刑事司法权，并且进一步消减死刑罪名和死刑配置。①

五、结语

郑民生报复社会，伤及无辜，造成了小学生 8 死 5 伤的极其严重危害后果。本案具有极其严重的社会危害性，具体表现为严重的恶性人格障碍类型、非对称性、表面无因性犯罪行为模式和独特的犯罪环境特征。本文从比较刑法学的角度，结合西方犯罪学有关理论，根据案件基本情况，简单分析论证了我国刑法理论研究在主体人格障碍、犯罪行为模式以及犯罪环境方面需要进一步加强的问题，并为完善我国刑法典第六十一条，调整相关分则条文建言献策。

总体来讲，第一，在刑事法理论研究上，关于人格障碍、行为模式和犯罪环境问题，我国刑事法学界进行了全面性、拓展性和系统性的理论研究，但还有待进一步加强。第二，在刑事立法实践上，关于人格障碍问题，建议把总则中的“精神病人”概念换成“人格障碍”概念，或者直接除去而使用如同德、法、意三国刑法典中“列举加概括”的方法，在此基础上，根据罪刑法定原则修改刑法典第十八条规定；适当具体明确多种杀人犯罪行为的行为模式；适当具体明确多种杀人犯罪行为，使得相关犯罪环境因素进入杀人犯罪行为罪刑条款中。第三，修改我国刑法典第六十一条的规定，使“情节”具体明确化，并且把酌定量刑情节“人格障碍”“行为模式”“犯罪环境”相关因素变成法定量刑情节。

① 相关法条参见本文“大陆法系部分国家刑法典关于故意杀人罪主体人格障碍的规定概览”。

刑事冤错案件的纠正机制探究

——张高平、张辉叔侄强奸杀人错案

胡延军[*] 张 飚[**]

［基本案情］

2003年5月18日19时许，张高平和侄子张辉二人驾驶牌号为皖J－11260解放牌大货车，从安徽省歙县出发去上海送货。约21时许，二人途经歙县竹铺乡镇非典检查站，受熟人之托将王某（被害人）带往杭州。王某搭乘张氏叔侄货车至杭州市天目山路汽车西站时，已是次日凌晨1时30分左右，王某借用张高平手机打电话与亲属周荣箭联系，周让王某自已乘出租车到钱江三桥后再联系。王某问张高平乘出租到钱江三桥多少钱，张高平答要50元左右。王某嫌路远贵没有下车，张辉驾车继续前行约20分钟左右，至艮秋立交桥前一路牌下停车。因路牌标示右边路通往钱江三桥，货车不同道，张高平、张辉需去上海卸货，便让王某下车。此时约凌晨1时50分许。王某从包里拿出一个小本子要记联系电话，张辉便将自已

* 新疆石河子市人民检察院高级检察官。

** 新疆石河子市人民检察院高级检察官。

电话、家里电话和张高平电话三个号码写在小本上。王某下车后，张氏叔侄驾车从二桥高速入口去上海送货。王某向通往钱江三桥方向步行，随后搭乘杭州出租车（司机勾某）。嗣后，王某遇害被抛尸于杭州市西湖区留下镇留泗路东穆坞村路旁溪沟中，后被村民发现报警。

2003年5月23日晚，张氏叔侄驾车从上海返回，约凌晨1时许途经歙县竹铺乡镇非典检查站，被杭州市西湖区公安分局拘留。当日晚将张氏叔侄被带至该镇派出所讯问，次日又被带至西湖区刑警队办公处，在非羁押场所被连续审讯7天7夜后，张氏叔侄于2003年5月30日被送往杭州市拱墅区看守所，而不是案发地西湖区看守所。2003年6月28日，张氏叔侄被批准逮捕，同年9月22日，被移送杭州市检察机关审查起诉。同年10月20日，该案退回公安机关补充侦查，11月20日，公安机关又报送审查起诉。2003年12月18日，检察机关延长办案期限半个月，同月26日，该案再次退回公安机关补充侦查。2004年1月25日，公安机关再次报送审查起诉。同年2月23日，检察机关向杭州市中级法院提起公诉。2004年4月21日，一审法院即杭州市中级人民法院认定张辉和张高平犯强奸罪，分别判处死刑和无期徒刑。经上诉，同年10月19日，二审法院即浙江省高级人民法院认定张氏叔侄犯强奸罪，分别改判张辉死缓，张高平十五年有期徒刑。嗣后，张氏叔侄从看守所转入监狱服刑，2005年5月调转至新疆服刑，张辉被羁押在焉耆监狱，张高平被羁押在石河子监狱。服刑期间，张氏叔侄与张高发（张辉父亲）因不服判决多次向相关部门上访、申诉。2013年2月6日，浙江省高级人民法院决定再审该案；同年3月22日，浙江省高院开庭再审；3月26日10时，再审法庭当庭宣告：张高平、张辉无罪释放。自2003年5月23日至2013年3月26日，历时九年十个多月的冤错案件终于以用法律纠正错误的方式画上了句号。

[折射出的法律问题]

张氏叔侄冤错案的形成和十年的艰辛申诉之路折射出司法实践中纠正刑事冤错案件的制度性障碍与机制性问题。

[反思]

刑事申诉是指，刑事诉讼当事人包括法定代理人和近亲属对司法机关在诉讼过程中作出的终结诉讼的刑事处理决定或者已经发生法律效力的刑事判决、裁定不服，依法向司法机关提出请求重新审查处理的一种活动；包括不服人民法院生效判决、裁定的申诉，不服检察机关、公安机关诉讼终结的刑事处理决定的申诉。① 刑事申诉既是一种刑事诉讼行为，又是一种刑事诉讼权利，它是宪法规定的公民申诉权在刑事诉讼领域的具体体现。但在刑事诉讼法中并没有具体的概念界定，只是在总则和审判监督程序中集中体现了申诉规定原则。刑事申诉是审判监督中再审程序的前置程序，是在穷尽了其他正常司法程序后，对当事人诉讼权利的特殊救济措施。它是针对诉讼终结的案件所作的处理决定，其本质是希望获得法律的特殊救济。

法律监督是指，在实体法执行过程中规定正确执法的各项程序制度性监督措施，包括执法程序的监督、执法机构的监督、专司人员的监督和社会舆论的监督。法律监督的概念虽然广泛而难以全面概括，但法律监督的内涵对每一部实体法都是具体的、有针对性和操作性的。我国刑法的监督，主要体现在刑事诉讼法中，重点集中在第五章审判监督程序规定中。

本文所探讨的刑事冤错案件申诉与法律监督问题，仅限于刑事诉讼法所规定的刑事申诉与法律监督问题，特别是司法实践中纠正刑事冤错案件的制度性障碍与处置机制问题。笔者期望能从历史教训角度，通过对张高平、张辉申诉案例的实证剖析，切中刑事冤错案件法律监督的“结症”所在，疏通刑事冤错案件的最后司法救济通道，从司法实践角度提出刑事冤错案件纠正机制的改革取向。

一、张氏叔侄冤错案司法程序中存在的问题

（一）侦查、审查起诉阶段存在的问题

我国现行以侦查为中心的刑事司法模式存在诸多法律监督的障碍。正如中国人民大学法学院何家弘教授在2013年10月7日“刑事冤案的成因、发现及纠正研讨会”上所列举，中国刑事司法存在十大误区。其中“第一个误区是由供到证的侦查模式；第二个误区是违背规律的限期破案；第三个误区是先入为主的片面取证；第四个误区是科学证据的不当解读；第五个误区

① 参见刘小青：《刑事申诉原理与办案实务》，中国人民公安大学出版社2011年版，第23页。

是屡禁不止的刑讯逼供。”① 这五类出现在侦查阶段的司法现象在张氏叔侄冤错案件中，都有明显表现。张氏叔侄冤错案件的基本案情十分简单，检察机关能够监督纠错的机会也很多，但因诸多干扰和制约监督的因素导致了冤错案件产生。例如：在最初分别询问张氏叔侄与被害人接触过程时，两人分述的过程与细节相一致。都讲到：货车到杭州市天目山路汽车西站时，已是凌晨1时30分许。停车后，王某用张高平手机打电话与亲属周荣箭联系，周让王某自己打出租车到钱江三桥后再联系。王某问乘出租车到那（钱江三桥）多少钱？答50元左右。王某嫌路费贵没有下车，张辉驾车继续前行约20分钟左右，到艮秋立交桥前一路牌下停车。王某下车后，货车从二桥高速入口去上海送货。王某向通往钱江三桥方向步行。此时是2003年5月19日凌晨2点，一个外地步行者在深夜，既不熟悉路况，又携带现金和三个包袱，还是十七岁女孩单人独行。这种情况下她会想什么干什么？搭乘出租车尽快到达目的地是唯一选择，况且要接王某的亲属周荣箭就是叫她自己搭出租车到钱江三桥后再联系。

该案在侦查阶段的尸检报告中有法医学DNA鉴定报告：从被害人王某八个指甲残留的皮屑检出的DNA谱带，系王某和一名男性DNA谱带混合形成，排除了被害人与张氏叔侄的DNA谱带混合形成的推论。根据侦查阶段的上述已知条件，可以推断出：被害人王某离开货车后，可能在搭乘出租车中遇害。只是需要排查搭谁的车，被谁所害。在侦查阶段中，张氏叔侄作为涉案嫌疑人，已明确告知自己的行车路线、途经站点、到达时间、有十多处道路监控录像实况资料可查。侦查机关应当调取道路监控录像进行研判，并运用侦查试验手段对原货车进行试验验证。该案中法医学鉴定报告排除张氏叔侄而另指向第三人，同时有十多处交通道口监控录像记载，应核查货车是否进行调头、行车时间是否正常。此两项客观证据是该案的核心直接证据，但侦查机关却没有予以充分重视。此外，检察机关在审查起诉阶段把关不严，导致该冤错案件没能得到及时纠正。

（二）审判阶段存在的问题

世界多数国家实行以法庭审判为中心的刑事司法模式，其法庭调查是验证或排除案件证据的唯一途径。在我国，法庭审判只是刑事诉讼必经程序，

① 参见何家弘：《中国刑事司法的十大误区》，载《清华法学》2014年第2期。

刑事非法证据易收集难排除。何家弘教授在前述错案研讨会上所列举的中国刑事司法十大误区中的后六个，就属于审判阶段的误区："第六个误区是放弃原则的遵从民意；第七个误区是徒有虚名的相互制约；第八个误区是形同虚设的法庭审判；第九个误区是骑虎难下的超期羁押；第十个误区是证据不足的疑罪从轻。"① 这五类司法现象在张氏叔侄冤错案件中，也有明显表现。例如放弃司法原则的遵从民意行为。这其中的"民意"内涵复杂，包括被害人家属所代表的民意，包括不明真相的群众对情节恶劣的犯罪行为强烈愤慨的民意，包括当事人及亲属上访所表达的民意。在某些情况下，民意经常成为司法人员办案的"指挥棒"。张氏叔侄冤错案件在"先抓人、后补证、只要口供、不管客观证据"的办案作风影响下，侦查人员采用"打、吓、骗"三板斧②拿下了"认罪口供"。"张氏叔侄杀人案"在一月之内告破，当时似乎"很得民意"。正如何家弘教授所说，徒有虚名的相互制约，公、检、法三道司法关卡畅通无阻，三机关各司其职配合有余而制约不足。

在我国现行以侦查为中心的刑事司法模式中，法庭调查与审判的功能没有得到充分发挥，"庭审虚化"现象严重。所谓"庭审虚化"是指，法官对证据的认定和对案件事实的认定，主要不是通过法庭上的举证和质证来完成，而是通过庭审之前或之后对案卷的审查来完成的。换而言之，无论庭审中出现何种异常，包括被告人当庭喊冤、指控警方刑讯逼供，辩护人当庭质疑证据或提出重大疑问等，都无法改变法官审查案卷的结论。张氏叔侄在庭审中两人同时喊冤翻供，辩护人和被告人提出多项疑问：（1）该案的作案时间有疑问，从当日货车行驶的车速、到达的地点、车程与办理事项等推算，没有30～40分钟的车辆调头绕道作案时间。（2）该案尸检报告中法医学DNA鉴定报告已排除被害人与张氏叔侄的DNA谱带混合形成推论，法医学鉴定所指向的张氏叔侄之外的第三人是重大嫌疑人。（3）该案的有罪供述特别是案发地点、作案手段是牢头狱霸（狱侦耳目）逼迫抄写的，且属于警方授意和明知。（4）案发当日交通要道口、收费站等十多处有监控录像资料，警方为何不出示质证而要隐匿。辩护律师的这些当庭提问都是指向案件客观事实的，它反映了案件的多项重大疑问。然而，从程序上把关的责任就如此轻松而过。

① 参见何家弘：《中国刑事司法的十大误区》，载《清华法学》2013年第2期。
② 参见郑毅：《浙江强奸杀人冤案》，载《家庭》2013年第11期（总第549期）。

在司法界人人都知道，疑罪从无原则主张“无罪推定论”，但在司法实践中却奉行“疑罪从轻”，在张氏叔侄冤错案中也不例外。2004 年 4 月 21 日，一审法院认定张氏叔侄犯强奸罪，分别判处侄子张辉死刑、叔叔张高平无期徒刑。经当事人和律师提起无罪上诉，同年 10 月 19 日，二审法院仍然认定张氏叔侄犯强奸罪，但改判张辉死缓，张高平有期徒刑十五年。张氏叔侄“杀人案”，一审律师辩护是无罪辩护，二审律师仍然坚持无罪上诉与辩护意见。在法庭调查中证据疑点重重、证据链条多处缺失、直接客观证据难觅踪影，被告人当庭喊冤、指控刑讯逼供。然而，二审判决仍然张氏叔侄有罪，只不过是罪减一层“从轻发落”。而事后，二审判决这种留有余地的做法，被认为已经难能可贵。

二、检察机关在张高平、张辉冤错案中的法律监督过失

客观地看，每件冤错案件的发生，参与其中的公、检、法三家往往都有不同的过错失责。作为专门的法律监督机关的检察机关，尤其应当自省失察之责，严以律己方可有效监督别人。在张氏叔侄案中，犯罪嫌疑人在审查批捕阶段不断陈述自己无罪，并指出警方刑讯逼供。审查起诉以及公诉阶段更是疑点重重。公诉人每次提审时，张氏叔侄都喊冤翻供，在受到牢头狱霸（狱侦耳目）的威逼殴打后，① 还以明说暗示等多种方法喊冤翻供。检察机关虽然在公诉审查阶段有“两退一延期”的纠结，但审查全案没有一项直接客观证据，尤其是强奸杀人命案靠的就是直接客观证据；而在尸体检验报告已排除张氏叔侄指向第三人的情况下，仍然以间接传来的证据及相互矛盾又不稳定的口供去公诉。这本身就违反刑事证据标准，更何况在法庭调查中被告人当庭喊冤，公诉机关出示的全案证据与“张氏叔侄杀人”不具有关联性与排他性，庭审所列证据无法形成统一指向犯罪的证据链。两被告人及四位律师鲜明的无罪辩护意见及一次次有力质疑，在这样的控辩状态下依然认定“两张”有罪。

三、司法纠错平冤的制度性障碍与机制性问题

我国现行的刑事司法制度以刑事诉讼法规定为准则，“两高”和五部委的相关规定及实施细则，都是对刑事诉讼法规定的细化和诠释。在司法实践

---

① 参见林战：《错案追责：谁来担责》，载《南方周末》2013 年 5 月 16 日。

中，冤错案件的发生与纠错平冤的艰难是相伴而生、如影随形的“难兄难弟”。在近十年平反的冤错案件中，滕兴善冤案经历了18年冤狱；胥敬祥冤案经历了14年冤狱；李怀亮冤案经历了12年冤狱；佘祥林冤案和赵作海冤案各经历了11年冤狱；张绍友冤案和王子发冤案各经历了近9年冤狱；孙万刚冤案经历了近8年冤狱；张氏叔侄冤案也经历了近10年冤狱。北京大学陈永生教授在分析20起典型冤案后发现：几乎所有蒙冤者或其家属都提出了申诉，但没有一起案件是司法机关因为当事人的申诉而主动启动救济程序的。① 陈永生教授研究证实了“伸冤基本靠真凶和‘复活’”的民间说法。他发现，20起冤错案都是因极其偶然的因素而得以纠正，其中17起是因为发现真凶，另外3起是因为被害人“复活”。这种司法状态反映出纠错平冤的制度性障碍与机制性问题。

（一）障碍之一：刑事申诉案件由原审查承办机关管辖存在弊端

我国刑事诉讼制度规定了刑事申诉管辖原则为“归口办理、分级负责”。即根据当事人申诉的内容和事项，由原职能部门依照职责权限对申诉进行归口处理。现行法律规定的刑事申诉管辖种类有三种：职权管辖、级别管辖、变通管辖。根据刑事诉讼法的相关规定，职权管辖是指，不服人民法院生效判决、裁定的申诉由人民法院管辖或者人民检察院管辖；不服检察机关处理决定的申诉由人民检察院管辖；不服公安机关处理决定的申诉基本上由公安机关管辖，但不服不立案等决定的申诉人民检察院也有管辖权。级别管辖是指，职权部门上下级之间在受理刑事申诉时依职责权限所作的分工管辖。变通管辖是指，在职权管辖、级别管辖之外的特殊管辖规定。上级机关认为必要时，可以直接办理下级机关管辖的申诉案件；下级机关认为不宜由本级办理的申诉案件，也可以请求移送上一级机关管辖。但这种情况极少发生，常规都是按职权依级别管辖。

《最高人民法院关于执行〈中华人民共和国刑事诉讼法〉若干问题的解释》第二百九十八条规定：受理、审查申诉一般由作出发生法律效力的判决、裁定的人民法院进行。直接向上级人民法院申诉的，如果没有经作出发生法律效力的判决、裁定的人民法院审查处理，上级人民法院可以交该人民

① 参见叶竹盛：《冤案难昭雪的制度性障碍》，载《南风窗》2013年第10期（总第488期）。

法院审查，并告知申诉人；如果属于案情疑难、复杂、重大的，或者已经由作出发生法律效力判决、裁定的人民法院审查处理后仍坚持申诉的，上级人民法院可以直接受理、审查，下级人民法院也可以请求移送上一级人民法院审查处理。最高人民检察院关于《人民检察院复查刑事申诉案件规定》第八至十一条也作出了级别管辖的相关规定。上述规定都是遵循“谁处理的案件由谁管”的原则，这种刑事申诉制度存在明显的弊端。

以张氏叔侄冤错案件申诉过程中发生的一个插曲为例：2005 年 1 月 8 日晚，浙江大学城市学院女学生吴某搭乘杭州市勾某的出租车，遭到扼颈致机械性窒息死亡。吴某的被害状况和遇害时间、手段与 19 个月前王某被害情形极其相似。此案告破在电视上播出后，张高平敏锐地怀疑到：都是妙龄女子深夜独自搭车，都是被伪装成强暴扼颈裸死，王某遇害与吴某被害可能是同一个凶手所为。于是，他向狱警反映，要求将勾某的 DNA 与王某尸检报告的 DNA 对比鉴定。当反映无人理睬时，张高平又委托哥哥将这个情况向原警方和法院提出书面反映要求，仍然没有结果。不久勾某被执行死刑。张高平、张辉、张高发三人仍然坚持申诉。直到 2011 年 11 月 21 日，张氏叔侄冤错案件在新疆石河子市人民检察院和自治区人民检察院的努力推动下，杭州公安机关才于 2011 年 11 月 22 日将王某尸检的八个指甲残留的男性 DNA 数据库与勾某的 DNA 数据库比对。当发现 DNA 存点吻合时，又将上述 DNA 数据库报送公安部物证鉴定中心再次进行鉴定。2011 年 12 月 6 日公安部物证鉴定中心出具鉴定报告：送检的王某尸体八个指甲残留的男性 DNA 谱带与勾某的 DNA 谱带比对混合 STR 分型一致，属于同一个人。

面对新出现的可能证明张氏叔侄无罪的情况，原审法院根本不予理睬，这一事实已经清楚地说明，指望原审法院纠错有多么的不现实。

（二）障碍之二：刑事申诉主体的弱势化与申诉客体的部门利益化

刑事申诉主体是指，经法律规定的对司法机关在诉讼过程中作出的刑事处理决定包括发生法律效力的刑事判决、裁定不服而有权提出申诉的人。刑事诉讼法规定：“当事人及其法定代理人、近亲属，对已经发生法律效力的判决、裁定，可以向人民法院或者人民检察院提出申诉，但是不能停止判决、裁定的执行。”这条规定明确了三种人是刑事申诉主体，即当事人、法定代理人、近亲属。在司法实践中，当事人往往是被羁押限制人身自由的

“人犯”，法定代理人和近亲属往往是被人歧视的“人犯家属”，他们的行为会因所处的“暂时状态”而受到各种限制，其合理合法要求往往得不到社会的尊重和重视。刑事申诉客体是指申诉主体不服和要求司法机关重新审查处理的刑事处理决定，包括生效法律判决、裁定或决定。不管是公安机关、检察机关的司法处理决定，还是审判机关的判决、裁定，都反映了该机关部门的“意志与愿望”，反映了该机关部门的“权威与荣誉”，隐含着各种“公与私”的利益。以张氏叔侄冤错案件为例，张氏叔侄和张高发作为申诉主体，从案件发生起就以口头和书面形式多次申诉，但问题长期没有得到解决。

（三）障碍之三：公、检、法各有其责，相互制约不足

虽然刑事诉讼法规定在刑事诉讼中，公、检、法三家分工负责，互相配合，互相制约，但从目前司法实务来看，三家互相制约明显不足。以张氏叔侄冤错案件为例，2003 年 5 月 23 日凌晨，张氏叔侄被先抓后审，经非法取证获取“有罪口供”后，进入起诉和审判程序，公、检、法三家都认为：王某尸检报告中的 DNA 鉴定，与“本案没有关联”，法院遂于 2004 年 4 月 21 日一审判处张氏叔侄死刑和无期徒刑。经辩护律师和当事人上诉，于 2004 年 10 月 19 日浙江省高院改判为死缓和十五年有期徒刑。在张氏叔侄“杀人”大案公开宣判“震慑犯罪”不到三个月，即 2005 年 1 月 8 日，浙大女学生吴某同样又遭毒手。犯罪心理学家告诉我们：正是因为杀人罪犯看到自己的罪行被人顶替、自己毫无风险，才敢于在短期内连续采用相同手段杀人。吴某指甲中残留皮屑的 DNA 鉴定与出租司机勾某的 DNA 谱带比对一致，勾某本人对犯罪事实供认不讳。如果侦查机关在王某案件中侦破抓捕了真凶，吴某还会被相同手段在相同地域被杀吗？真凶杀人手段特征在电视上公布后，无辜顶罪的人最敏感。张高平不仅自己向警方反映，还委托哥哥用书面材料向侦查机关和法院同时反映，此事关乎公、检、法奉行的“既不冤枉一个好人，也不放纵一个坏人”的大事，但仍得不到应有重视。

北大陈永生教授在分析 20 起典型冤案所得出结论：几乎所有蒙冤者或其家属都提出了申诉，但没有一起案件是司法机关因为当事人的申诉而主动

启动救济程序的。① 张氏叔侄冤错案件之所以“发现的早而平反的晚”，与我国现行不完善、不科学的司法体制和机制有一定的关联。

四、刑事错案纠正机制改革取向

党的十八届三中全会颁布的《中共中央关于全面深化改革若干重大问题的决定》提出：“建设法治中国，必须坚持依法治国、依法执政、依法行政共同推进，坚持法治国家、法治政府、法治社会一体建设。深化司法体制改革，加快建设公正高效权威的社会主义司法制度，维护人民利益，让人民群众在每一个司法案件中都感受到公平正义。”这一深化改革目标的提出，要求我国努力健全司法权力运行机制，完善人权司法保障制度。客观地看，司法界提出“既不冤枉一个好人，也不放纵一个坏人”的工作目标，只能是一种美好愿望。刑事错案的发生客观上是不可避免的，只是存在概率的高与低的问题。面对我国刑事冤错案件监督难、纠错平冤更难的司法现状，笔者认为，应当从“预防”和“救济”两个方面深化改革力度，既要防微杜渐预防冤错案件的发生，又要建立有效的司法救济制度及时平冤纠错。

（一）在预防冤错案件发生方面，应当将客观制度性预防与人的主观能动性预防相结合

在客观制度性预防措施中，应加大错案问责追究制度，并建立责任倒查制度，即谁审查承办、谁审查决定的案件谁负责到底；包括升迁调任或退休都不能免除所承办或者负责的案件责任。同时在职称晋升、干部提职任免等制度中，都实行错案一票否决制。只有这种终身负责制，才能够让案件审查承办人与案件审查决定人不敢懈怠职责，不愿意顾及熟人关系，不敢以权谋利、徇私枉法。也只有从制度上锁定责任人，使其除了死亡之外再无其他解脱之路，冤错案件的发生概率才会降到最低线。

（二）在司法救济平冤纠错方面，可以借鉴外国有益成功的司法经验

可以借鉴某些国家的做法，在我国以省、自治区、直辖市为单位，设置

① 参见叶竹盛：《冤案难昭雪的制度性障碍》，载《南风窗》2013 年第 10 期（总第 488 期）。

刑事申诉案件独立处置机构，跨省或跨地域交换受案复查，或者在各省、自治区、直辖市设立刑事申诉案件跨省跨地域监管制度。应当坚决废除刑事申诉管辖制度中“谁处理的案件由谁管”的体制机制，改革申诉案件与原审案件由同一部门管辖的体制，设置刑事申诉案件独立处置机构。跨省或跨地域交换受案复查有以下优势：

1. 有利于排除地域和部门之间各种无形的干扰阻力、公正客观地复查申诉案件。从全国近十年平反的冤错案件来看，非得到真凶出现或者“死人”复活才启动错案纠正程序的现象值得我们警醒。对张氏叔侄的错误判决生效后第三个月真凶就已再次作案杀人，他们却苦苦申诉了10年才平反。这种司法现象反映出地域和部门之间各种无形的干扰和阻力很大。张氏叔侄冤错案件在跨省跨地域的新疆，当事人申诉能一直得到重视，新疆司法机关虽无申诉管辖权，却积极创造条件推动纠错平冤，这为构建刑事申诉案件跨省跨地域监管制度提供了具有说服力的事实根据。

2. 有利于专司复查评查之职、有错纠错、有冤平冤。建立相对独立的跨省或跨地域刑事申诉案件复查评查机构，或称“刑事申诉评查委员会”，不仅在法制不太健全的国家有必要，就是法制比较健全的许多国家也设立了类似机构。例如：美国在20世纪90年代就开始在许多州建立《无辜者中心(Innocent Center)》，对当事人申诉可能错判的案件进行复查。到2011年4月已发现311起错案。[①] 党的十八届三中全会提出：要推进法治中国建设，完善人权司法保障制度。包括健全国家司法救助制度，健全错案防止、纠正、责任追究机制，严禁刑讯逼供、体罚虐待，严格实行非法证据排除规则。这一深化改革目标的提出，为司法部门下一步机构改革指引了方向，并对我国改革冤错案件纠错平冤难的体制机制问题指明了改革方向。

3. 有利于落实党的十八届三中全会关于推进法治中国建设的改革目标。《中共中央关于全面深化改革若干重大问题的决定》指出：“健全司法权力运行机制。优化司法职权配置，健全司法权力分工负责、互相配合、互相制约机制，加强和规范对司法活动的法律监督和社会监督。”应当从司法理论、制度到实践，高度重视对刑事冤错案件的法律监督和纠正，绝不能再像张氏叔侄冤错案件那样，异地检察机关发现问题数年而不能纠正，最后靠社会监督的媒体“舆论围城”方法去推动纠错平冤。

---

① 参见何家弘：《中国刑事司法的十大误区》，载《清华法学》2013年第2期。

[结论性思考与建议]

刑事冤错案件法律监督和纠正问题，实质是冤错案件的预防与纠错平冤问题。它一直困扰着司法部门与广大民众，特别是对于亲历冤错案件发生、蒙受人为灾害而无法解脱的无辜受害者，更是一种精神与身体的沉重打击。我们应当尽快建立预防冤错案件发生的体制机制，减少和杜绝冤错案件的发生。一旦出现冤错案件，应当有专设机构及时有效地纠错平冤。这是深化司法体制改革、建设法治中国时代人民大众共同的愿望。本文所列举剖析的张高平、张辉叔侄冤错案件，从历史教训与司法实践角度提出刑事冤错案件法律监督与纠正的机制改革取向，希望能切中时弊，达到抛砖引玉之效果。

鉴于个人实践认识能力所限，本文未涉及侦查机关内部如何防止冤错案件发生的问题，也没有涉及审判机关内部防止冤错案件发生的问题，如司法界争议较大的审判机关如何实现以“法庭调查为中心”，防止庭审虚化现象发生。期盼法学专家和司法同仁就上述问题积极调研探索，提供真知灼见。

《关于办理醉酒驾驶机动车刑事案件适用法律若干问题的意见》评析

党　静*

2013 年 12 月 18 日，最高人民法院、最高人民检察院、公安部联合发布了《关于办理醉酒驾驶机动车刑事案件适用法律若干问题的意见》（以下简称《意见》），对“醉酒”的含义和认定依据、“道路”和“机动车”的范围、从重处罚和数罪并罚的情形、酒精含量推定、证据收集和强制措施适用等法律适用问题作了规定，对于规范醉酒驾驶机动车刑事案件的定罪处罚、证据收集与认定，统一法律实施，保障犯罪嫌疑人、被告人诉讼权利具有积极的指导意义。现对《意见》的特点和内容加以分析与评价。

一、对《意见》的分析

危险驾驶罪是我国刑法分则中唯一的主刑为拘役刑的轻微罪行，最高可判处拘役六个月。尽管罪行轻微，危险驾驶行为对公共安全构成的威胁却不可小觑，如醉酒驾驶机动车行为没有得到及时查处，很可能会酿成交通事故，

* 北京师范大学法学院法律硕士研究生。

致人死伤或造成重大财产损失。为体现从严惩处的精神，解决实践中突出反映的法律适用问题，中央公安司法机关联合制定了《意见》，其特点可以概括为三个。

1. 急用先定。《刑法修正案（八）》将醉驾入刑，在刑法第一百三十三条后增设第一百三十三条之一，设定了危险驾驶罪。两年多来，公安司法机关依法办理了一批醉酒驾驶机动车刑事案件，有效遏制了酒驾醉驾的蔓延势头，实践中也发现这类案件在适用法律上存在不少问题，争议不少。比如，什么是“醉酒”、如何认定，“道路”和“机动车”的范围如何把握，一罪与数罪如何区分，超标电动自行车是否属于机动车，适用罚金刑可否考虑缴纳能力，能否适用缓刑、免予刑事处罚或不作为犯罪处理等。《意见》基于解决突出问题的思路，针对实践中条件已成熟、积累有经验的问题加以规定，对于目前尚不具备条件的问题留待以后解决，体现了实事求是的精神和务实的司法作风。

2. 总体从严。《意见》总体上体现了对醉驾依法从严惩处的精神，表现在两个方面：一是列举从重处罚情节。第二条规定了八种从重处罚情节，主要是醉酒驾驶机动车造成交通事故，醉酒程度高，在高速公路、城市快速路上醉酒驾驶，醉酒驾驶载客营运机动车，逃避或者拒绝、阻碍执法检查，有酒驾行政处罚记录或前科等情形，基本上都是具有高风险的醉酒行为。二是确立血液酒精含量推定原则。针对犯罪嫌疑人在呼气检验之后、抽取血样之前脱逃的情形，第六条第一款明确可将犯罪嫌疑人的呼气酒精含量检验结果推定作为认定其醉酒的依据。第六条第二款也规定，犯罪嫌疑人在做呼气检验或被抽取血样之前又当场饮酒的，应当根据经检验的血液酒精含量推定其是否达到醉酒标准。这样规定，有利于惩罚犯罪和认定事实，发挥刑罚的一般预防功能。

3. 严格程序。《意见》第七条强调，办理醉酒驾驶机动车刑事案件，要保障犯罪嫌疑人、被告人的诉讼权利，严格执行诉讼期限制度，并对取证、强制措施适用重申了要求。一是要求公安机关查处案件时制作现场调查记录，对查获经过、呼气酒精含量检验和抽取血样过程予以记载；具备条件的，还应当拍照、录音录像或收集见证人的证言。二是要求根据案件情况，分别适用拘留或者取保候审，并对监视居住、逮捕的适用条件作了强调。

《意见》只有七个条文，但内容实在，实用性强，可以概括为七个方面。

（一）规范案件定罪标准

根据刑法第一百三十三条之一，危险驾驶罪是指在道路上驾驶机动车追逐竞驶，情节恶劣，或者在道路上醉酒驾驶机动车的行为。其中，醉酒驾驶机动车是危险驾驶罪中最为常见、多发的犯罪类型。“在道路上醉酒驾驶机动车”这一简单罪状，从生活经验看简单易懂，但法律实践却较为复杂，涉及“道路”“醉酒”以及“机动车”等问题的理解和认定。如果这些问题的认识不统一，案件定性就会标准各异，同案不同判。为此，《意见》第一条首先规范了定罪标准，明确了罪与非罪的区分条件。

1. 采取叙明式解释方法，阐释了“醉酒”的定义。关于车辆驾驶人员酒精含量的检验，国家质量监督检验检疫总局于2004年5月31日发布《车辆驾驶人员血液、呼气酒精含量阈值与检验》（GB19522－2004），明确车辆驾驶人员血液、呼气酒精含量≧80毫克/100毫升的，属于“醉酒驾车”。后来，该文件被2011年7月1日实施的《车辆驾驶人员血液、呼气酒精含量阈值与检验》（GB19522－2010，以下简称《醉驾国家标准》）[①] 所取代，但醉酒驾车的血液、呼气酒精含量阈值仍被保留沿用，只是将“醉酒驾车”的驾驶行为类别改称为“醉酒后驾车”。值得注意的是，修订后的国家标准增加了血液酒精含量检验和唾液酒精检测，同时要求血液酒精含量的“检验结果应当出具书面报告”，为查处和认定醉酒后驾车行为提供了重要的技术规范和证据要求，有利于规范执法、司法行为。依据《醉驾国家标准》，《意见》第一条第一款规定，在道路上驾驶机动车，“血液酒精含量达到80毫克/100毫升以上”的，属于醉酒驾驶机动车，构成危险驾驶罪。

2. 采取空白式解释方法，指出了认定“道路”“机动车”参照的法律法规。所谓空白式解释方法，是指没有直接明确法律中特定词语的含义，只是指明理解该词语需要参照的法律法规的解释方法。例如，关于刑法第一百二十四条破坏（或过失损坏）广播电视设施、公用电信设施罪中“广播电视设施”的含义，2010年6月13日施行的《最高人民法院关于审理破坏广播电视设施等刑事案件具体应用法律若干问题的解释》没有予以界定，只是在第八条规定要“参照国家广播电视行政主管部门和其他相关部门的规

---

① 最高人民法院刑事审判庭编：《刑事审判参考》2013年第5集，法律出版社2014年版，第251～252页。

定确定"①，采取的就是这种方法。这一方法一般适用于专业性、科学性很强领域的用语、物品、事项等，便于司法机关依据相关法律法规准确认定，划清罪与非罪的界限。明确"醉酒"的含义后，准确把握刑法第一百三十三条之一中的"道路"和"机动车"的含义，对于区分罪与非罪意义重大。因为尽管行为人血液中酒精含量经检验达到80毫克/100毫升以上，但如果驾驶的不属于"机动车"，或者尽管是机动车但不是在"道路"上行驶的，同样不能认定为犯罪。鉴于"道路"和"机动车"的认定涉及专业性知识，且道路交通安全法律法规已有规定，司法认定时径行参考相关法律法规确定即可。为此，《意见》第一条第二款规定，"道路"和"机动车"，"适用道路交通安全法的有关规定"确定，即按照道路交通安全法第一百一十九条明确的用语含义认定："道路"，是指公路、城市道路和虽在单位管辖范围但允许社会机动车通行的地方，包括广场、公共停车场等用于公众通行的场所；"机动车"，是指以动力装置驱动或者牵引，上道路行驶的供人员乘用或者用于运送物品以及进行工程专项作业的轮式车辆。

（二）确立血液酒精含量推定原则

血液酒精含量是认定醉驾行为的重要标准。饮酒后在道路上驾驶机动车，只有当行为人的血液酒精含量达到80毫克/100毫升以上时，才能认定构成危险驾驶罪。所以，在现场检查时首先要对嫌疑人进行呼气酒精含量检测，再抽取血样进行血液酒精含量检验，当鉴定意见证明血液酒精含量已达到或超过80毫克/100毫升时，才能作为认定有罪的证据。鉴于近来实践中出现无法形成血液酒精含量鉴定意见和嫌疑人在查处现场饮酒的实例，《意见》第六条明确了两个推定原则，② 即根据呼气情况、饮酒事实和生活经验，推定行为人达到醉酒标准。第一个原则以呼气酒精含量为依据。针对嫌疑人在呼气检验之后、抽取血样之前脱逃的情况，该条第一款规定"呼气酒精含量检验结果"可以"作为认定其醉酒的依据"，推定行为人达到醉酒标准。第二个原则以饮酒后血液酒精含量为依据。针对犯罪嫌疑人在做呼气检验或被抽取血样之前又当场饮酒的情况，该条第二款规定应以达到80毫克/100毫升以上的"经检验的血液酒精含量"推定行为人已醉酒。这样规

① 刘志伟、周国良编：《刑法规范总整理》，法律出版社2011年版，第311~312页。

② 推定，是指依据经验法则，根据某一已知事实而作出与之相关的未知事实存在（或不存在）的假定。推定具有可反驳性，如有相反证据反证，推定则可以被推翻。

定有利于遏制规避检查的行为，打消行为人钻法律空子、逃避刑事追究的侥幸心理。

(三) 明确酌定从重处罚情节

为体现从严惩处的总体要求，《意见》第二条列举了醉酒驾驶机动车案件八种酌定从重处罚的情节，大致可以分为三类：

1. 行为高危型情节，即针对醉驾行为的高危险性设置，规定在《意见》第二条第（一）（前半段）、（二）、（三）、（四）和（五）项中，有5种表现：（1）造成轻微交通事故，即“造成交通事故且负事故全部或者主要责任，……尚未构成其他犯罪的”；（2）血液酒精含量高，即“血液酒精含量达到200毫克/100毫升以上的”；（3）在特定路段驾驶，即“在高速公路、城市快速路上驾驶的”；（4）营运载客车辆，即“驾驶载有乘客的营运机动车的”；（5）“三超一无一假”，即“有严重超员、超载或者超速驾驶，无驾驶资格驾驶机动车，使用伪造或者变造的机动车牌证等严重违反道路交通安全法的行为的”。

2. 主观恶性深型情节，即针对醉驾行为人的主观恶性设置，规定在《意见》第二条第（一）（后半段）、（六）和（七）项中，有三种表现：（1）轻微事故后逃逸，即“……造成交通事故后逃逸，尚未构成其他犯罪的”；（2）妨碍执法活动，即“逃避公安机关依法检查，或者拒绝、阻碍公安机关依法检查，尚未构成其他犯罪的”；（3）有酒驾醉驾记录，即“曾因酒后驾驶机动车受过过行政处罚或者刑事追究的”。

3. 兜底型，规定在《意见》第二条第（八）项中，即“其他可以从重处罚的情形”。确定这类情节，应结合司法实际，综合考虑行为的危险程度和行为人的主观恶性程度，如可以包括：明知是安全装置不全、安全机件失灵或者拼装、改装、报废的机动车而驾驶的；明知机动车载有危险物品而驾驶的；故意遮挡、污损号牌或者不按照规定安装号牌的；被查获时让人顶罪或当场饮酒的；拒不认罪悔罪的等。

(四) 规定数罪并罚情形

行为人在道路上醉酒驾驶机动车被检查或查获时，如果主动配合呼气酒精含量检测，且经检验血液酒精含量达到80毫克/100毫升以上的，认定其构成危险驾驶罪不存在异议，但实践中也出现了逃避、拒绝、阻碍检查，甚至是采用暴力、威胁方法阻碍检查的实例。如何对阻碍检查的行为进行刑法评价，各地认识和做法不一致。对此，《意见》区别两种情况处理：

一是区分妨碍检查行为的危害程度。行为人如有妨碍检查的行为，但尚未达到犯罪的程度（主要是没有采取包含暴力、威胁内容的方法）时，只定危险驾驶罪一罪，而妨碍检查的行为可作为从重处罚的情节（《意见》第二条第（六）项）。相反，妨碍检查的行为构成犯罪的，则根据具体情况“依照数罪并罚的规定处罚”（《意见》第三条），或依照刑法第一百三十三条之一第二款“依照处罚较重的规定定罪处罚”①。

二是区分妨碍检查的方法。行为人为逃避法律追究而妨碍检查的方法多种多样，有的是逃避或以不含暴力内容的方法拒绝、阻碍，有的是采取暴力、威胁的方法阻碍，还有的是采取驾驶机动车冲撞公安人员的方法阻碍。前一种情形可作为从重处罚情节对待，在后两种情形中，行为除构成危险驾驶罪外，还符合其他犯罪构成的，需要区分犯罪方法作出处理。（1）采取驾车冲撞方法妨碍检查的，依照刑法第一百三十三条之一第二款以处罚较重的妨害公务罪定罪处罚；危害公共安全，或致人重伤、死亡或使公共财产遭受重大损失，符合以危险方法危害公共安全罪、交通肇事罪、故意杀人罪、故意伤害罪、故意毁坏财物罪等其他犯罪构成要件的，以处罚较重的相关犯罪定罪处罚。（2）对于采取驾车冲撞以外的暴力或威胁方法妨碍检查的，以危险驾驶罪和妨害公务罪实行并罚；致人重伤、死亡或者造成数额较大的财产损失，符合故意杀人罪、故意伤害罪、故意毁坏财物罪等其他犯罪构成要件的，以危险驾驶罪和相关犯罪实行并罚。② 这一区分，似是考虑驾车冲撞是醉酒驾车的继续，这种妨碍检查的行为对执法人员的危害更大。

（五）细化罚金数额决定依据

根据刑法第五十二条，判处罚金，应当根据犯罪情节决定罚金数额。《意见》第四条结合司法实际，将醉酒驾驶机动车刑事案件中决定罚金数额的依据“犯罪情节”细化为“被告人的醉酒程度、是否造成实际损害、认罪悔罪程度”等情况，但没有规定具体罚金数额。不过，根据 2000 年 12 月 19 日起施行的《最高人民法院关于适用财产刑若干问题的规定》第二条第

① 刑法第一百三十三条之一第二款规定，有前款（危险驾驶）行为，“同时构成其他犯罪的，依照处罚较重的规定定罪处罚。”

② 最高人民法院刑事审判庭编：《刑事审判参考》2013 年第 5 集，法律出版社 2014 年版，第 157～158 页。

一款关于“人民法院应当根据犯罪情节，如违法所得数额、造成损失的大小等，并综合考虑犯罪分子缴纳罚金的能力，依法判处罚金。刑法没有明确规定罚金数额标准的，罚金的最低数额不能少于一千元”的规定，此类案件适用罚金的最低数额为1000元，① 但最高数额不得而知。

（六）明确证据收集规范

为提高办案质量，针对醉酒驾驶机动车刑事案件的证据特点，《意见》第5条对证据收集行为设置了相关规则。对查获经过、呼气酒精含量检验和抽取血样过程，要制作笔录，这是强制性的基本规范，公安机关必须严格遵守。缺少这一笔录或者笔录制作不规范，会影响刑事诉讼向前推进。另外，《意见》还提出了两条酌量性规范：“有条件的，应当拍照、录音或者录像；有证人的，应当收集证人证言。”结合2011年9月19日《公安部关于公安机关办理醉酒驾驶机动车犯罪案件的指导意见》（以下简称《指导意见》）“四、进一步规范安全保护措施”下第13条关于在道路上检查酒后驾驶机动车时“必须配齐呼气酒精含量检测仪、约束带、警绳、摄像机、照相机、执法记录仪、反光指示棒、停车示意牌等装备”的规定分析，《意见》所述“有条件”，不能理解为如果配备有拍照、录音、录像功能的设备，就“应当拍照、录音或者录像”，而应参照《指导意见》“一、进一步规范现场调查”下第2条表述的“有条件的，还应当通过拍照或者录音、录像等方式记录”，解读为查处、调查时具有拍照、录音、录像的现场情境、时机的，应拍照、录音、录像。

（七）规范强制措施适用

针对实践中出现的错误适用逮捕、任意延长拘留时间、缩减法定办案期限等问题，《意见》特别强调要保障犯罪嫌疑人、被告人诉权，严格遵守侦查、起诉、审判的法定期限制度，不得违法予以缩减；② 同时，明确了强制

① 《最高人民法院关于适用财产刑若干问题的规定》第二条第二款规定了例外，即“对未成年人犯罪应当从轻或者减轻判处罚金，但罚金的最低数额不能少于五百元。”

② 据调查，有的地方违反规定在七日内完成侦查、起诉和审判工作。参见高贵君等：《〈关于办理醉酒驾驶机动车刑事案件适用法律若干问题的意见〉的理解与适用》，最高人民法院刑事审判庭编：《刑事审判参考》2013年第5集，法律出版社2014年版，第161页。

措施的适用规则：（1）应当区分案件情况，决定适用拘留或者取保候审，即适用拘留、取保候审是原则性要求。（2）适用监视居住和逮捕只得作为例外，具体情形是：适用监视居住，必须是因犯罪嫌疑人、被告人已符合取保候审条件，但不能提出保证人或交纳保证金；适用逮捕，必须是犯罪嫌疑人、被告人已被取保候审或监视居住，但有情节严重的违反相关规定的行为。

二、《意见》的评论

《意见》只针对实践中条件已成熟、积累有经验的法律适用问题作规定，有其合理性，但也因将其他问题搁置，致使一些有争议的问题悬而未决，未能充分满足司法实践的需求，因而存在缺憾。

（一）回避“道路”和“机动车”认定难点

尽管道路交通安全法第一百一十九条对“道路”和“机动车”的含义作了明确，但其中一些表述仍需结合司法实际进一步作出解释或说明。

1. 关于“道路”的认定。根据该条第（一）项，“道路”包括“虽在单位管辖范围但允许社会机动车通行的地方”，但对于机关、企事业单位、厂矿、校园、住宅小区等单位管辖范围内的路段、停车场是否属于“允许社会机动车通行的地方”存在争议，认识不统一。例如，廖某某酒后回所住小区，在将自家三菱轿车开到所住住宅楼下，倒车入库时撞上附近停放的汽车。交警部门认定廖某某对事故负全部责任。经鉴定，廖某某血液酒精含量大于300毫克/100毫升。在审理过程中，对该小区是否属于“道路”因而是否构成犯罪，有截然不同的两种意见。最后，法院认定属于“道路”，以危险驾驶罪判处廖某某拘役三个月，并处罚金人民币2000元。①对这一争议问题，《意见》却没有涉及，实际上司法实践已有较为成熟的意见，应予以吸纳，即认定这类路段、停车场是否“道路”，要看有无公共的属性：“只要允许不特定的社会机动车自由通行，就属于道路；如果仅允许与管辖单位及其人员有业务往来、亲友关系等特定事由的来访者的机动车通行，则

① 《廖开田危险驾驶案——在小区道路醉驾是否构成危险驾驶罪》，参见最高人民法院刑事审判庭编：《刑事审判参考》2013年第5集，法律出版社2014年版，第6~8页。

……不能认定为道路。”①

2. 关于“机动车”的认定。根据该条第（三）项规定，“机动车”是指以动力装置驱动或者前引，上道路行驶的供人员乘用或者用于运送物品以及进行工程专项作业的轮式车辆。实践中对于超标电动自行车是否属于机动车存在很大争议，各地处理也不尽相同。这是因为，虽然相关法规未明确超标电动自行车属于机动车，有关部门也未作为机动车管理，但超标电动自行车显然不符合道路交通安全法第一百一十九条第（四）项“非机动车”的特征：“虽有动力装置驱动但设计最高时速、空车质量、外形尺寸符合有关国家标准的……电动自行车等交通工具”。事实上，超标电动自行车的时速往往超过有关国家标准②，达到轻便摩托车（小于50公里/小时）甚至普通摩托车（大于50公里/小时）的技术标准。所以，超标电动自行车的归类实属两难，实践中出现争议在所难免。例如，林某醉酒驾驶最高车速大于20公里/小时的电动自行车，行驶中被查获，被某市法院以危险驾驶罪判处拘役二个月，并处罚金人民币2000元。该判决已生效。③ 少数地方，仍然存在较多判处醉驾超标电动自行车的情形。④ 危险驾驶罪的罪状属于引证罪状，对什么是醉酒、道路、机动车需要根据道路交通安全法等确定。在超标电动自行车未明确归类的情况下，认定为机动车会超出公众的认知程度，又容易扩大打击面。当然，对这种行为不以犯罪处理不是对其放任自流。对此问题，《意见》同样予以回避，实属遗憾。

---

① 高贵君等：《〈关于办理醉酒驾驶机动车刑事案件适用法律若干问题的意见〉的理解与适用》，参见最高人民法院刑事审判庭编：《刑事审判参考》2013年第5集，法律出版社2014年版，第153页。

② 2012年9月1日《机动车运行安全技术条件》（强制性国家标准GB7258－2012）将摩托车界定为由动力装置驱动，具有两个或者三个车轮的道路车辆。其中，非机动车最大设计车速：不大于20公里/小时；轻便摩托车最大设计车速：不大于50公里/小时；普通摩托车最大设计车速大于50公里/小时。

③ 最高人民法院对该案持否定意见，认为超标电动自行车不属于机动车范畴。参见《林某危险驾驶案——醉酒驾驶超标电动自行车的，是否构成危险驾驶罪》，载最高人民法院刑事审判庭编：《刑事审判参考》2013年第5集，法律出版社2014年版，第10～15页。

④ 浙江省高级人民法院课题组：《关于浙江省醉酒驾驶机动车刑事案审判情况的调研》，载最高人民法院刑事审判庭编：《刑事审判参考》2013年第5集，法律出版社2014年版，第264页。

（二）“从重处罚”性质语焉不详

《意见》第二条对醉酒驾驶机动车的八种情形规定要“从重处罚”，但该要求究竟是强制性的“应当”规范，还是裁量性的“可以”规范语焉不详，因而司法者、执法者可自我确定规范的性质，容易导致同案不同判、执法不统一。一般而言，在规范性法律文件中，对于规范性要求，没有写明是“应当”还是“可以”的，应理解为“应当”。例如，根据刑法第一百三十三条之一，犯危险驾驶罪的，“处拘役，并处罚金”。这一规定是强制性规范，法院对于犯危险驾驶罪的被告人，除非认为是犯罪情节轻微而免予刑事处罚的，不得判处拘役以外的其他主刑，或者是判处拘役而不并处罚金。举重以明轻，《意见》此处规定的“从重处罚”应作强制性规范理解，即“应当”从重处罚。这又带来另外一个问题。事实上，除《意见》第二条第（八）项是兜底性规定以外，其他七种行为情况各异，或是造成交通事故，或是危险性较高，或是行为人主观恶性较大。如果不加区分地一律予以从重处罚，就会出现罪责刑不相适应。比如，醉酒驾驶机动车造成轻微交通事故，如致人轻微擦伤或致车辆轻微剐蹭，被告人认罪悔罪并积极赔偿损失的，就可以不从重处罚，甚至考虑从轻处罚。

（三）从轻处罚情节未配套规定

《意见》规定了八种从重处罚情形，对于有效遏制醉酒驾驶机动车违法犯罪行为具有积极的意义，但作为规范性司法文件，没有配套规定从轻处罚情节，容易给人留下只从重而不考虑从轻的印象。根据宽严相济刑事政策，办理各类犯罪案件，既要考虑依法从严，又要考虑依法从宽，做到以严济宽，以宽济严，宽严相济，宽严适度。这样，才能有效发挥刑罚的预防和教育功能。只讲从严从重，不提从宽从轻，不利于引导司法者对全案量刑情节进行综合考虑。因此，在对醉酒驾驶机动车犯罪保持高压态势的同时，应保持司法理性，对于具有法定或酌定从轻处罚情节的被告人，要做到兑现政策。此类案件的量刑情节复杂多样，从不同侧面反映出行为的社会危害程度和行为人的人身危险性大小，应当成为量刑的重要参考。行为的社会危害程度，要受醉驾的时空环境、机动车车况、后果及有无其他违反道路交通安全法的行为等情节的影响；行为人的人身危险程度，要受醉酒程度、犯罪后态度和表现、犯罪动机及一贯表现等情节的影响。① 对这些情节，必须认真分析，区别对待，不能一律从重或从轻。例如，黄某某醉酒驾驶不合格的两轮摩托车与骑电动自行车的被害人相撞。经鉴定黄某某血液酒精含量为143毫克/100毫升，且黄某某负事故主要责任。根据《意见》第二条第（一）项，对黄某某应以危险驾驶罪从重处罚。但审理该案的法院不是简单行事，而是考虑黄某某明知他人报警后留在现场等候处理，归案后如实供述罪行，具有自首情节，且事后积极赔偿对方经济损失，以危险驾驶罪从轻判处拘役一个月，并处罚金1000元，体现了宽严相济刑事政策的精神和要求，法律效果和社会效果都好。一审宣判后，没有上诉也没有抗诉，判决已经发生法律效力。②

（四）区分一罪与数罪情形不完全

根据刑法第一百三十三条之一第二款，醉酒驾驶机动车，“同时构成其他犯罪的，依照处罚较重的规定定罪处罚”，而《意见》第三条又规定“醉酒驾驶机动车，以暴力、威胁方法阻碍公安机关依法检查，又构成妨害公务罪等其他犯罪的，依照数罪并罚的规定处罚。”这就产生一个问题，如何理解《意见》第三条与刑法第一百三十三条之一第二款的关系，区分一罪与数罪？对此问题，实践中会因看法不同而做不同的处理，但《意见》没有明确。事实上，刑法第一百三十三条之一第二款解决的是危险驾驶罪与其他犯罪之间的关系问题。

《刑法修正案（八）》起草过程中，有的委员建议对醉酒驾车造成后果的应规定比一般交通肇事罪更重的刑罚，还有的委员提出对有危险驾驶行为，又构成其他犯罪的，实行数罪并罚。最后，《刑法修正案（八）》采纳了前一种意见。③ 尽管如此，把握不好“同时构成其他犯罪”的含义和范围，一罪与数罪就不能准确区分。从前述对醉酒驾车造成后果的应规定比一

① 参见《吴晓明危险驾驶案——如何认定醉驾型危险驾驶案件中的犯罪情节轻微》，载最高人民法院刑事审判庭编：《刑事审判参考》2013年第5集，法律出版社2014年版，第22～23页。

② 参见《黄建忠危险驾驶案——如何认定醉驾型危险驾驶犯罪案件中的自首以及如何根据具体的自首情形决定对被告人的从宽处罚程度》，载最高人民法院刑事审判庭编：《刑事审判参考》2013年第5集，法律出版社2014年版，第34～38页。

③ 张军主编：《〈刑法修正案（八）〉条文及配套司法解释理解与适用》，人民法院出版社2011年版，第164～165、166页。

般交通肇事罪更重刑罚的立法建议看，“同时构成其他犯罪”的含义是特定的，即行为人醉酒驾驶机动车未被发现、检查，醉驾行为在持续的进程中致人死伤或造成重大财产损失，因而在构成危险驾驶罪的同时又构成交通肇事罪的情况。在这一过程中，醉驾行为对公共安全的危害从抽象危险变成实际损害，同时符合了危险驾驶罪和交通肇事罪的犯罪构成，二者之间存在交叉关系，因而构成法条竞合犯，① 应按照实害法（刑法第一百三十三条交通肇事罪）优于危险法（第一百三十三条之一危险驾驶罪）的原则，定交通肇事罪。比如，某甲在道路上醉酒驾驶机动车，在行车过程中，因没看清行人某乙而未及时刹车，将某乙撞死。对某甲不应以危险驾驶罪而应依照处罚较重的交通肇事罪定罪处罚。② 还有，醉酒驾驶机动车肇事后（第一次碰撞），又继续驾车冲撞因而造成重大伤亡（第二次碰撞），按照 2009 年 9 月 11 日《最高人民法院关于醉酒驾车犯罪法律适用问题的意见》“一、准确适用法律、依法严惩醉酒驾车犯罪”的规定，此类醉酒驾车造成重大伤亡的，“应依法以以危险方法危害公共安全罪定罪”。为保持司法政策的连续性，此类案件也可适用刑法第一百三十三条之一第二款。作为规范性司法文件，《意见》对刑法第一百三十三条之一第二款的适用范围没有明确，实践中难免还会出现扩大适用的情况。例如，曾有一种观点认为，将危险驾驶作为故意杀人、故意伤害、故意毁坏公私财物等其他犯罪的手段的，应以处罚较重的罪名定罪处罚。对此观点，最高人民法院持反对立场，认为该案应实行数罪并罚。③ 实际上，这完全可以规定在《意见》中，但《意见》第三条规定

---

① 有的学者认为，交通肇事罪是危险驾驶罪的结果加重犯：危险驾驶行为造成重大伤亡的，形成结果加重犯，对该行为依据刑罚较重的罪名定罪处罚，即不另认定为危险驾驶罪，而是认定为交通肇事罪。参见宋健：《论中德危险驾驶罪之比较——兼谈我国危险驾驶罪之完善》，中央民族大学 2013 年法律硕士学位论文，第 17 ~ 18 页。也有的学者认为这种情况应当按照想象竞合犯处理，即危险驾驶行为既触犯了危险驾驶罪，又触犯了交通肇事罪，从而择一重罪按交通肇事罪处罚。参见葛立刚：《关于〈刑法修正案（八）（草案）〉中危险驾驶入罪规定的立法评介》，载《福建警察学院学报》2010 年第 5 期。

② 高铭暄、陈璐：《〈刑法修正案（八）〉解读与思考》，中国人民大学出版社 2011 年版，第 91 页。

③ 《于岗危险驾驶、妨害公务案——醉酒驾驶并抗拒检查的是应当从一重还是数罪并罚》，参见最高人民法院刑事审判庭编：《刑事审判参考》2013 年第 5 集，法律出版社 2014 年版，第 44 ~ 45 页。

实行数罪并罚的只有阻碍检查而构成妨害公务罪等其他犯罪（如故意伤害罪、故意杀人罪、故意毁坏财物罪）的情况，对醉酒驾车故意冲撞执法人员案件的定罪原则仍不得而知。

（五）不作为犯罪处理、免予刑事处罚、适用缓刑等情形未予明确

司法实践中，醉酒驾驶机动车行为的实体处理一般是定罪、判刑、判实刑（拘役并处罚金），但是根据案件的事实、情节和危险的程度，也不排除有不作为犯罪处理、免予刑事处罚、适用缓刑的判决。很明显，《意见》没有涉及后三种情况，体例和内容显得还不完整，致使实践中遇到这类情况缺乏处理依据。

关于不作为犯罪处理。一般认为，危险驾驶罪是抽象危险犯，只要行为人在道路上醉酒驾驶机动车，就被认为具有危害公共安全的抽象危险，无论是否发生危害公共安全的实际损害结果，均构成危险驾驶罪。认定一行为构成抽象危险犯，必须以确实存在抽象危险为条件，如果根据行为的时空环境等特定情况判断行为确实不具备抽象危险时，则不能认定犯罪成立。例如，行为人醉酒后在空无一人的公共停车场内短时间驾驶机动车的，就不可能危害公共交通安全，不宜以危险驾驶罪追究刑事责任。① 那种认为只要有醉酒驾驶机动车的行为就一律定罪的观点，实际上是把危险驾驶罪当成举动犯，忽视了抽象危险的存在对于定罪的重要作用，是不符合刑法基本理论的。所以，对确实不存在抽象危险的醉驾行为可作为例外，认定属于刑法第十三条“犯罪情节显著轻微”，不作为犯罪处理。类似情况还有，如“醉驾的时间和距离极短，根据一般人的经验判断几乎没有发生交通事故的可能性”②。

关于免予刑事处罚。刑法第三十七条关于“对于犯罪情节轻微不需要判处刑罚的，可以免予刑事处罚”的规定适用于刑法分则各类犯罪的处理，因此，对于犯危险驾驶罪的行为人，不一定都要判刑，标准是看行为人的犯罪情节是否轻微。例如，吴某某驾驶汽车途经某地龙园大门路段时被当场查

① 张军主编：《〈刑法修正案（八）〉条文及配套司法解释理解与适用》，人民法院出版社 2011 年版，第 173 页。

② 《吴晓明危险驾驶案——如何认定醉驾型危险驾驶案件中的犯罪情节轻微》，参见最高人民法院刑事审判庭编：《刑事审判参考》2013 年第 5 集，法律出版社 2014 年版，第 24 页。

获。经鉴定，吴某某的血液酒精含量为89.4毫克/100毫升。审判该案的法院认为，吴某某的行为已构成危险驾驶罪，但考虑到吴某某血液中酒精含量不高，醉驾的时间和距离较短，又案发时间凌晨1时许路上车辆行人稀少，且系因突然听说未满周岁的女儿生病在家而救女心切，归案后认罪悔罪且系初犯等情节，对吴某某免予刑事处罚。宣判后没有上诉、抗诉，判决已生效。① 这样处理符合案件实际，也有充分的法律依据，法律效果和社会效果良好。

关于缓刑适用。危险驾驶罪是刑法分则中唯一一个主刑为拘役刑的轻微罪行，其最高法定刑是拘役六个月，因而该罪量刑应有别于其他犯罪，行为人只要符合法定条件就可以尽量适用缓刑。但《意见》对缓刑适用问题同样没有涉及。在司法实践中，各地在醉酒驾驶机动车刑事案件缓刑适用上的做法不尽相同，有些地方一律不适用缓刑，有的地方很少甚至不敢适用缓刑，② 影响了缓刑制度功能的整体发挥。实践表明，准确把握标准、依法适用缓刑，有利发挥宽严相济的政策导向作用。例如，某日晨5时20分，魏某某与同事一起喝酒后，驾驶汽车行至某市滨海大道万腾路段时停到公交车道内（未靠边），被后面驶来的出站公交车追尾。交警部门认定双方负事故同等责任。经鉴定，魏某某血液酒精含量为96.06毫克/100毫升。案发后，魏某某积极赔偿对方损失并取得谅解。审判该案的法院认为，魏某某酒后约4小时才驾车，因有雾看不清道路而将车停在公交车道内，当时路上行人较少，对方对事故负同等责任，且魏某某案发后认罪并积极赔偿损失，故对魏某某以危险驾驶罪从轻判处拘役一个月，并宣告缓刑二个月。宣判后没有上诉、抗诉，判决已生效。③ 值得注意的是，认定危险驾驶罪适用缓刑的条件

① 《吴晓明危险驾驶案——如何认定醉驾型危险驾驶案件中的犯罪情节轻微》，参见最高人民法院刑事审判庭编：《刑事审判参考》2013年第5集，法律出版社2014年版，第21~25页。

② 据调查，在江苏省某地区一年里审结的729起醉驾案件中，729名被告人一律被定罪，均被判实刑，无一例适用缓刑。江苏各地法院适用缓刑的比率差别也较大，高者为25%，低者为10%。参见江苏省高级人民法院课题组：《关于醉酒驾驶机动车刑事案件相关问题的调研》，最高人民法院刑事审判庭编：《刑事审判参考》2013年第5集，法律出版社2014年版，第275~277、282页。

③ 《魏海涛危险驾驶案——在醉驾型危险驾驶案件中如何把握缓刑适用标准》，参见最高人民法院刑事审判庭编：《刑事审判参考》2013年第5集，法律出版社2014年版，第26~27页。

“犯罪情节较轻”，不应以是否发生交通事故为标准。对于虽然发生交通事故，但后果不严重，行为人对事故不负全部或主要责任，事后又积极赔偿并取得谅解的，可以认定为“犯罪情节较轻”。只要行为人认罪悔罪，又未曾酒驾受过行政处罚或刑事追究，就宜适用缓刑。

（六）血液酒精含量推定原则未言例外

醉酒驾驶机动车刑事案件中，血液酒精含量鉴定意见对定性影响重大，是认定“醉酒”的科学证据，故《意见》第六条第一款规定，“血液酒精含量检验鉴定意见是认定犯罪嫌疑人是否醉酒的依据”。根据《醉驾国家标准》，检测驾驶人员是否系因酒后及醉酒后驾车的方法有四种：呼气酒精含量检验、血液酒精含量检验、唾液酒精含量检验和人体平衡检验。其中，血液酒精含量检验最为精准，呼气酒精含量检验其次。因血液酒精含量检验要在实验室进行，公安人员在现场查获犯罪嫌疑人时，在进行呼气酒精含量检验后，需要再抽取血样送交鉴定机构检验。但是，嫌疑人如在抽取血样之前脱逃，就无法抽取血样，证据中就缺少血液酒精含量鉴定意见，只有呼气酒精含量鉴定意见。鉴此，为严惩醉驾犯罪，《意见》第六条第一款对认定醉酒的依据设置了例外，允许以呼气酒精含量检验鉴定意见作为认定醉酒的依据。这一例外无可厚非。但是，由于呼气酒精含量检验因人而异，因地而异，稳定性不很强。作为证据，呼气酒精含量鉴定意见的证明力较弱，需要参考唾液酒精含量检验、人体平衡试验，用其他证据主要是同行者、同饮者的证言予以补强，而《意见》没有给予足够的注意，未对“例外”再设例外。如：如果有优势证据证明犯罪嫌疑人、被告人被查处前饮酒数量较小，呼气酒精含量经检验刚刚超过换算后的血液酒精含量标准或者超过该标准不多的，不认为其达到醉酒标准。同理，《意见》第六条第二款以当场饮酒检验出血液酒精含量为“醉酒标准”的推定原则，也没有考虑推定的可反驳性。如果犯罪嫌疑人、被告人有优势证据证明在呼气酒精含量检验或者抽取血样前确实只饮了少量酒，根据具体情况和经验判断，如果他不当场饮酒，血液酒精含量尚不足以超过80毫克/100毫升的，不认为其达到醉酒标准。[①]

三、结语

评述《意见》，旨在对修改与完善办理醉酒驾驶机动车刑事案件规范性司法文件或制定相关司法解释建言献策。事实上，醉驾案件涉及的法律适用问题远不止《意见》所含，除上述问题以外，还包括：（1）醉驾摩托车能否与醉驾汽车区别量刑。[②]（2）怎样防止曲解“驾驶”与“醉酒”的逻辑关系。例如，因被告人违章停车，交警打电话让被告人从KTV出来挪车。在处理违章事宜时，交警闻到被告人有酒气，经检验血液酒精含量为176毫克/100毫升。最后，被告人被判处拘役一个月，并处罚金人民币2000元。[③]（3）如何解决量刑不规范均衡问题。例如，同以酒精含量180毫克/100毫升为例，排除其他量刑情节，在浙江省三市中，杭州市是判处拘役一个月，宁波市判处二个月拘役，温州市判处三个月拘役。[④]（4）酒精含量鉴定意见

① 英国的相关立法和判例可资借鉴。根据英国1988年道路交通违法行为人法（Road Traffic Offenders Act 1988）和相关判例，驾驶人要承担其系驾车后饮酒的举证责任，对下述事实进行证明，并达到合理清楚、直接、相对简单（reasonably clear, straightforward and relatively simple）的程度：（1）他是在驾车之后、提取酒精含量检测样本之前喝酒的；（2）如果没有这一驾车后的喝酒行为，他在驾车时的酒精含量不会超过法定临界值。参见清华大学课题组：《办理危险驾驶机动车刑事案件的疑难问题及解决方案》，最高人民法院刑事审判庭编：《刑事审判参考》2013年第5集，法律出版社2014年版，第324~325页。

② “一旦发生危害，受伤的更多是驾驶人自己，醉驾两轮摩托车和超标电动车的危害远远小于醉驾汽车。”参见浙江省高级人民法院课题组：《关于浙江省醉酒驾驶机动车刑事案审判情况的调研》，最高人民法院刑事审判庭编：《刑事审判参考》2013年第5集，法律出版社2014年版，第264页。

③ 参见浙江省高级人民法院课题组：《关于浙江省醉酒驾驶机动车刑事案审判情况的调研》，最高人民法院刑事审判庭编：《刑事审判参考》2013年第5集，法律出版社2014年版，第264页。此案显属错案，错在曲解了“驾驶”与“醉酒”的逻辑关联。“驾驶”须发生在“醉酒”之后、因“醉酒”被查处之前。如果行为人“醉酒”之后，因其他事由受检查时按要求上车、挪车的，则“驾驶”与“醉酒”的联系出现裂断，不具有本罪要求的关联性，不能认定为犯罪。

④ 不少地方存在“唯酒精含量”倾向，没有很好区别考虑车辆及道路种类、犯罪情节进行量刑。参见浙江省高级人民法院课题组：《关于浙江省醉酒驾驶机动车刑事案审判情况的调研》，最高人民法院刑事审判庭编：《刑事审判参考》2013年第5集，法律出版社2014年版，第265页。

不一致如何采信。例如，有两份血液酒精含量鉴定时，法院多采信含量较低的鉴定，但也有个别案件因含量较低的鉴定未达醉驾标准而采信含量较高的鉴定，致使被告人提出异议。[①]（5）决定罚金数额能否考虑财产、收入等缴纳能力。目前，摩托车醉驾行为人绝大多数为农民、外来务工人员或无业人员。据调查，福建全省醉酒案件中，农民和无业人员占被判刑人的分别占69.1%和12.5%，二者合计81.6%。这类群体由于收入低，如果不考虑缴纳能力而一律并处1000元以上的罚金，显得不合情理。

为了全面贯彻宽严相济刑事政策，准确适用法律，实现司法公正，需要及时对这些问题进行调查研究，尽快予以解决，成果应以司法解释的形式显现，以提高司法政策的权威性和统一性。

① 参见江苏省高级人民法院课题组：《关于醉酒驾驶机动车刑事案件相关问题的调研》，最高人民法院刑事审判庭编：《刑事审判参考》2013年第5集，法律出版社2014年版，第280页。

我国未成年人附条件不起诉制度之完善[①]

——对相关司法解释的解读和评析

罗 璀* 廖 丹**

未成年人附条件不起诉制度，是基于我国刑事司法实践中基层检察机关针对一些特定群体（主要是未成年人和在校大学生）犯罪嫌疑人试行的，并由我国2012年修订的《中华人民共和国刑事诉讼法》（以下简称新刑事诉讼法）通过第二百七十一至二百七十三这三条条款正式确立的一项刑事司法制度。这一制度是立法机关将司法实践中的附条件不起诉予以合法化、制度化之后的产物，它将适用对象仅仅局限在未成年犯罪嫌疑人。未成年人附条件不起诉制度的具体含义是指，在审查起诉阶段，检察机

* 北京师范大学法学院硕士研究生。

** 湖北省鄂州市人民政府法制办副科长。

① 本文为2011年度北京市社科联青年社科人才资助项目“北京市社区力量参与社区矫正的实证研究”（课题号2011SKL008）和2012年度北京市哲学社会科学规划项目“北京市社区力量参与社区矫正的实证研究”（课题号12FXC029）的阶段性成果之一；本文亦为“中央高校基本科研业务费专项资金资助”项目（supported by “the Fundamental Research Funds for the Central Universities”）“未成年人刑事司法职权优化配置研究”（课题号105563GK）的阶段性成果之一。

关在法律赋予的自由裁量权之内，综合考虑未成年犯罪嫌疑人的犯罪行为、自身条件以及公共利益和刑事政策的需要，设立一定的考察条件和考察期，并视其在考察期内对考察条件的遵守情况来最终决定是否对其提起公诉的制度。这一制度不仅积极回应了司法实务部门关于构建我国附条件不起诉制度的立法诉求，而且充分显现了未成年人刑事司法非刑罚化的趋势，体现了“恢复性司法”的核心精神，展示了我国对未成年犯罪嫌疑人的特别保护与关怀。对于未成年人附条件不起诉这一刑事诉讼法新增之制度，最高人民检察院于2012年10月颁布的《人民检察院刑事诉讼规则（试行）》（以下简称最高人民检察院《规则》）在其第四百九十二条至五百零一条进行了细化规定。与此同时，最高人民检察院于2012年10月29日发布的《关于进一步加强未成年人刑事检察工作的决定》（以下简称最高人民检察院《决定》）也在其第21条作出了相关的规定。最高人民检察院通过这些司法解释性文件具体明确了我国未成年人附条件不起诉制度的适用。

综观这两个司法解释性文件，最高人民检察院《规则》对新刑诉讼法有关未成年人附条件不起诉制度的规定作了进一步的细化和补充，而最高人民检察院《决定》仅有一条宣示性的规定即第21条。最高检从适用条件、考察机制、监督制约程序等方面对未成年人附条件不起诉制度进行了相应的完善。然而仔细分析，依旧可以发现我国未成年人附条件不起诉制度在设计上还是存在较多问题，这些问题如果不予以明确，将会给司法实践带来困惑。

一、未成年人附条件不起诉制度适用条件

（一）司法解释性文件相关规定剖析

最高人民检察院《决定》第21条规定了：“建立健全不起诉制度。要准确把握未成年犯罪嫌疑人‘情节显著轻微危害不大’和‘犯罪情节轻微，不需要判处刑罚’的条件，对于符合条件的，应当作出不起诉决定。要依法积极适用附条件不起诉……”此条规定带有明显的宣示性，在未成年人附条件不起诉制度适用条件上并未有任何实质性的规定。而最高人民检察院《规则》第四百九十二条规定的“对于符合刑事诉讼法第二百七十一条第一款规定条件的未成年人刑事案件，人民检察院可以作出附条件不起诉的决定”，完全沿用了我国新刑事诉讼法的规定，并没有进行任何的扩张性抑或限缩性解释规定。根据新刑事诉讼法第二百七十一条第一款的规定：“对于

未成年人涉嫌刑法分则第四章、第五章、第六章规定的犯罪，可能判处一年有期徒刑以下刑罚，符合起诉条件，但有悔罪表现的，人民检察院可以作出附条件不起诉的决定……”据此，我国未成年人附条件不起诉制度适用的限制性条件有：第一，特定的犯罪类型。即未成年人涉嫌违反刑法第四、五、六章，即侵犯公民人身权利、民主权利罪，侵犯财产罪，妨害社会管理秩序罪这三大类犯罪。第二，特定的刑罚条件。即可能判处一年有期徒刑以下刑罚的案件。而在我国基层检察机关附条件不起诉试行中普遍适用的是可能被判处三年有期徒刑以下刑罚的案件，可以说，至少从刑罚方面来说，本次新刑事诉讼法及最高人民检察院《规则》是加大了对附条件不起诉适用条件的限制。而且“可能判处一年有期徒刑”，这可以说是检察机关在进行刑罚裁量，在一定程度上有侵蚀法院的定罪量刑权之嫌。① 第三，符合起诉条件。这说明未成年犯罪嫌疑人按照起诉法定主义的要求，是应该要被追诉的，而现在则是基于起诉裁量主义，附条件地不予起诉。第四，有悔罪表现。这主要是指未成年犯罪嫌疑人主观认罪态度，即主动认罪、坦白等。

根据上述分析，最高人民检察院《规则》对未成年人附条件不起诉制度适用条件限制是主要通过对犯罪类型、刑罚、主观态度等方面的规定来实现的。上述四个限制条件必须全部具备才能适用，从这层层限制缺一不可的适用条件来看，我国未成年人附条件不起诉制度适用案件范围是极其狭窄的。综观域外法制发达国家，② 其附条件不起诉制度一般都是根据法定刑的轻重来设定适用条件的标准，而没有犯罪类型等的限制。其中，日本、美国和荷兰规定附条件不起诉没有范围的限制，澳门地区和德国则规定仅适用于轻罪，台湾地区参考德日之立法例，折中地排除极重大的犯罪，纵使是中度犯罪也可考虑给予缓起诉处分。③ 同时，域外法制中也并未将有悔罪表现纳入适用的限制条件中，其更多地是通过犯罪嫌疑人对考察内容的遵守与否来确定其是否有悔罪表现，即采取主客观相一致的原则，不仅是要有认罪、忏悔的意思表示，更侧重的是其要有认罪、忏悔的行为。而我国此处立法规定

---

① 参见王敏远：《暂缓起诉制度——争议及其前景》，载《人民检察》2006 年第 4 期。

② 域外法制发达国家附条件不起诉制度适用对象并未区分未成年人与成年人，所以也没有所谓的未成年人附条件不起诉制度之说，然而考虑到我国是基于对未成年犯罪嫌疑人特殊保护以及基层检察机关试行经验的缘故，我国附条件不起诉制度仅适用于未成年人无可厚非。

③ 叶肖华：《比较法视野下的附条件不起诉制度》，载《金陵法律评论》2007 年第 2 期。

的“有悔罪表现”可能更侧重的是有认罪、忏悔的意思表示。可以看得出来，关于未成年人附条件不起诉制度适用条件的规定，我国是极其保守的。

（二）完善方案

最高人民检察院《规则》等司法解释性文件对未成年人附条件不起诉制度适用条件的限制诸多，极大地影响了未成年人附条件不起诉制度价值的实现，这就要求适当地调整未成年人附条件不起诉制度的适用条件。首先，应取消对罪种的限制，删除只适用于“未成年人涉嫌刑法分则第四章、第五章、第六章规定的犯罪”的条款；同时还应当以法定刑为基础来确定适用案件范围，规定适用于“刑法规定为三年以下有期徒刑的犯罪”。这样不仅可以放宽未成年人附条件不起诉的案件范围，实现未成年人附条件不起诉制度设立之目的，而且还可以释清检察机关侵蚀法院审判权之嫌；不仅可以比较好地实现宽严相济的刑事政策的要求，而且也可以体现未成年人司法案件中的“双向保护”原则，即保护社会与保护少年的统一。

二、未成年人附条件不起诉制度考察机制

（一）司法解释性文件相关规定剖析

最高人民检察院《规则》从第四百九十五条到第五百条分别从考察期限、考察主体、考察内容等方面对未成年人附条件不起诉制度的考察机制进行了细化规定。而最高人民检察院《规定》则没有对未成年人附条件不起诉制度的考察机制进行任何的阐释与细化。以下将对最高人民检察院《规则》有关未成年人附条件不起诉制度考察机制进行剖析。

1. 考察期限

最高人民检察院《规则》第四百九十五条规定了未成年人附条件不起诉制度的考察期限，“人民检察院作出附条件不起诉决定的，应当确定考验期。考验期为六个月以上一年以下，从人民检察院作出附条件不起诉的决定之日起计算”。设置考察期目的并不是为了使犯罪嫌疑人纯粹地遭受一定时间的桎梏，而是要通过在考察期中未成年犯罪嫌疑人对附加条件的遵守来帮助其去除自身存在的可能导致其犯罪的人格特征，其更倾向于对未成年犯罪嫌疑人的教育与挽救。所以附加的考察期限不宜过长以致有侵犯人权之嫌，也不宜过短而无法达到教育挽救的目的。所以规定六个月到一年的考察期限是合适的。

2. 考察主体

最高人民检察院《规则》第四百九十六条第一款规定“在附条件不起诉的考验期内，由人民检察院对被附条件不起诉的未成年犯罪嫌疑人进行监督考察。未成年犯罪嫌疑人的监护人，应当对未成年犯罪嫌疑人加强管教，配合人民检察院做好监督考察工作”，这一条款依旧承继了新刑事诉讼法第二百七十二条的规定，将检察机关作为未成年人附条件不起诉制度的考察主体。然而，检察机关作为国家的追诉机关以及法律监督机关，其自身的诉讼等业务负担极其繁重，在检察机关的司法资源有限的情况下，如果再要求检察机关去承担未成年人附条件不起诉具体的考察工作，势必会加剧检察机关司法资源的紧缺，极可能造成检察机关对未成年人附条件不起诉考察工作的虚置化。同时，未成年人刑事案件更加侧重的是对未成年人的教育帮扶，这些工作需要的更多是柔性的技能，例如教育学、心理学、社会学等方面的专业知识。以上这些都决定了检察机关作为考察主体并不能有效地实现对未成年犯罪嫌疑人的考察目的。

为了修正检察机关作为单一监督考察主体带来的弊端，最高人民检察院《规则》第四百九十六条第二款规定了“人民检察院可以会同未成年犯罪嫌疑人的监护人、所在学校、单位、居住地的村民委员会、居民委员会、未成年人保护组织等的有关人员，定期对未成年犯罪嫌疑人进行考察、教育，实施跟踪帮教”，可以看得出这一条款赋予了未成年人的监护人、所在学校、单位、居住地的村民委员会、居民委员会、未成年人保护组织等的有关人员参与会同考察的职能。然而这一规定并没有改变检察机关作为单一考察主体的情况，这些相关人员的介入考察只能是根据检察机关的要求，并不能独立地进行监督考察，而且并没有其他相关的法律规定及配套措施来保障这些机关、组织和相关人员勤勉尽职地履行考察职能，具体考察配合实施效果情况并不是很明显。

3. 考察内容

最高人民检察院《规则》通过第四百九十七条与第四百九十八条两条规定了对被附条件不起诉的未成年犯罪嫌疑人所应附加的考察内容。其中，第四百九十七条规定了所附加的一般性考察内容，即“（一）遵守法律法规，服从监督；（二）按照考察机关的规定报告自己的活动情况；（三）离开所居住的市、县或者迁居，应当报经考察机关批准；（四）按照考察机关的要求接受矫治和教育”，这是所有被附条件不起诉犯罪嫌疑人所必须遵守的普遍性义务。而第四百九十八条则将新刑事诉讼法规定“矫治和教育”

这一抽象概念具体化，规定了一些个性化的具体考察内容，即“（一）完成戒瘾治疗、心理辅导或者其他适当的处遇措施；（二）向社区或者公益团体提供公益劳动；（三）不得进入特定场所，与特定的人员会见或者通信，从事特定的活动；（四）向被害人赔偿损失、赔礼道歉等；（五）接受相关教育；（六）遵守其他保护被害人安全以及预防再犯的禁止性规定”，这些个性化的考察内容依未成年犯罪嫌疑人的个体条件以及相关案情而异。

可以看到，最高人民检察院《规则》考察内容采取的“一般+个性化”的归纳方法，充分体现了未成年人附条件不起诉制度中考察内容必要性与个性化的原则，大大弥补了新刑事诉讼法相关规定的不足。这就要求考察机关在对附条件不起诉未成年犯罪嫌疑人设置考察内容时，不仅要规定必要性的一般考察内容，而且更加要注重根据未成年犯罪嫌疑人的个体条件去附加与其相适应的个性化条件，也只有这样才能因人而异最大限度地去教育、感化、挽救未成年人。

（二）完善方案

1. 确定司法行政部门为考察主体

我国未成年人附条件不起诉制度考察机制中存在的最大问题就是考察主体与不起诉决定主体的重合，所以应当由司法行政部门为考察的主体。而检察机关只保留不起诉决定权，同时对未成年犯罪嫌疑人考察内容进行指导，监督司法行政部门的考察工作。这样可以完全解决由考察执行与不起诉决定主体重合所可能带来的检察机关不作为等问题。同时，又鉴于未成年人附条件不起诉考察内容与社区矫正有诸多重合之处，司法行政部门在施行社区矫正过程中，积累了不少教育矫治的经验，其工作人员相较检察机关工作人员来说掌握了大量的社会学、心理学、教育学等专业性知识，由司法行政部门进行考察也是现实条件的要求。然而，我们还应看到，社区矫正的对象是已经被判处管制、被宣告缓刑、被暂予监外执行、被裁定假释、被剥夺政治权利这五类成年犯罪人，因此司法行政部门在对未成年犯罪嫌疑人的监督考察中应当特别注重对未成年犯罪嫌疑人的特殊保护，不能一味地以社区矫正的方法不加变通地去对待未成年犯罪嫌疑人。最好的解决措施是司法行政部门尽快建立少年观护制度，成立专门的少年观护队伍。而在具体的帮教考察中，人民检察院作出附条件不起诉决定后，司法行政部门应当牵头成立考察帮教小组，由司法行政部门未成年司法工作人员会同案件承办人、司法社工、学校、共青团组织以及其他社会帮教机构代表共同讨论拟定考察计划及方案。

2. 统一考察期限的量化适用条件

最高人民检察院《规则》将考察期限规定为六个月到一年是很正确的，考虑到了考察期限必要性与个性化的要求。这也就意味着检察机关在确定未成年犯罪嫌疑人考察期限时具有较大的自由裁量权。裁量权的背面则是对裁量权进行制约，否则将会侵犯未成年犯罪嫌疑人的合法权益。因此这也就需要在将考察期限规定为六个月到一年的基础上，进一步明确设置考察期限与具体的罪行情节、主观恶性间的关系，进而统一其适用条件，达到限制检察机关在设置考察期限时候的自由裁量权的目的，以实现“以保护优先，寻求打击与保护之间的平衡”。

三、未成年人附条件不起诉制度监督制约程序

（一）司法解释性文件相关规定剖析

未成年人附条件不起诉制度的监督制约主要集中在对附条件不起诉的决定程序以及考察执行的监督制约这两个方面。

1. 对附条件不起诉决定程序的监督制约

对未成年人附条件不起诉决定程序的监督制约，最高人民检察院《规则》及最高人民检察院《决定》对决定作出前听取意见、不起诉决定的送达和宣布、不起诉决定的救济等方面作出了规定。首先，最高人民检察院《规则》第四百九十二条第二款规定了“人民检察院在作出附条件不起诉的决定以前，应当听取公安机关、被害人、未成年犯罪嫌疑人的法定代理人、辩护人的意见，并制作笔录附卷。”这一条款与新刑事诉讼法相较，增加了应当听取“未成年犯罪嫌疑人的法定代理人、辩护人的意见，并制作笔录附卷”。未成年人附条件不起诉决定的作出关乎未成年人刑事案件各方，在决定作出前充分听取各方意见有利于照顾各方的情感和利益。其次，第四百九十三条第一款和第二款则分别规定了不起诉决定的送达和宣布，“人民检察院作出附条件不起诉的决定后，应当制作附条件不起诉决定书，并在三日以内送达公安机关、被害人或者其近亲属及其诉讼代理人、未成年犯罪嫌疑人及其法定代理人、辩护人”；“人民检察院应当当面向未成年犯罪嫌疑人及其法定代理人宣布附条件不起诉决定，告知考验期限、在考验期内应当遵守的规定以及违反规定应负的法律责任，并制作笔录附卷。”而最高人民检察院《决定》则规定：“要完善不起诉宣布、教育的程序和方式。对相对不

起诉和经附条件不起诉考验期满不起诉的，在向被不起诉的未成年人及其法定代理人宣布不起诉决定书时，要充分阐明不起诉的理由和法律依据，并对被不起诉的未成年人开展必要的教育。宣布时，要严格控制参与人范围，如果侦查人员、合适成年人、辩护人、社工等参加有利于教育被不起诉未成年人的，可以邀请他们参加。”这些规定从送达和宣布两种程序性权利来保障受不起诉决定影响的利害关系人享有知情权等合法实体性权利，并进而达到监督制约检察机关权力的作用，尤其是最高人民检察院《决定》关于“宣布”的规定充分体现了对未成年犯罪嫌疑人教育挽救的目的。再次，不起诉决定的救济，则又分为公安机关的复议、复核，被害人的申诉以及未成年犯罪嫌疑人及其法定代理人的异议。最高人民检察院《规则》第四百九十四条对公安机关的复议、复核以及被害人的申诉进行了具体的规定。它规定了复议、复核、申诉的审查主体是公诉部门或者未成年人犯罪检察工作机构。而第四百九十四条第三款则规定：“未成年犯罪嫌疑人及其法定代理人对人民检察院决定附条件不起诉有异议的，人民检察院应当作出起诉的决定。”

从以上有关对未成年附条件不起诉决定程序的监督制约机制中，首先可以看到这些有关公安机关复议、复核以及被害人申诉的条款明显地只是侧重于实现公安机关、被害人对附条件不起诉决定的事后救济，而在决定作出之前只是要求检察机关要听取被害人、公安机关意见，而对意见的采纳与否没有作任何的规定。由于被害人的弱势地位以及没有其他相关制约机制，检察机关对于被害人意见的听取流于形式是极有可能出现的。其次，最高人民检察院《规则》第四百九十四条第三款的规定说明检察机关在作出附条件不起诉决定之前必须征得犯罪嫌疑人一方的同意。[①] 这一条款意在保障犯罪嫌疑人接受审判的诉讼权利，是司法最终裁决原则的体现，应该说是很有存在意义的。然而，正如上述所言，立法赋予犯罪嫌疑人及其法定代理人以异议权，却没有赋予被害人一方与之相均衡的权利，可以说是不合理的。

2. 对考察执行的监督

最高人民检察院《规则》及最高人民检察院《决定》并未对附条件不起诉考察执行的监督问题作出任何规定。若是作为考察主体的检察机关不作为或作为不合法，那么检察机关是否需要承担责任，如果需要承担则应当承担什么样的责任。更重要的是，对本身就是法律监督者的检察机关进行监督和评判，哪个主体有这个权限？这些疑问都表明我国未成年人附条件不起诉

① 参见柯葛壮：《附条件不起诉权“异议”权之保障》，载《法学》2013年第1期。

制度法律规定在监督制约机制中还存在很多问题。

（二）完善方案

1. 未成年人附条件不起诉决定作出须经被害人同意

根据上述分析，在附条件不起诉决定作出中，被害人与未成年犯罪嫌疑人的权利配置是不均衡的，被害人往往只能通过申诉以及自诉等手段来实现事后救济。鉴于此，应当强化被害人在未成年人附条件不起诉决定作出中的作用，也即未成年人附条件不起诉决定作出必须经过被害人同意。之所以这样规定，首先在于，未成年人附条件不起诉是基于未成年犯罪嫌疑人是弱势群体这一逻辑前提的，但是我们也应当注意到未成年人犯罪案件的被害人更是弱势群体。如果我们过于强调保护未成年犯罪嫌疑人的权益而忽视了被害人的权益保障，则此制度对于被害人造成"二次伤害"是极可能出现的，这不利于被未成年犯罪嫌疑人所破坏的社会关系的恢复。① 其次，若被害人最后又经过申诉，进而自诉提起诉讼程序，这反而会增加诉讼成本，不符合未成年人附条件不起诉的诉讼经济这一理论基础。而且综观域外法制，附条件不起诉须经被害人同意也是较普遍适用的且被证明是切实可行的。② 我国在未成年人附条件不起诉制度实行中，可以加强与刑事和解制度的综合运用，实现刑事特别程序的完满对接。

2. 真正落实对考察的制约监督

在上述的完善措施中，我们已经阐述应当选定司法行政部门作为考察执行的主体，检察机关作为未成年人附条件不起诉的考察指导机关，并不再需要执行具体的考察内容。这样就明确了考察执行主体的权力责任归属，避免了检察机关既作为附条件不起诉的决定者又作为执行者所带来的角色混同，以致职能虚置化等问题。为确保司法行政部门切实履行考察职责，应从以下两方面建立对其的监督制约机制：

一方面，鉴于检察机关作为未成年人附条件不起诉决定者及其法律监督

---

① 参见彭玉伟：《未成年刑事案件附条件不起诉制度探析》，载《预防青少年犯罪研究》2012 年第 5 期。

② 1999 年修改的德国刑事诉讼法引进犯罪人与被害人和解制度，规定如果被指控人诚挚地努力与被害人达成和解，并且对其行为所造成的损害已作全部或大部分补偿，或者是企图补偿的，检察官可以对被指控人暂时不予起诉；我国台湾地区"刑事诉讼法"规定缓起诉处分中，检察官命被告遵守或履行一定事项前，应得被告之同意。

机关的地位，笔者认为检察机关应当是考察执行程序最佳也是最权威的监督者。在上文设定的这个制度框架内，将权力进行了合理的划分，检察机关摆脱了繁杂而且专业性很强的考察执行内容，可以将更多的司法资源投放在对未成年人附条件不起诉的决定以及对司法行政部门考察执行的监督中。检察机关要与司法行政部门制定相应的对接机制，定期或不定期地对司法行政部门的考察执行进行督察，对考察内容进行评估，并最终反馈到附条件不起诉考察意见书中。同时，检察机关在监督司法行政部门考察执行工作过程中，发现司法行政部门有任何不履行、怠于履行考察职责的，或者侵犯未成年犯罪嫌疑人合法利益的行为，应当向司法行政部门发出检察建议书，提出纠正意见，要求其加以改正，必要的时候检察机关可以会同参与考察执行。

另一方面，司法行政部门的考察执行工作还应接受犯罪嫌疑人的监护人、所在学校、单位、居住地的村民委员会、居民委员会、未成年人保护组织等的有关人员的监督。在未来的立法中，应当明确犯罪嫌疑人的监护人、所在学校、单位、居住地的村民委员会、居民委员会、未成年人保护组织等的有关人员的考察辅助人的地位，他们可以参与到具体的考察执行工作当中。考察辅助人员对考察执行工作的参与既是对未成年犯罪嫌疑人的帮助，又是对司法行政部门考察执行工作最好的监督。考察辅助人员在辅助司法行政部门考察执行工作时，发现司法行政部门有刻意推脱，不履行或怠于履行考察职责以及侵犯未成年犯罪嫌疑人利益的行为时，可以向检察机关报告，检察机关应当加以调查，并根据调查结果决定是否通令司法行政部门加以改正。

网络敲诈勒索、非法经营案件法律适用问题探讨

——以相关司法解释为主要视角

刘静坤*

为保护公民、法人和其他组织的合法权益，维护社会秩序，“两高”出台了《关于办理利用信息网络实施诽谤等刑事案件适用法律若干问题的解释》（以下简称《解释》)。《解释》第六条、第七条分别规定了在信息网络上以处理网络信息为手段实施的敲诈勒索犯罪和非法经营犯罪的定罪处罚标准。由于利用信息网络实施的这两类犯罪在表现形式上具有一定的类似性，有必要在把握各罪构成要件的基础上准确区分，确保准确定罪量刑。

一、利用信息网络实施敲诈勒索犯罪的构成要件解析

《解释》第六条规定：“以在信息网络上发布、删除等方式处理网络信息为由，威胁、要挟他人，索取公私财物，数额较大，或者多次实施上述行为的，依照刑法第二

* 中国社会科学院法学所研究员。

百七十四条的规定，以敲诈勒索罪定罪处罚。”诚如有学者所言，“《解释》在很大程度上是对以往司法实践经验的总结。”① 在《解释》出台前，一些行为人在网上寻找负面信息进行综合、加工整理，选定目标对象并以在网络上发布负面信息为由敲诈勒索财物，对此类行为都是以敲诈勒索罪定罪处罚的。

敲诈勒索罪属于侵犯财产型犯罪。一般认为，敲诈勒索罪（既遂）的基本结构是：“对他人实施威胁——对方产生恐惧心理——对方基于恐惧心理处分财产——行为人或者第三者取得财产——被害人遭受财产损失。”② 实践中，对于利用信息网络实施的敲诈勒索犯罪，在行为要件上需要注意以下几个问题。

（一）犯罪方式的认定

利用信息网络实施的敲诈勒索，与面对面实施的敲诈勒索相比，在犯罪手段方面体现出一定的特殊性。《解释》第六条所规定的网络敲诈勒索的犯罪手段，是指“以在信息网络上发布、删除等方式处理网络信息为由，威胁、要挟他人”。实践中主要表现为“发帖型”敲诈勒索和“删帖型”敲诈勒索两种方式。

所谓“发帖型”敲诈勒索，是指行为人通过各种途径收集到有关被害人（或者被害单位，下同）的负面信息，然后主动联系被害人，以在信息网络上发布相关负面信息为由威胁、要挟被害人，进而索取财物。例如，一些行为人在网络上收集到某公司的违法经营信息，或者通过相关途径收集到某人的违法犯罪信息，然后找到相关人员的联系方式，与其联系并告知，自己已经掌握上述不利于其的负面信息，要求对方将特定数额的钱款打到指定的账户，否则就把相关的负面信息发到互联网上，以此迫使被害人就范。

所谓“删帖型”敲诈勒索，是指行为人通过各种途径收集到有关被害人的负面信息后，在信息网络上发布，然后主动联系被害人，以删除上述负面信息为条件威胁、要挟被害人，进而索取财物。与“发帖型”敲诈勒索相比，“删帖型”敲诈勒索通常要借助一定的网络平台。例如一些行为人建

---

① 周光权：《为惩治网络诽谤等犯罪提供法律标尺》，载《人民日报》2013 年 9 月 11 日。

② 张明楷：《刑法学》，法律出版社 2011 年版，第 869 页。

立所谓的维权网站，事先收集不利于被害人的负面信息后，发布在自己建立和经营的网站上，然后与被害人取得联系并告知，自己的网站上有不利于其的负面信息，要求对方将特定数额的钱款打到指定的账户，否则就继续在互联网上发布或者炒作相关的负面信息，由此达到索取财物的非法目的。

（二）犯罪手段的认定

《解释》第六条所规定的犯罪手段“威胁、要挟他人”，主要是指“以恶害相通告，以使对方产生恐惧心理”。① 与传统的敲诈勒索犯罪主要是对被害人的生命、身体等进行威胁相比，利用信息网络实施的敲诈勒索，通常是在掌握有损被害人名誉、隐私等权益和利益的负面信息基础上，以在信息网络上发布、删除等方式处理信息为由，告知使对方产生恐惧的不利后果，迫使对方按照要求支付财物。

实践中，要注意把握《解释》所规定的网络敲诈勒索的犯罪手段，严格区分罪与非罪的界限。具体言之，行为人必须有主动向被害人实施威胁、要挟，并索取财物的行为。尤其是对于“删帖型”敲诈勒索而言，如果行为人不主动与被害人联系删帖事宜，未实施威胁、要挟行为，而是在被害人主动上门联系请求删帖的情况下，以“广告费”“赞助费”“服务费”等其他名义收取被害人费用的，不认定为敲诈勒索罪。不过，如果被害人主动上门联系请求删帖，但并不同意支付费用，而行为人以不支付费用就不删帖甚至对负面信息进一步炒作为由威胁、要挟被害人，进而索取费用的，也应当认定为敲诈勒索罪。

至于网络敲诈勒索犯罪中“威胁、要挟”的方法，既可以是明示的，如通过打电话等方式直接明确告知被害人不利后果；也可以是默示的，如通过邮寄信件等方式向被害人暗示不利后果。对于告知的方式，行为人既可以直接告知被害人，也可以通过第三方转告被害人。对于所告知的加害对象，既可以是交付财物的被害人，也可能是与被害人关系密切并能够使其产生恐惧心理的其他人。不过，对于被害人与加害对象不一致的三角敲诈勒索场合，并不要求被害人具有恐惧心理，只要威胁、要挟行为与被害人交付财物之间有因果关系即可。

关于敲诈勒索犯罪所涉及的网络信息内容，与《解释》其他条文中使

① 张明楷：《刑法学》，法律出版社2011年版，第870页。

用的“虚假信息”一词不同，《解释》第六条使用的是“信息”而非“虚假信息”的表述。具体言之，行为人将要在信息网络上发布、删除的涉及被害人的负面信息即使是真实的，但只要其出于非法占有的目的，以发布、删除该负面信息为由索取公私财物，仍然构成敲诈勒索罪。

关于敲诈勒索犯罪涉及的网络信息所包含的不利后果内容，并不要求其本身具有违法性。例如行为人通过某些途径掌握对方的犯罪事实，以向司法机关告发来威胁、要挟被害人，尽管告发犯罪本身是合法的，但行为人的上述行为仍然构成敲诈勒索罪。换言之，即便是在告知对方将要实施的合法正当行为的场合，如果行为人将实施合法正当行为作为牟取非法利益的手段，也构成敲诈勒索罪。

此外，行为人告知被害人的不利后果是否能够实际实现，行为人是否有实现该不利后果的真实意思，以及行为人是否亲自行为使该不利后果实现，都不影响敲诈勒索罪的成立。但是，“在由第三方实现该不利后果的场合，行为人必须处于能够影响该第三方的地位，或者敲诈勒索的对方处于能够推测该事实的状况。”①

（三）犯罪后果的认定

有学者指出，“犯罪一旦与网络相结合，其社会危害性甚至超过传统的犯罪行为。”② 利用信息网络实施的敲诈勒索犯罪就是如此。由于网络信息具有扩散范围广、传播速度快、影响不易消除等特点，行为人在掌握被害人负面信息的情况下，以在信息网络上发布、删除等方式处理网络信息为由，威胁、要挟他人，很容易使被害人产生恐惧心理，进而被迫按照行为人的要求交付财物。上述行为完全符合敲诈勒索罪的构成要件，应当以敲诈勒索罪定罪处罚。

尽管利用信息网络实施的犯罪与使用传统手段实施的犯罪相比有一定特殊性，但都必须严格按照刑法规定的犯罪构成要件定罪处罚。有学者指出，“对于将网络作为工具敲诈勒索的，只有在其行为所造成的客观损害后果和

---

① ［日］大谷实：《刑法讲义各论》，黎宏译，中国人民大学出版社2008年版，第262页。

② 林维：《信息网络犯罪的刑事处罚亟须加强》，载《人民日报》2013年9月13日。

现实社会环境中实施敲诈勒索所造成的后果相同时，才能动用刑罚进行处罚。"① 关于敲诈勒索犯罪，"两高"于2013年4月联合发布了《关于办理敲诈勒索刑事案件适用法律若干问题的解释》，明确了敲诈勒索"数额较大"等定罪量刑的具体数额标准，同时规定，对于"曾因敲诈勒索受过刑事处罚"等情形，"数额较大"的标准降低50%，此外还规定，二年内敲诈勒索三次以上的，应当认定为"多次敲诈勒索"，等等，上述规定同样适用于利用信息网络实施的敲诈勒索犯罪，实践中应当严格把握。

（四）犯罪既遂与未遂的区分

一般认为，敲诈勒索罪的着手是指行为人开始实施威胁、要挟行为之时。如果行为人利用信息网络实施的敲诈勒索行为使被害人产生恐惧心理，进而向行为人交付财物，行为人实际占有该财物时，就成立本罪的既遂。

就整个敲诈勒索犯罪的链条而言，行为人利用信息网络实施的威胁、要挟行为和实际占有被害人财物的结果之间必须具有因果关系。否则，即使实施了威胁或者要挟行为，"但被害人没有感到害怕，而是出于同情，交付财物的，属于敲诈勒索未遂。"②

同时，敲诈勒索罪中的被胁迫者必须有陷入恐惧后实际处分财产的行为。如果行为人通过威胁、要挟被害人，使其产生了恐惧心理，但被害人并未直接向行为人交付财物，而是选择了报案，警方为了抓捕行为人而出于侦查工作需要，让被害人前往约定地点向行为人交付财物的，应当认定为敲诈勒索未遂。显然，"这种情况下的'交付财产'并不是被害人处分财产的行为，只是协助警方抓捕犯罪嫌疑人的行为。"③

此外，敲诈勒索罪的既遂，要求被害人必须有财产上的损失。如果被害人因行为人的威胁、要挟而试图交付财物，但由于其他原因并未交付成功的，也不构成敲诈勒索罪的既遂。例如，"被害人因受行为人的胁迫而向指定的银行账户汇款，但是根据警察的指示采取了一定的措施，使行为人根本

① 周光权：《为惩治网络诽谤等犯罪提供法律标尺》，载《人民日报》2013年9月11日。

② ［日］大谷实：《刑法讲义各论》，黎宏译，中国人民大学出版社2008年版，第262页。

③ 张明楷：《刑法学》，法律出版社2011年版，第871页。

不可能取出该笔钱款，此种情况下也属于敲诈勒索罪的未遂。”①

（五）利用信息网络实施敲诈勒索与权利行使的区分

实践中，一些权利受到不法侵害的人，可能在向对方主张权利未果的情况下，以在信息网络上发布、删除不利于对方的负面信息为由，争取自己的正当权利。上述行为的实践表现形式较多，代表性的当属债权债务关系问题。例如在涉及合法借贷关系的场合，债权人向债务人主张自己的到期债权，但债务人拒不偿还债务，债权人无奈之下以在互联网上发布不利于债务人的负面信息为由，迫使债务人偿还债务。又如劳动者进城务工，为用人单位工作后，用人单位逃避支付劳动报酬或者拒不支付劳动报酬，甚至通过政府有关部门责令支付后仍不支付，劳动者以在互联网上发布不利于用人单位的负面信息为由，迫使用人单位支付劳动报酬。对于此类情形，能否以敲诈勒索罪定罪处罚，值得认真研究。

在上述涉及债权债务关系的场合，债权人为了行使自己的合法债权而不得已使用了胁迫手段，系事出有因，在行为目的上有其正当性。对此类行为应当如何处理，在刑法理论上有不同的认识，主要有三种学说：② 第一，无罪说认为，具有正当权利的人，即使通过胁迫手段实现自己的权利，也不宜认定为犯罪。第二，胁迫罪（我国刑法没有规定该罪，日本刑法设有该罪）说认为，刑法设立财产犯罪是为了保护私法上的权利关系，既然行为人具有接受对方交付的财物的权利，而且只要是基于交付者的意思而交付的财物，对方就不存在财产上的损害，因此不成立财产犯罪，但由于行为人行使权利的手段超出了法律允许的范围，故成立胁迫罪。第三，敲诈勒索罪说认为，既然行为人使用了胁迫手段，使他人基于恐惧心理而交付财物，就产生了财产上的损害，故成立敲诈勒索罪。

一般认为，对于那些为了行使正当权利而使用胁迫手段的情形，“如果符合以下三个条件：第一，具有行使权利的正当目的；第二，在权利的范围之内；第三，其手段在社会相当性的范围之内，就可以排除违法性。”③ 国

① ［日］大谷实：《刑法讲义各论》，黎宏译，中国人民大学出版社2008年版，第264页。

② 参见张明楷：《刑法学》，法律出版社2011年版，第871页。

③ ［日］大谷实：《刑法讲义各论》，黎宏译，中国人民大学出版社2008年版，第264页。

外对此有相应的判例。我国也有学者对上述行为持无罪说，即“如果没有超出权利的范围，具有行使实力的必要性，而且手段行为本身不构成刑法规定的其他犯罪，就应认为没有造成对方财产上的损害，不宜认定为犯罪。”①

如果行为人通过胁迫方式行使正当权利，但行使权利的行为超出了权利的范围，就可能成立敲诈勒索罪。也就是说：不能认为只要事出有因，就不成立敲诈勒索罪。例如，债权人虽然有权主张债权，在债务人拒不还债的情况下，以在信息网络上发布、删除等方式处理不利于债务人的网络信息为由，威胁、要挟债务人还债，但债权原本只有3万元，债权人却向债务人索要6万元，或者债权内容不确定等，此时，债权人使用威胁、要挟手段索取的财物明显超出了债权范围，由于该敲诈行为实际上是滥用权利，失去了行使权利的性质，符合敲诈勒索罪的构成要件，应当认定为敲诈勒索罪。

此外需要指出的是，除了上述债权债务关系的场合外，在行使损害赔偿请求权的场合，也需要区分利用网络信息实施敲诈勒索犯罪与权利行使的关系问题。例如，行为人在商场内购物时，因店内湿滑且缺乏必要的警示而跌倒受伤，后因入院治疗支付了相应的治疗费，同时还产生了误工费等损失。行为人向商场主张损害赔偿未果，就以在互联网上发布上述不利于商场经营和声誉的信息为由，迫使该商场给予赔偿。此种情况下，由于行为人的目的与手段均具有正当性，即使主张的赔偿数额偏高，也不应认定为敲诈勒索罪。至于具体的赔偿数额，可由双方协商确定。但如果行为人以侵害商场管理者及其家人的生命、身体等相要挟，而且索赔数额明显超出应当赔偿数额的，由于手段不具有正当性，且目的超出了应当赔偿的范围，应当认定为敲诈勒索罪。

二、利用信息网络实施非法经营犯罪的构成要件解析

《解释》第七条规定：违反国家规定，以营利为目的，通过信息网络有偿提供删除信息服务，或者明知是虚假信息，通过信息网络有偿提供发布信息等服务，扰乱市场秩序，具有下列情形之一的，属于非法经营行为“情节严重”，依照刑法第二百七十五条第（四）项的规定，以非法经营罪定罪处罚：1. 个人非法经营数额在5万元以上，或者违法所得数额在2万元以上的；2. 单位非法经营数额在15万元以上，或者违法所得数额在5万元以

① 张明楷：《刑法学》，法律出版社2011年版，第872页。

上的。《解释》所规定的非法经营犯罪行为，突出强调非法牟利特征，实践中需要注意把握以下问题。

（一）“违反国家规定”的认定

一般认为，“成立非法经营罪的前提，是违反国家规定，即违反全国人民代表大会及其常务委员会制定的法律和决定，国务院制定的行政法规、规定的行政措施、发布的决定和命令。”① 《解释》第七条规定认定行为人“违反国家规定”的依据，主要是指《全国人民代表大会常务委员会关于维护互联网安全的决定》和国务院《互联网信息服务管理办法》（以下简称《办法》）的相关规定。依据《办法》的规定，国家对经营性互联网信息服务实行许可制度，对非经营性互联网信息服务实行备案制度，未取得国家有关部门的许可，不得从事互联网有偿信息服务。当前，一些网络公关公司以营利为目的提供非法删帖等服务，扰乱市场秩序，属于未经国家许可，“通过互联网向上网用户有偿提供信息或者网页制作等服务活动”中“等服务活动”的情形。行为人违反国家有关规定，实施上述行为，情节严重的，应当以非法经营罪定罪处罚。

（二）“以营利为目的”的认定

当前，“一些商业门户网站奉行‘流量为王’的经营理念，一些网站靠不同于官方话语和态度的新闻信息来增加网站流量，突出网站的媒体功能。”② 一些网络公关公司、营销公司以此为契机，通过在信息网络上炒作“网络红人”，攻击社会名人，发布不实信息等方式，吸引公众关注，进而谋取非法利益。

这种以营利为目的，通过信息网络向他人有偿提供删除信息服务，或者明知是虚假信息，通过信息网络有偿提供发布信息等服务的行为，实际上是为诽谤、敲诈勒索、寻衅滋事等违法犯罪提供了传播虚假信息的手段、平台，扩大了信息网络上虚假信息的影响范围，不仅严重破坏网络秩序，而且严重扰乱了市场秩序，是当前信息网络上种种乱象的直接推手，具有较大的社会危害性，应当以非法经营罪定罪处罚。对于个别网民，并不以营利为目

① 张明楷：《刑法学》，法律出版社 2011 年版，第 749 页。

② 石平：《让网络空间清朗起来》，载《求是》2013 年第 18 期。

的，偶尔帮助他人发帖，并收取一定费用的，则不应当认定为非法经营罪。

（三）犯罪方式的认定

《解释》第七条规定了利用信息网络实施非法经营犯罪的两种行为方式。一种是有偿提供删除信息服务，一种是有偿提供发布信息等服务。两种行为方式具有一定的差异。

对于通过信息网络向他人有偿提供删除信息服务的，《解释》不要求行为人明知所删除的信息为虚假信息。当前一些网络公关公司的业务主要是“删帖”业务，但删除的信息中有相当一部分是广大网民发布的真实信息。国家依法保护信息网络用户正常的、合法的言论和信息交流活动，这属于信息网络服务基本市场管理秩序的重要组成部分。行为人以营利为目的有偿删除信息网络用户发布的真实信息的行为，既侵犯了广大网民的合法权益，也破坏了信息网络服务市场秩序，应当以非法经营罪定罪处罚。

对于通过信息网络向他人有偿提供发布信息等服务的，《解释》明确规定，必须以行为人明知所发布的信息是虚假信息为前提。如果行为人通过信息网络有偿提供发布信息服务，但发布的信息是真实的，即使收取了费用，也不应当认定为非法经营罪。

此外，考虑到利用信息网络实施非法经营犯罪活动，往往是以公司、企业等形式组织进行的，《解释》第七条也对单位通过信息网络实施非法经营犯罪作出了规定，并根据非法经营数额或者违法所得数额，规定了单位犯本罪适用不同法定刑幅度的数额标准。

三、利用信息网络实施的敲诈勒索犯罪与非法经营犯罪的区分

实践中，行为人利用信息网络以发布、删除等方式处理网络信息为由敲诈勒索他人财物的行为，与违反国家规定为他人提供有偿处理网络信息服务牟取利益的行为，在表现形式上具有一定的类似性，但两罪具有一些内在差异，需要注意把握、准确区分。

第一，两罪侵害的法益不同。行为人利用信息网络实施的敲诈勒索犯罪，主观目的是以在信息网络上发布或者删除自己掌握的不利于被害人的负面信息为由威胁、要挟被害人，向被害人索取财物，侵害的法益是被害人的财产权益。相比之下，行为人利用信息网络实施的非法经营犯罪，主观目的是为相关人员有偿提供处理网络信息的经营服务，进而谋取非法经营利益，

侵害的是法益是正常的（信息网络）市场秩序。

第二，两罪的主客观方面不同。行为人利用信息网络实施的敲诈勒索犯罪，主观上具有非法占有被害人财物的目的，客观上表现为主动向被害人实施威胁、要挟，使被害人心生恐惧，进而向被害人索取财物的行为。相比之下，行为人利用信息网络实施的非法经营犯罪，主观上是为了牟取经营性利益，客观上通常表现为在相关人员请求下提供有偿的删除、发布网络信息服务，行为对象具有不特定性，行为人与相关人员之间并无利害冲突。

第三，两罪涉及的网络信息内容不同。行为人利用信息网络实施的敲诈勒索犯罪，所删除或者发布的信息通常是不利于被害人的负面信息，该信息不要求是虚假信息。相比之下，行为人利用信息网络实施的非法经营犯罪，其中涉及的发布信息服务，要求行为人明知有偿发布的信息是虚假信息，如果行为人不明知所发布的信息是虚假信息，即使收取了费用，也不认定为非法经营罪。

征稿函

《刑事法判解研究》是一套由北京师范大学刑事法律科学研究院主办、人民法院出版社出版、侧重于刑事法实务研究的连续性出版物，由中国法学会刑法学研究会会长、北师大刑科院暨法学院院长赵秉志教授主编。该丛书以裁判生效或者已经作出一审判决的刑事案件以及刑法、刑事诉讼法立法解释和司法解释为研究对象，旨在加强对刑事法治现实问题的关注，为司法机关提高办案质量和法律适用水平建言献策，促进中国刑事法治发展。该丛书因故于2006年底停期，现经改版后于2010年重新出版发行，初步定为每年出版四辑。现向刑事法理论和实务界同仁诚约稿件。来稿要求如下：

一、字数及行文要求

来稿一般以5000~10000字为宜，“名案法理研究”栏目的稿件可以达到20000字。文章论述不宜过于繁琐、复杂、抽象，而应当简捷、清晰、观点鲜明，在论述某个问题时，应当以简练的文字阐明现有的主要观点及理由，同时阐明本人的立场和理由，注意充分运用现有的、最新的法律、司法解释。

案例研究栏目中探讨的案例必须是真实的，其中，“名案法理研究”栏目研究的必须是已经作出终审判决的案件，“疑案专家解说”以及“热点案件透视”栏目探讨的案件原则上也应是作出终审判决的。尚无一审判决结果的案件一律不采用。

典型案件，已经在公众媒体上报道的案件，可以使用被告人等当事人的真实姓名以及司法机关的真实单位。仅仅在在专家论证中出现，第一次公开的案件所涉及的当事人名称和受案法院等不宜采用真实全名，而改用化名。

二、字体要求

来稿标题三号宋体居中，副标题四号楷体居左，作者姓名小四号楷体居中，正文一级标题四号黑体，二级标题五号楷体，正文五号宋体，首行缩进2字符。

三、格式要求

来稿请根据主题的不同选择相应的栏目格式。各栏目格式要求如下：

（一）名案法理研究或者公报案例研究

本栏目文章由以下五部分构成：

1. 基本案情及裁判结果

对司法机关认定的基本案件事实和裁判结果作简要陈述

2. 裁判要旨

裁判要旨的编写（要求）

判决要旨应该引用、转述或概括判决书中法官说理部分，它应该是抽象的理论阐释，不涉及案例的具体事实。因此，判决要旨中不宜出现当事人名称、具体的案情介绍等细节性的材料。判决要旨是对整个判决中的最有价值内容的高度概括，因此语言应当十分准确且凝练，而不能曲解法官的本意。尽可能转述判决书的内容，尽量避免自己概括。判决要旨不宜过于简略，不能只用一两句话引用或转述结论性意见而缺乏法官的说理或者论证；判决要旨也不宜过于复杂。判决要旨应当凝练出最有价值部分的内容，字数大体安排在400字左右。有的案例可能既涉及实体问题也涉及程序问题，也可能涉及多个问题，应当选择与法条直接相关的要旨。裁判要旨请尽量参照最高人民法院公报上面的要旨风格撰写。

可参考《中华人民共和国最高人民法院公报》2006年第2期

例：滨海县人民检察院诉刘必仲合同诈骗案裁判要旨：

福利彩票是国家为筹集社会福利事业发展资金，特许中国福利彩票发行中心垄断发行的有价凭证。受彩票发行机构委托，在彩票投注站代销福利彩票的非国家工作人员，如果以不交纳彩票投注金的方式擅自打印并获取彩票，是侵犯彩票发行机构管理的社会公益性财产行为。根据刑法第二百七十二条第一款的规定，对这种行为应当按挪用资金罪定罪处罚。

3. 蕴含的理论问题

结合案件事实、裁判要旨和结果，提炼出若干个值得探讨的法理问题。问题应当尽可能具体、明确，以便于展开研讨，不宜过于宽泛、笼统。

4. 正文

围绕案件事实进行理论探讨，力争形成结论性的看法，并且对探讨的问题以及相应的结论作出有理有据，富有说服力的论证。

5. 结语

对正文中的结论性观点进行集中表述，也可以在此基础上，对需要进一步探讨的问题略加提示。

（二）疑案专家解说

本栏目文章内容由以下四部分构成：

1. 基本案情

2. 疑难之处

3. 专家解说

4. 结论归纳

（三）热点案件透视（根据具体内容的不同，可用的名称还有“探案圆桌会议”、“热点案件对谈”、“疑难案件探讨”）

本栏目文章内容包括以下几部分：

1. 基本案情
2. 折射出的问题
3. 案件分析（结合折射出的问题展开）
4. 结论性思考.

（四）案例比较研究

本栏目文章内容包括以下四部分：

1. 基本案情
2. 案情的相似之处
3. 处理结果比较及原因分析
4. 结论性思考

（五）域外名案评析

本栏目文章内容一般包括以下四部分：

1. 基本案情及处理结果
2. 案件处理过程中引发的争议
3. 值得反思的问题
4. 可供借鉴之处

（六）古代名案钩沉

本栏目文章内容一般包括以下四部分：

1. 基本案情
2. 司法官员办案过程及处理结果
3. 对司法官员办案过程及办理结果的评价
4. 可供借鉴之处

（七）立法解释评论

（八）司法解释研究

以上两个栏目包括三方面的内容：其一，联系实际，对旧的立法、司法解释进行进一步系统深入研究。其中对现有的立法解释，将约请参与相关解释制定工作的专家学者撰稿，进行一次全面、系统的研究；对于司法解释，一方面，要面向司法实务，约请参与相关解释制定工作的专家学者撰稿进行阐述，尤其要对频繁适用、研究价值高的司法解释进行重点研究；另一方面，要对新颁布的司法解释及时进行跟进解读。其二，对最新颁布的立法、司法解释进行解读。其三，对需要作出立法、司法解释的问题提出建议。旨在促进对立法、司法解释的正确理解和运用，为完善立法、司法解释提供理论支持。

四、栏目特色

各栏目的特色请参阅2010年第1辑卷首语的“复刊后的栏目介绍”。

五、注释要求

(一) 正文中引用资料及他人论述时，应当准确无误，并请用注释注明出处。

(二) 注释采用页下注，每页重新编号，标号为带圈数字，如“①参见赵秉志:《金融诈骗罪新论》，人民法院出版社2001年版，第168页。”

(三) 意引应在作者前加“参见”，直引则不用“参见”。

(四) 作者为外国人的，应在作者前加［ ］表明国别，台湾地区作者与大陆地区作者相同对待，均为国内作者。

(五) 主编、合著等情况应在作者后注明。

(六) 论文应注明所载期刊名称及年份、期数，不必注明页码。

(七) 页下注释一般格式为：作者：书名，卷次，出版社及出版年份，版次，引用部分页码。例如：

①（直引）毛泽东:《毛泽东选集》，第四卷，人民出版社1991年版，第1442页。

②（意引）参见赵秉志:《金融诈骗罪新论》，人民法院出版社2001年版，第168页。

③［意］贝卡里亚:《论犯罪与刑罚》，黄风译，中国大百科全书出版社1993年版，第50页。

④参见高铭暄、马克昌主编：《刑法学》（第二版），中国法制出版社2007年版，第239页。

⑤赵秉志:《当代中国刑罚制度改革论纲》，载《中国法学》2008年第3期。

六、投稿方式

来稿请用电子版形式直接发送到编辑电子邮箱，刑法类稿件请发送到lawyerz@163.com，或者zuojianwei@bnu.edu.cn，刑事诉讼法类稿件请发送到liaoming@bnu.edu.cn。请在文末详细写明作者单位、职务、职称、通讯地址、联系电话、电子信箱，以便及时联系。来稿不退，作者若一个半月内未收到稿件采用通知，请自行处置。

联系人：

刑法类：左坚卫，联系电话：010－58802802，13910629828；电子信箱：lawyerz@163.com，或者zuojianwei@bnu.edu.cn。

刑事诉讼法类：廖明，联系电话：13911060750；电子信箱：liaoming@bnu.edu.cn。